Dem Gedenken meines früh verstorbenen Vaters,
Albrecht von Frankenberg und Ludwigsdorff (1900 – 1940),
den ich intuitiv ein Leben lang gesucht habe.

Hans-Heydan von Frankenberg und Ludwigsdorff, geboren 1934 in Gelsenkirchen, begann 1957 sein Medizinstudium, das er 1963 mit dem Staatsexamen an der (damaligen) Medizinischen Akademie Düsseldorf abschloss. 1965 promovierte er zum Doktor der Medizin. An der Düsseldorfer Akademie lernte er eine Kinderkrankenschwester kennen, seine heutige Ehefrau. Mit ihr zusammen führte er über 25 Jahre eine internistische Facharztpraxis in Karlsruhe. Als Mitbegründer der Herzgruppen-Bewegung in Deutschland erhielt er 1986 die „Albert-Schweitzer-Medaille“. Von 2002 bis 2006 leitete er als Vorsitzender die Geschicke der „Karlsruher Tafel e. V.“, einer der ältesten Tafeln Deutschlands. Seit 2001 befindet sich das Ehepaar von Frankenberg im beruflichen Ruhestand.

Hans von Frankenberg

Vom Überleben des Herzens

Eine Annäherung

Erlebte Zeitgeschichte
eines Jungen in Deutschland
zwischen 1940 und 1948

Lindemanns Bibliothek

Inhalt

Vorwort

Mit dieser Niederschrift, die mir Freude und Befriedigung bereitet hat, möchte ich in erster Linie einen Versuch machen der „Bewältigung“ meiner kriegsbedingt problematischen Kindheit und frühen Jugend. In zweiter Linie für meine Nachkommen einen Beitrag zu leisten zum besseren Verständnis ihrer Familiengeschichte (väterlicherseits), meiner Person als Vater und Großvater als auch der zeitgeschichtlichen Fakten und Zusammenhänge.

Außerdem möchte ich versuchen, durch eigenes biographisches Erinnern Erkenntnisse über mich, meine kindliche Welt, mein Leben in der außergewöhnlichen Kriegs- und Nachkriegszeit zu gewinnen, um mich im besten Fall mir, meiner Identität, anzunähern!

Das, was ich niedergeschrieben habe, bezieht sich auf den Zeitraum zwischen meinem Geburtsjahr (1934) bis in die unmittelbare Nachkriegszeit (1948) hinein.

In diese Zeitspanne fallen vor allem die mich und meine Zeitgenossen der Kriegskindergeneration so prägenden Jahre des 2. Weltkriegs sowie die nicht minder problematischen Jahre direkt nach dem Zusammenbruch der Nazi-Diktatur. Also auch die größte nationale und moralisch-ethische Katastrophe Deutschlands, meines Vaterlands, insbesondere die Verantwortung für den Krieg mit seinen weltweit ca. 60 Millionen Toten, sowie für eines der größten Verbrechen der Menschheitsgeschichte: der „industrialisierten Vernichtung“, insbesondere der Juden und anderer Ethnien, den Holocaust, begangen von der „Kultur-Nation“ des christlichen Abendlandes.

Meine Niederschrift ist ein Geflecht von Geschichte und Geschichten, also historischen Fakten und erinnerten persönlichen Erlebnissen, die den Rahmen für diese Lebenszeit bildeten. Wegen der gravierenden Ereignisse, die meine Kindheit und Jugend geprägt und belastet haben, ist es für mich wie Psychotherapie, auf diesem Weg „in meine Kindheit zurückzukehren“.

Ein Leben lang gab es kein Entrinnen vom Erinnern und den belastenden seelischen Sedimenten. Im Niederschreiben meiner persönlichen Geschichte spürte ich mit Erleichterung, dass ich nun mit der Vergangenheit, meiner Kindheit und der frühen Jugend besser umzugehen verstand.

Es ist mir ein besonderes Anliegen, durch das Niedergeschriebene dem Vergessen und Verdrängen der Kriegsereignisse mit all seinen Gräueln und Verbrechen entgegenzuwirken. Ob und wie weit mir das gelingt, liegt nicht in meiner Macht.

Natürlich motivieren mich auch egoistische Beweggründe, indem ich mir vom Niederschreiben meiner Erinnerungen und dem Reflektieren des Erlebten geistige Aktivität und Beweglichkeit als ein Bollwerk gegen das Nachlassen mentaler Flexibilität verspreche.

Mein ductus ist auch: sichtbar gemachte Subjektivität, die in jeder Darstellung von Realität steckt. Im Gegensatz zu anderen Schriften und Veröffentlichungen, die vermeintlich objektiv und entsprechend distanziert Zeitgeschichte schildern.

Hinter allem steht die immer wiederkehrende eigene geistige Auseinandersetzung mit Zweifeln und Fragen nach dem Stellenwert „kollektiver Schuld“ gegenüber „individueller Verantwortung“. (A. und M. Mitscherlich: „Die Unfähigkeit zu trauern“) Fragen, die sich einem kritischen Nachkommen der „Täter-Generation“ auch nach langer Zeit immer wieder stellen. Unreflektiert waren und sind sie für mich kaum zu ertragen.

Meine Erinnerungen an die Zeit bis etwa 1948 – Erinnerungen eines Kindes, Heranwachsenden – sind zum Teil so präzise, dass ich sie schon deshalb nicht vergessen kann und nicht vergessen will, weil ich es mir zur Aufgabe gemacht habe, sie vor allem an interessierte Nachkommen weiterzugeben. Ich möchte versuchen, wie ein erhellender Scheinwerfer Licht über die Zeitgeschichte meiner Kindheit und frühen Jugend zu werfen.

Erinnern ist nicht nur eine Sache des Könnens, sondern auch des Wollens. Man muss sie, die Erinnerung, nur an sich heranlassen und sich ihr stellen!

Die Natur hat mich offenbar mit einer besonderen Erinnerungsfähigkeit ausgestattet. Besonders für die kleinen Dinge des Lebens. Aber auch zu aufmerksamer Registrierung und mentaler Speicherung all dessen, was sich an Besonderem um mich herum und meinen jugendlichen Lebensalltag abspielte. Voraussetzung für dieses Erinnerungsvermögen war und ist die mir nachgesagte Neugier, besonders ausgeprägt in Kindheit und früher Jugend. Ich schildere meine Kindheitserlebnisse so, wie ich sie aus meiner kindlichen beziehungsweise jugendlichen Perspektive erlebt habe: „Ohne Ahnung von Schuld und Verstrickung."

Bei dem Versuch einer autobiographischen Niederschrift habe ich mir zum Grundsatz gemacht, in allem wahrhaftig zu sein. Und im Interesse der Sache eventuell auch schonungslos, provokant, mit der Bereitschaft zu Tabubrüchen. Immer orientiert an den Realitäten und Fakten, wie ich sie als Kind und Jugendlicher mit meinem Verstand erfassen und verstehen konnte.

Hin und wieder habe ich mit Kommentaren – aus meiner heutigen Sicht der Dinge – die Ausführungen durch psychologische Deutungen des erwachsenen Erzählers ergänzt oder unterfüttert.

Während im Buchteil Sorna „Der Sommer meiner Kindheit" die Phantasie als ergänzendes erzählerisches Element eine belebende Rolle spielt, hat sie in der übrigen Niederschrift keinen wirklichen Stellenwert.

Ich selbst fasse meine Niederschrift auf als ein Geflecht von Erinnerungen an faktisch Geschehenes und Reflexionen über subjektiv Erlebtes.

„Man erkennt sich, man wird zu dem, der man ist, indem man sich daran erinnert, wer man war. (Assmann, Jan: „Das kulturelle Gedächtnis")

Geistiger Pate bei allem waren die „Stufen" von Hermann Hesse, die mich immer wieder zum Reflektieren meiner eigenen Geschichte inspirierten.

Stufen

Wie jede Blüte welkt und jede Jugend
Dem Alter weicht, blüht jede Lebensstufe,
Blüht jede Weisheit auch und jede Tugend
Zu ihrer Zeit und darf nicht dauern.
Es muß das Herz bei jedem Lebensrufe
Bereit zum Abschied sein und Neubeginne,
Um sich in Tapferkeit und ohne Trauern
In andre, neue Bindungen zu geben.
Und jedem Anfang wohnt ein Zauber inne,
Der uns beschützt und der uns hilft, zu leben.

Wir sollen heiter Raum um Raum durchschreiten,
An keinem wie an einer Heimat hängen,
Der Weltgeist will nicht fesseln und uns engen,
Er will uns Stuf' um Stufe heben, weiten.
Kaum sind wir heimisch einem Lebenskreise
Und traulich eingewohnt, so droht Erschlaffen;
Nur wer bereit zu Aufbruch ist und Reise,
Mag lähmender Gewöhnung sich entraffen.

Es wird vielleicht auch noch die Todesstunde
Uns neuen Räumen jung entgegen senden,
Des Lebens Ruf an uns wird niemals enden ...
Wohlan denn, Herz, nimm Abschied und gesunde!

HERMANN HESSE

Der Mensch erlebt das, was ihm zukommt,
nur in der Jugend in seiner ganzen Schärfe und
Frische ... davon zehrt er ein Leben lang.

HERMANN HESSE

Kapitel I

Mein Vater, Albrecht von Frankenberg und Ludwigsdorff, 1900 als eines der fünf Kinder von Egon und Therese in Brasilien geboren, kam 1909 mit seiner ein Jahr älteren Schwester Elisabeth (genannt Lu) in ein Internat nach Deutschland in Weinheim an der Bergstraße, um deutsche Schulbildung zu erhalten und deutsche Kultur kennenzulernen. 1913 kam auch die damals neunjährige Schwester Inga zum Erlernen der deutschen Sprache über den „Großen Teich" nach Deutschland.

Im März 1914 starb ganz plötzlich mein erst 46-jähriger Großvater Egon von Frankenberg und Ludwigsdorff, wohl an einem Schlaganfall auf seiner Kaffee-Fazenda in Brasilien.

Nachdem seine 43-jährige Frau und Witwe, meine Großmutter Therese (genannt Thesie), eine geborene Stutzer aus Seesen im Harz, ihren Mann und Vater ihrer Kinder (drei von ihnen waren zu dieser Zeit in Deutschland) beerdigt und das Wichtigste in Brasilien geregelt hatte, überquerte sie zusammen mit ihrer kleinen Tochter Resi im Juni 1914 erneut den Atlantik, um ihre drei anderen Kinder aus Deutschland nach Brasilien zurückzuholen. Doch ihre Rückfahrkarte nach Sao Paulo nützte ihr nichts mehr, nachdem im August 1914 in Europa der 1. Weltkrieg ausgebrochen war.

Da Deutschland zu den „Feindstaaten" Brasiliens zählte, wurden nun die Deutsch-Brasilianer in ihrer neuen Heimat enteignet und ihr Vermögen und Besitz vom brasilianischen Staat konfisziert. Dies hatte zur Folge, dass die Witwe mit ihren vier

Großmutter Thesie, Resi, Elisabeth (Lu), Albrecht,
Großvater Egon in Brasilien, 1905

Kindern, in Deutschland unterwegs, von einem auf den anderen Tag völlig mittellos und auf die Hilfe der in Deutschland lebenden Familienangehörigen angewiesen war.

Eine Verwandte in Naumburg an der Saale, deren Mann ebenfalls kurz zuvor jung gestorben war, nahm zunächst die fünfköpfige vaterlose Familie bei sich auf. Nach und nach wurden die Kinder in der Verwandtschaft in Deutschland untergebracht, vorzugsweise in Heidelberg.

Mein Vater, also der noch jugendliche Albrecht von Frankenberg, war in seiner Adoleszenz, von 1914 bis 1918, mangels anderer Möglichkeiten infolge der schwierigen wirtschaftlichen Situation, Zögling der Kadettenanstalten Berlin-Lichterfelde, in Potsdam und zuletzt Naumburg a. d. Saale. Hier wurde er 16-jährig mit dem Buch: „Die Hohenzollern und ihr Werk" und einer persönlichen Widmung des Kommandeurs „Für Fleiß und gute Führung" ausgezeichnet. Über die Auswirkungen auf Gemüt und Seele durch die Jahre in Internat und Kadettenanstalten mit so vielfältigen Entbehrungen und Einschränkungen – dies nicht nur im materiellen Bereich – kann man nur spekulieren.

Nach dem frühen Tod auch seiner Mutter Thesie, 1918 in Weimar, waren er und seine Schwestern nicht nur Vollwaisen, sondern auch völlig mittellos. Sie waren in jeder Beziehung auf Unterstützung und Beistand der Verwandtschaft angewiesen. Deshalb, wohl auch der Familientradition folgend, wollte mein Vater zunächst auch „zu den Soldaten" gehen, also die Offizierslaufbahn einschlagen, wovon er aber wegen des für Deutschland so ungünstigen Ausgang des 1. Weltkriegs aus eigenem Antrieb wieder Abstand nahm.

Nach dem Abitur im Harz 1920 in der Nähe seiner Großeltern absolvierte er an der „Technischen Hochschule Karlsruhe" als sich selbst finanzierender „Werkstudent" (Zementwerk Heidelberg) sein Maschinenbau-Studium, das er 1925 als

Diplom-Ingenieur mit der Benotung „sehr gut" abschloss. Er gehörte in Karlsruhe einer Studentenverbindung an, aus der später wichtige Freundschaften auch für die Familien hervorgingen, was nach des Vaters frühem Tod in der Kriegs- und besonders Nachkriegszeit des 2. Weltkriegs für die kleine Rest-Familie für Jahre von fast existenzieller Bedeutung war.

Mein Vater war noch während seines Studiums – als Ausdruck seiner tradierten patriotischen und betont deutsch-nationalen Erziehung – aktiver Angehöriger sogenannter „nationaler studentischer Freikorps-Verbände". „Die Freikorpsler" lieferten sich Anfang der 1920er-Jahre in Oberschlesien gewalttätige Auseinandersetzungen mit sogenannten polnischen Aufständischen.

Seine erste Anstellung fand mein Vater 1926 beim Stahl und Eisen produzierenden „Schalker Verein" in Gelsenkirchen. In dessen Auftrag lernte er in den folgenden Jahren während etwa zehn Auslandsreisen die Techniken des modernen Stahlgussverfahrens an Industriestandorten auf der ganzen Welt kennen und konnte so relevante Erkenntnisse und praktische Erfahrungen in die heimische Stahlindustrie einbringen. Sein Spezialgebiet war die Verbesserung von Gusseisen (mehrere Patentierungen) sowie die Optimierung des Schleudergussverfahrens, von besonderer Bedeutung für die militärische Wiederaufrüstung Deutschlands.

1938, nach Übernahme der „Friedrich Wilhelms-Hütte" in Mülheim a. d. Ruhr durch meinen Vater als Betriebsdirektor (in dieser „Hütte" hatte 1849 die Produktion von Roheisen mit Koks begonnen), erhielt er zusammen mit anderen „Hüttenleuten" den anspruchsvollen Auftrag, die einzelnen Eisen und Stahl produzierenden Werke im Ruhrgebiet zu den „Deutsche Eisenwerke AG" mit der Zentrale in Mülheim/Ruhr zusammenzuschließen. Nach erfolgreichem Abschluss der vor allem logistischen und organisatorischen Herausforderung wurde er mit gerade 40 Jahren (Monate vor seinem Tod) jüngstes Vorstandsmitglied dieser „Deutschen Eisenwerke AG“ als einem der Sub-Unternehmen des neu gegründeten Konzerns „Vereinigte Stahlwerke AG“ (VST), dem größten Stahlproduzenten im damaligen Europa, der ab Mitte der 1930er-Jahre mit seinen enormen Kapazitäten die immense militärische Wiederaufrüstung Deutschlands beziehungsweise des Dritten Reichs ermöglichte.

Mein Vater war als „Wehrwirtschaftsführer“ (ab Oktober 1938 eine propagandistische Begriffserfindung der NSDAP) vom Kriegsdienst freigestellt, da er – wie es damals hieß – an der „Heimat-Front“ unentbehrlich sei. Wie den vielen Kondolenzschreiben aus Fachkreisen nach seinem Unfalltod im August 1940 zu entnehmen ist, wurde die von ihm geleitete „Friedrich Wilhelms-Hütte“ in Mülheim an der Ruhr spätestens ab 1938 von ziviler (Friedens-)Produktion auf die Produktion von Munition (Stahlmantelgranaten) und stahlverstärkten Panzerwagen umgestellt. Die Mülheimer FWH avancierte in der Folge zum „NS-Musterbetrieb“, eine nach heutigem Verständnis zweifelhafte Auszeichnung.

Sehr viel später habe ich einen etwa 20 Jahre älteren Freund der Familie, seine politische Einstellung nicht kennend, mit „Frage- und Ausrufungszeichen“ im Ton mit diesem Fakt konfrontiert. Mit belehrender Attitüde bekam ich zu hören: „Aber was willst Du denn? Darauf solltest Du stolz sein!“

Mein Vater war laut handgeschriebenem „Lebenslauf“ seit 1923 „eingeschriebenes“ NSDAP-Mitglied. Er trat 1938 aus der einzig zugelassenen (Staats)-Partei zunächst wieder aus. Viele Jahre später sprach meine Mutter von der Möglichkeit eines Zusammenhangs seines Austritts mit dem Brand der großen Synagoge in Essen in der „Reichskristallnacht“ am 9. November 1938.

Den Brand habe mein Vater zusammen mit meinem damals achtjährigen Bruder vom Auto aus mit angesehen und ihr später entrüstet darüber berichtet. Für seinen Aus- und späteren Wiedereintritt in die Partei gibt es in den vorhandenen Unterlagen (Lebenslauf, Thyssen-Krupp-Archiv) keine überzeugenden Erklärungen.

Der „9. November 1938" als mögliches Motiv ist lediglich eine Vermutung. Den Wiedereintritt sehe ich im Kontext mit seiner weiteren beruflichen Karriere. Die Parteizugehörigkeit war für die Führungskräfte im Dritten Reich, insbesondere in der Rüstungsindustrie, alternativlos. Im Zusammenhang mit seinem Aufgabenbereich hatte er dienstlich mit hohen und höchsten Stellen und Kadern der Wirtschaft und der Rüstungsindustrie im Reich zu tun, häufig auch in Berlin.

Nach den Erzählungen mir nahe stehender Personen – wie etwa Cousin, Cousine, Bundesbrüder der Studentenverbindung, aber auch Hüttenarbeiter sowie den sehr persönlichen Äußerungen in den vielen Kondolenzschreiben – hatte mein Vater ein außergewöhnliches Charisma. Betont wird dort stets seine hohe fachliche Kompetenz und sein unermüdliches berufliches und soziales Engagement, aber auch seine Empathiefähigkeit im persönlichen Umgang mit „einfachen" Hüttenarbeitern. So wie er einerseits eine „Führerpersönlichkeit" gewesen sei, habe er andererseits durch seine authentische und sehr menschliche Zuwendung die Herzen derer eingenommen, mit denen er – wo auch immer – beruflich oder privat zu tun hatte. In seiner Studentenverbindung in Karlsruhe erhielt er den Übernamen „Exzellenz".

Unabhängig von seiner beruflichen Qualifikation war mein Vater vor dem Hintergrund seiner Erziehung im Elternhaus in Brasilien, vor allem aber der später prägender Jahre in den Kadetten-Anstalten voll in die Nazi-Diktatur und -Ideologie hineingewachsen, ihr „ausgesetzt".

Ob er selbst ein überzeugter Nationalsozialist im Sinne des NS-Gedankenguts gewesen ist, kann ich nicht beurteilen. Auch über mögliche Gewissenskonflikte gegenüber den von Anfang an nicht zu übersehenden, allenfalls zu verdrängenden Verbrechen des Regimes mit dem menschenverachtenden Rassenwahn kann man nur spekulieren. Sicher ist, dass er in der rheinisch-westfälischen Schwerindustrie eine exponierte Stellung (und damit auch Verantwortung!) innehatte, insbesondere in dem so wichtigen und sensiblen Bereich der Rüstungsindustrie.

Im Archiv des „Thyssen-Krupp"-Konzerns in Duisburg (Nachfolge-Konzern der „Vereinigten Stahlwerke AG") sind Ausschuss-Sitzungen der betreffenden Ministerien aus dem Jahre 1939 unter Teilnahme führender Persönlichkeiten auch der „Friedrich Wilhelms-Hütte" (Deutsche Eisenwerke AG) dokumentiert, in denen es unter anderem um Reklamationen von höchster Stelle (in Berlin) bezüglich angeforderter höherer Munitionsmengen (Stahlmantel-Granaten usw.) und gepanzerter Fahrzeuge ging. Ob und wieweit mein Vater davon persönlich betroffen war und welche Konsequenzen die Nichterfüllung der Planzahlen für ihn möglicherweise gehabt haben mag, bleibt im Dunkeln.

Bei seinem letzten Besuch eines Stahlkonzerns in den USA 1939 kurz vor Ausbruch des Krieges mit dem Angriff auf Polen war meinem Vater laut archivierter Unterlagen von „Thyssen-Krupp" das Angebot gemacht worden, in den USA zu bleiben. Sicher vor dem Hintergrund seiner Erfindungen und weltweiten Erfahrungen im Bereich von Stahlgussverfahren, diesem für die Rüstungsindustrien aller Industrienationen so bedeutenden Fachgebiet. Er hat dieses Angebot ausgeschlagen.

Meine Mutter, die 1901 in Karlsruhe geborene Käthe Braun, war, neben vier Geschwistern, Tochter eines „Pflästerermeis-

Meine Eltern, mein Bruder Albrecht und ich
1937 in Gelsenkirchen

ters", der im Städtebau-Boom des zu Ende gehenden 19. Jahrhunderts in Karlsruhe ein florierendes und angesehenes Tiefbau-Unternehmen leitete. Meine Großeltern mütterlicherseits stammten aus Hessen. Sie gehörten im badischen Karlsruhe durch den beruflichen Erfolg meines Großvaters mit ihren fünf Kindern zum sog. „gut-bürgerlichen" Mittelstand. Meine Mutter hat in Karlsruhe eine Ausbildung zur Krankenschwester absolviert. Sie hatte meinen Vater während dessen Studium in Karlsruhe kennengelernt. Die beiden jungen Leute waren dann wegen der häufigen dienstlichen Auslandsaufenthalte meines Vaters sieben Jahre verlobt (überraschende Verlobung ohne Familie und Freunde im Kölner Dom!), bis sie 1929 in der Karlsruher Schlosskirche heirateten. Wegen der nicht „standesgemäßen" Verbindung meines Vaters nahm lediglich eine seiner drei Schwestern an der Hochzeit teil. Nach Erzählungen ihrer Geschwister und deren Kinder, also meiner Cousinen und Cousins, war meine Mutter als jüngste der vier Töchter die „Aufmüpfige" in der um 1900 so typisch gut-bürgerlich konservativen Großfamilie, in der allein der Vater das „Sagen" hatte. Meine Mutter sprengte als Einzige die räumliche und geistig-kulturelle Enge ihres Zuhause. Nach Aussage anderer hat sie immer mehr gewollt, als die Geborgenheit und materielle Sicherheit im Schoß der großen Familie für einzig erstrebenswert und als Ende ihrer persönlichen Entwicklung anzusehen.

Sie, eine „Bürgerliche", heiratete dann den „adligen" Albrecht von Frankenberg und Ludwigsdorff, was das Verhältnis zu ihrer Familie nicht grundsätzlich veränderte, nur auf eine andere Ebene stellte. Mein Vater hat es verstanden, diesen Spagat durch sein einnehmendes Wesen auszugleichen; er wurde in der Familie seiner Frau verehrt, ja geliebt. Meine Mutter hat ein Leben lang hohe Ansprüche an sich und die Entwicklung ihrer Persönlichkeit gestellt. Sie hat schier unüberwindliche Herausforderungen und Prüfungen durch den so frühen Verlust ihres Ehemanns und Vaters ihrer beiden Kinder (mit 39 Jahren) bewundernswert gemeistert. Sowie all die Beschwernisse infolge von Krieg und Nachkriegszeit. Sie hat uns Brüdern schließlich nach dem physischen Überleben des „Krieges aller Kriege“ in unserer alten Heimat Mülheim an der Ruhr für Jahre wieder ein gemeinsames Zuhause geben können. Sie hatte seit der Rückkehr ins Ruhrgebiet Ende 1945 bis an das Ende ihres Lebens eine sehr intensive Bindung an einen wesentlich jüngeren Mann, einen Arzt, der dann während meiner problematischen Pubertätsjahre mein sogenannter „Vize-Papa“ („Onkel F.“) war. Woraus sich so manche Problematik ergeben sollte.

Meine Mutter war von ihrem Naturell ein grundfröhlicher Mensch mit einem erstaunlich robusten Gemüt. Diese glückliche Veranlagung befähigte sie, die unterschiedlichen, oft grenzwertigen Herausforderungen in ihrem Leben mit Optimismus, anerzogenem Pflichtbewusstsein und Selbstdisziplin zu bestehen. Sie hatte einen erfrischenden Humor, einen lebendigen, natürlichen Sinn für alles Schöne in ihrem persönlichen Lebensumfeld. Sie vermochte immer wieder interessante und für sie wichtige Menschen für sich einzunehmen. Einer der „Großen“ der Bauwirtschaft im beginnenden „Wirtschaftswunder“ der Nachkriegszeit – Bundesbruder meines Vaters – rief sie bei besonderen Anlässen mit einer Mischung aus Ironie und Bewunderung „Freifrau“.

Ihre kulturelle Bildung hatte sie sich, mangels fehlender Möglichkeiten in ihrer Jugend, selbst angeeignet und konsequent gepflegt. Aus diesem „Erfolgserlebnis“ auch rekrutierte sich ihr starkes Selbstbewusstsein. Sie sagte einmal sinngemäß in einer ihrer eher seltenen „gefühligen“ Äußerungen: „Neben einem Mann wie deinem Vater habe ich mich stets verpflichtet gefühlt, mehr als nur das Übliche aus mir zu machen. Also habe ich immer aufgepasst, bei den vielen (gesellschaftlichen) Möglichkeiten, die wir in den Jahren unserer Gemeinsamkeit hatten. Aufgepasst auf das, was ich mir abschauen, für mich und uns übernehmen konnte." Ich habe später meine noch sehr junge Frau bewundert, wie sie – trotz mancher Divergenzen – diese Eigenschaft ihrer Schwiegermutter rational und klug, aber auch mit natürlicher Empathie, übernommen hat. Eine Bereitschaft und Fähigkeit, die nicht jedem gegeben ist!

Der frühe Tod meines Vaters, meine mehrjährige einsame „Odyssee" sowie meine durch einen weiteren Verkehrsunfall meiner Mutter sich ergebende Internatszeit (1953 – 1956) haben das Verhältnis zu meiner Mutter in entscheidenden Jahren meiner Entwicklung nie so eng und innig werden lassen, wie ich es in meiner Kindheit und Adoleszenz gebraucht hätte. Unvergessen jedoch die später so liebevoll gerichteten, schmackhaften „Fresspakete" ins Internat, die wie zuvor die „Care-Pakete" das Herz (und nicht nur das meine) vor Freude höher schlagen ließen.

Die Familie (wir beiden Brüder wurden 1930 und 1934 geboren) zog 1938 von Gelsenkirchen nach Mülheim/Ruhr in ein großes Einfamilienhaus in exklusiver Wohnlage auf den Höhen über dem Ruhrtal. In Mülheim auch kam ich im April 1940 in die Volksschule. Erste vereinzelte Bombenabwürfe über der Stadt durch britische „Bomber" mit teilzerstörten Wohnhäusern – auf dem Schulweg mit großen Augen zu besichtigen – waren noch eine Seltenheit, was sich jedoch bald dramatisch ändern sollte. Wie Kriegsalltag und Kriegspropaganda auch die Aufmerksamkeit von uns Kindern in Anspruch nahmen, erhellt sich recht anschaulich aus den noch vorhandenen kleinen Briefen, die ich sechs- bis neunjähriger Knirps etwa ab Ende meines ersten Schuljahrs wo und für wen auch immer verfasste. Hauptthema darin war der Krieg, also das, was wir Kinder auf vielfältige Weise davon mitbekamen. Aus dem

„Volksempfänger" schallten Sondermeldungen, angekündigt von martialischen Klängen, und verkündeten voll Stolz die (zunächst) ununterbrochenen Siege der deutschen Wehrmacht in Polen, später an der Westfront in Frankreich. Und ab 1941 in der von Deutschland überfallenen Sowjetunion. Man sprach vom „Blitzkrieg". Unsere Spiele auf dem Schulhof oder irgendwo im Gelände waren in der Regel Kriegsspiele; zu Hause begeisterten wir Kinder uns an immer echter wirkendem Kriegsspielzeug.

Im August 1940 verunglückten meine Eltern auf einer Dienstreise des Vaters mit dem eigenen PKW auf der Fahrt von Berlin zurück ins Ruhrgebiet, nachdem sich auf der (leeren) Autobahn ein vor ihnen fahrender LKW mit Anhänger unvermittelt quer gestellt hatte.

Die Eltern wurden aus dem offenen Wagen geschleudert. Mein Vater, 40-jährig, war infolge eines Genickbruchs sofort tot, meine Mutter erlitt schwere Verletzungen an beiden Beinen, weshalb sie sich lange Zeit in Krankenhausbehandlung befand. Die eigentliche Ursache des Unfalls wurde laut Auskunft (2010) des Archivars des Thyssen-Krupp-Konzerns nie wirklich geklärt. Ein zweijähriger Prozess, von einer Versicherung angestrengt, endete mit einem Vergleich. Es habe damals „Spekulationen" bezüglich der ungeklärten Unfallursache gegeben.

Mein Bruder und ich befanden uns zum Zeitpunkt des Unfalls in einem Kinderheim bei Fulda; wie ein Jahr zuvor auf Juist. Der Luftveränderung wegen nach späteren Aussagen meiner Mutter. Beide kamen wir nach dem Unfall zunächst zu Freunden nach Gotha, ich sodann zur Familie meiner Mutter nach Karlsruhe.

Kurz vor Weihnachten 1940 waren wir – unsere Mutter und wir beiden Brüder – wieder in Mülheim zusammen, und ich erinnere mich gut an die häufigen Spaziergänge auf den Mülheimer Waldfriedhof zu des noch frischen Vaters Grab, die Mutter im Rollstuhl, von uns Brüdern geschoben.

Für uns Jungen hoch interessant war die Einquartierung eines „schneidigen“ Majors der Wehrmacht aus einer nahen Kaserne in unserem großen Haus hoch über der Stadt, der dann auch der kleinen Familie persönlich sehr nahe stand. Nach meiner Erinnerung erlebten wir in dieser „Besetzung“ 1940 das letzte gemeinsame Weihnachten in unserem eigentlichen Zuhause in Mühlheim (bis 1945) und das erste ohne Mann und Vater!

An dieser Stelle möchte ich die Erinnerung an einen jungen Menschen wachhalten, der seit Anfang 1941 (?) bis zum Ende des Krieges sozusagen zum „Inventar“ des Hauses beziehungsweise der Familie gehörte: Frosya, eine junge Polin (?), die aus ihrem heimischen Umfeld und aus ihrer Familie heraus nach Deutschland verschleppt worden war („Fremdarbeiterin“) und als „Mädchen für alles“ meiner Mutter im Haushalt zur Hand ging. Sie erlebte alles mit, den zunehmenden Bombenkrieg über dem „Ruhrpott“, die selbstbestimmte Evakuierung meiner Mutter 1943 mitsamt dem gesamten Hausrat nach Gotha in Thüringen. In Gotha lebte meine Mutter zusammen mit meinem Bruder in der Familie eines befreundeten Arzt-Ehepaars (Inhaber einer privaten HNO-Klinik), das unserer Mutter die Übersiedlung nach Gotha empfohlen und ermöglicht hatte. Frosya wurde als Hausangestellte eingesetzt. Sie war integrierter Teil der Hausgemeinschaft, bis sie im Herbst 1945 aus Gotha gegen ihren Willen vom sowjetischen Militär in eine ungewisse Zukunft in Sibirien (?) ein weiteres Mal „verschleppt“ wurde.

Wie oft hatte es sie gegeben, vor allem in der Zeit des Heranwachsens zum Jüngling, die Situation mit dem zwiespältigen

Empfinden, die Altersgenossen seien anders, reifer, fast schon erwachsen. Wie ich – an ihnen gemessen – doch auch hätte sein sollen. Das spürte ich besonders schmerzlich, wenn ich diesen in ihrem „aufgesetzten, eingebildeten Erwachsensein" vermeintlich so sicher und gefestigt Scheinenden nichts wirklich Überzeugendes entgegenzusetzen hatte. Viele von ihnen kannten außer der rationalen keine auch emotionale Betrachtungsweise einer Sache oder eines sinnlichen Erlebnisses. Und an meine eigene jugendliche „Lebensphilosophie" – Ansätze dazu – hatte ich noch so viele offene, mit mir heftig umgehende Fragen. In der Erinnerung ist da ein Gespräch mit einem älteren Mitschüler auf dem gemeinsamen Schulweg, bei dem es darum ging, was man wohl später werde oder was aus einem mal werden würde?

„Entweder was Besonderes, oder gar nichts", war damals meine spontane Antwort. Ich erinnere mich noch heute an das mich noch lange beschäftigende Gespräch.

Wie bei Hermann Hesse hatten diese jungen Menschen meines Alters – die späteren Klassen- und Schulkameraden eines Internats in Bad Godesberg (1953 – 1956) – wie mir schien „heiter Raum um Raum durchschritten". Sie wirkten so, wie Familie und Gesellschaft es von ihnen erwartete. Viele dieser Jungens – sollte ich mich an ihnen orientieren? – hatten, so schien es mir, alle „Stufen" in ihrem bisherigen Leben bewältigt. Der rationale Verstand war Takt- und Ratgeber für die Lebensplanung und die Schritte, die man zu gehen hatte. „Vorbilder" hatten es ihnen erfolgreich vorgelebt: Ein Verharren, weil etwas nicht verarbeitet, nicht abgeschlossen, ein Trauern, weil eine „Stufe" jäh weggebrochen, eine Wunde, weil Kindsein beschädigt und daher nicht ausgelebt war, ein Bauchgefühl für all das hatte es nicht zu geben. Planvoll durchdachtes Handeln war angesagt, das Ziel wichtiger als der Weg, nicht aber „genussvolles Verweilen“ im „Jetzt und Hier“. Das war Zeichen von Schwäche, und daraus möglicherweise resultierender Lebensuntüchtigkeit.

Die moderne Neurophysiologie, aktuelle Forschungsergebnisse der so innovativen medizin-wissenschaftlichen Disziplin, gehen heute von der realen Existenz eines sogenannten „Bauch-Hirns“ aus, dessen Nervenzellen um die Darmschlingen herum angesiedelt sind und eine ähnliche Struktur aufweisen wie der Zellbereich im Gehirn, in dem unsere „Emotionalität“ lokalisiert ist: Das Bauchgefühl ist unsere unbewusste Intelligenz. Eine wissenschaftliche Erkenntnis, die mir zu später Genugtuung gereichte!

Wie oft hatte ich in meinem abrupt zu Ende gegangenen Kindheits-Paradies Sorna (1941 – 1943) dieses „Verweile doch, du bist so schön ...“ unbewusst gelebt und empfunden, so, dass meine ganze Kinderseele davon an- und ausgefüllt war. Eine nächste „Stufe“ – ohne dass die vorherige emotional ausgelebt und abgeschlossen war – bedeutete eine angsteinflößende, unüberwindliche Hürde.

Ein Prototyp eines „fertigen“ Menschen war mein Zimmergenosse während der drei Oberstufenjahre im Internat, ein in jeder Beziehung erfolgreicher Absolvent der Gymnasialzeit. Er war in allem, auch körperlich, das absolute Gegenstück zu mir, was wohl auch der Grund dafür war, dass wir beiden Antipoden nach einem Grundsatz-Disput ohne Konsens über zwei Jahre kein Wort miteinander sprachen. Bis das bestandene Abitur die Zungen noch einmal kurz löste, bevor wir für immer auseinandergingen.

Ich mit meinen vielen „Fragezeichen“, Unvollkommenheiten, schulischen Problemen, den emotionalen Rückfällen in ein nicht mehr existierendes Kindheits-Paradies, war wohl eine Zumutung für den so „normalen“, in allem angepassten

Portrait von mir im Alter von 6 Jahren

Zimmergenossen, einen „Kopf-Mensch“, der rational, also erfolgreich „funktionierte“. Dieser Mitschüler vor allem war es, der mich lange Zeit unter meinen Unzulänglichkeiten als unter Minderwertigkeit leiden ließ.

Bis mir urplötzlich klar wurde, als ich ihn ein einziges Mal mit seinen Eltern erlebte – von da an herrschte die Sprachlosigkeit –, dass er ja nie Kind gewesen war. Nicht hatte sein können, auch wenn er gewollt hätte, bei den mir antiquiert und überholt vorkommenden Ansichten und Erziehungsgrundsätzen seiner Eltern. Wie ein Kind denken, fühlen und handeln war meinem Zimmergenossen nicht vergönnt gewesen. Vielmehr hatte er genau das zu unterdrücken gelernt. Dafür immer ganz rational das Vorwärtskommen, den Erfolg im Visier. Kindsein mit dem „Aufgehen im Augenblick“, dem spannenden Morgen, der unbändigen Neugier auf alles Unbekannte, was so nur Kindern eigen ist, hatte in seinem jungen Leben keinen Platz gehabt. Wenn ich später an ihn zurückdachte, kam mir dieses aufgezwungene „Nicht-Kind-sein-Können“ wie eine Art Nötigung vor und als ein im Eigentlichen nicht gelebtes Leben.

Ich nun war so ganz anders geartet, durch Veranlagung (?), vor allem aber durch die für ein Kind von sechs bis 14 Jahren, also zwischen 1940 und 1948, so extremen Zeit- und Lebenumstände. Da war zunächst das Trauma des so frühen Vaterverlusts im Alter von sechs Jahren, später die dramatischen und schlimmen Ereignisse der Kriegs- und Nachkriegszeit. Die Körper und Seele verletzenden Erlebnisse dieser Jahre hatten sich tief in meine Gedanken- und Gefühlswelt, auch das Unterbewusstsein, eingegraben und wogen dort wie eine Zentnerlast. Wie ein Lichtstrahl zwischen Gebirgen dunkler Wolken war da zwischen Herbst 1941 und Herbst 1943 die helle und heile Zeit auf dem Rittergut Sorna in Thüringen. Diese zwei Jahre sollten meine weitere Entwicklung maßgeblich überwiegend im Positiven prägen, wie kaum eine andere Lebensperiode.

Je mehr ich heranwuchs, um so deutlicher fühlte ich, dass meine Kindheit mir immer noch so nah, so vertraut war, ja, dass ich ihr unbewusst nachtrauerte. Vielleicht weil eine natürliche Ablösung wegen des abrupten und dramatischen Endes in Sorna nicht möglich gewesen war? Vielleicht aber auch deshalb, weil ich unbewusst nicht so sein wollte wie viele Erwachsene: angepasst, wenig flexibel, bar jeder Neugier, den Ursprüngen und den Geheimnissen des lebendigen Lebens so entfremdet.

Vielleicht lag auch darin viel begründet, dass ich mich – konfrontiert mit den ungeheuerlichen Ereignissen der „Endzeit" des Krieges und der Nachkriegszeit – den Forderungen meiner Umgebung, mich all den Notwendigkeiten und Zwängen anzupassen, häufig verweigerte. Weil ich ihnen nicht oder nur bedingt gewachsen war. Vielleicht war eine Ahnung in mir, anderenfalls die so lebendige Erinnerung an meine schönen Kindheitsjahre in und auf Sorna zu verlieren. Es ging bei dieser und späteren Verweigerungen im Eigentlichen um das Erhalten dessen in mir, was meine Seele dort an Schönem und Bereicherndem erlebt, gespeichert und dadurch meine Identität maßgeblich geprägt hatte.

„Der Sommer meiner Kindheit" auf dem Rittergut Sorna bei Schleiz in Thüringen mit den so wunderbaren Möglichkeiten für ein Kind meines Alters, mit den prägenden Erlebnissen und Abenteuern sowie einer besonderen Art von Sozialisation, war im Herbst 1943 abrupt – sprichwörtlich aus heiterem Himmel – durch den Angriff eines US-Bombers brutal und unwiederbringlich zu Ende gegangen. *„Das Lied der Lerche"* aber über Grund, Wiesen und Feldern von Sorna ist nie verklungen in mir.

Zurück blieb ein verstörtes, von Angst und Schrecken gezeichnetes Kind, dessen bisherige Welt unvermittelt durch Tod und Zerstörung in seinen Grundfesten erschüttert war. Nach dieser ersten Konfrontation mit den Schrecken des Krieges im Eigentlichen hilflos und unfertig für die nächste „Stufe" seiner Entwicklung.

In diesem jäh zu Ende gegangenen Abschnitt meiner Kindheit in der Idylle des abgelegenen Gutshofs im Herzen Thüringens hatte sich die ursprüngliche Natur mit all ihren Möglichkeiten des Lebendig-Seins und der Lebensbereicherung der noch kindlichen Seele eröffnet und bemächtigt.

Das in die Natur eingebettete, von ihr umwobene Sorna trat wie Trost und Wiedergutmachung an die Stelle, die Vaterverlust, Trennung von Mutter und Bruder, Ängste und Fremdheiten bei immer wieder anderen Menschen an fremden Orten in mir bewirkt hatten. Ein Leben lang sollte Natur beschützender sowie Kraft verleihender Rückzugsort meiner Seele bleiben. Für Glücksgefühle, wie sie mir sonst keine Güter der Welt verschaffen konnten. Allenfalls noch möglich durch menschliche Begegnungen – alters- und geschlechtsunabhängig –, die mich emotional in ähnlicher Weise berühren und beeindrucken konnten und können.

„Das wirkliche Leben ist die Begegnung und lebendig ist,
wer in Berührung steht zu anderen Menschen
und sich berühren lässt."

MARTIN BUBER

Unabdingbar dabei sind Natürlichkeit und Echtheit. Das war und ist es, was mich seit eh und je anzieht an Menschen. Also der Mensch an sich in seiner Originalität, unabhängig vom materiellen, sozialen oder gar gesellschaftlichen Hintergrund. Welches Glück, mit der Lebenspartnerin darin übereinzustimmen!

Herman Hesse sagt in seinem wohl wichtigsten Gedicht dies:

„Wir sollen heiter Raum um Raum durchschreiten,
An keinem wie an einer Heimat hängen,
Der Weltgeist will nicht fesseln uns und engen,
Er will uns Stuf' um Stufe heben, weiten ...“

Wie aber, wenn schon in früher Kindheit „Stufen“ weggebrochen sind, man noch im Vorherigen verharrt, noch nicht gereift für eine nächste Stufe?

Wirklich „erwachsen werden“ in des Wortes Bedeutung kann nur, wer mit allen Sinnen und seelisch unbeschadet hat Kind sein können. Erst dadurch befähigt für den nächsten Schritt seiner Entwicklung. Das aber war in der Ausnahmesituation von Krieg und Nachkrieg manchen Heranwachsenden nicht vergönnt.

Mit dem Älterwerden, den „Reifejahren“ der Adoleszenz, verblasste nicht etwa die Fülle der Erinnerungen an besonders intensiv erlebte Lebensepisoden, sondern sie schlummerten in mir wie archiviert in einem abgelegten Fotoalbum eines verstaubten Regals.

Umso eindeutiger erscheinen dadurch die Zusammenhänge zwischen einer abgebrochenen Kindheit einerseits und verzögerter Reifung sowie manchen Unzulänglichkeiten des Erwachsenseins andererseits.

Motivation zu der autobiographischen Niederschrift ist es daher auch, die stärksten und besonders aussagekräftigsten Erinnerungen an meine Kindheit nicht einfach unreflektiert und unwiederbringlich im biologischen Papierkorb verschwinden zu lassen. Vor dem zeitgeschichtlichen Hintergrund fühle ich mich zudem den Nachkommen verpflichtet, meinen persönlichen Beitrag zu leisten gegen das Vergessen und Verdrängen von realen Zeitereignissen, die auch mein Leben nicht nur am Rande tangiert, sondern bis ins Alter hinein erheblich beeinflusst und signifikant geprägt haben.

Bei der Wiedergabe von Begebenheiten und Episoden aus meiner Kindheit und Jugend bin ich sicher nicht frei vom Phänomen „Dichtung und Wahrheit", von emotionaler, auch phantasiegeprägter Überlagerung und Idealisierung, wobei jedoch der Realitätsbezug absolute Priorität hatte.

Und ich schreibe letztlich auch für mich, mein Ego, um zu bewahren, was mein Leben, meinen Charakter nachhaltig geprägt hat. Zu bewahren, wie ich mein junges Leben subjektiv erlebt habe. Es drängte mich zu dem, was man „therapeutisches Schreiben" nennt.

Es heißt: „Die Zeit heilt alle Wunden". Aber eben doch nicht alle. Und immer bleiben Narben. Es gilt heute als gesichert, dass ein nicht betreutes, unbehandeltes posttraumatisches Belastungs-Syndrom zwangsläufig früher oder später zu Persönlichkeitsstörungen führen muss.

So aber, wie der Tag zur Nacht gehört, muss das Schöne in unserer Erinnerung das Hässliche ertragen und mit ihm leben. Erst beides zusammen formt den Menschen, sein unverwechselbares Ich.

Und nur mit dieser Erkenntnis kann man seine ureigene Identität, wie sie genetisch angelegt und später vom Leben geformt (auch verformt) wurde, akzeptieren und mit ihr mehr oder weniger unbeschwert leben und umgehen.

Quellen zu dem, was ich erlebte an Schönem und die Seele Bereicherndem wie Belastendem, sind oft nur Bruchstücke, Splitter des Erinnerns. Aber auch komplette Szenarien wie aus einem Film. All das kann ich nur so wiedergeben, wie ich es mit den Augen eines Kindes gesehen, subjektiv erlebt und empfunden habe. Später erst kam kognitives Reflektieren dazu.

Alles zusammen hat mich ein Leben lang begleitet und oft auch belastet. Wenn man die Seele als Bindeglied zwischen Geist und Körper versteht, musste bei der Qualität all der Geschehnisse jede kindliche Seele – so auch meine – Schaden nehmen.

Nach den erlebten Verlusten, Einsamkeiten, Ängsten, Gewalt und Terror, beginnend mit dem plötzlichen Tod des Vaters, drängt es sich auf, von den Folgen einer unvollendeten Kindheit durch traumatisierende Erlebnisse in Zeiten von Krieg und Gewalt zu sprechen. Umso mehr genoss ich in späteren Jahren – zunächst unbewusst – alles Schöne, was mir im weiteren Verlauf meines Lebens begegnete.

Wie es zwangsläufig dazu kam, dass es mir – wie so vielen anderen – nicht vergönnt war, „heiter Raum um Raum (zu) durchschreiten" (H. Hesse), ist ebenfalls Inhalt dieser Niederschrift. Aus einer heute unwirklich anmutenden Zeit, die für die Betroffenen jedoch nur allzu real war. So, wie dieses „Sich-von-der-Seele-Schreiben" einerseits ein Mosaikstein sein kann gegen noch immer verbreitetes „Vergessen und Verdrängen", ist es für mich Befreiung aus der Beengung bedrängender Bilder. Und Erlösung von den der Selbstachtung höhnenden Erinnerungen. Das ist der Lohn für die Mühe!

„Nur der wird seines Lebens Zukunft positiv gestalten können, für den Vergangenheit nicht einfach vergangen, sondern Anlass zu Reflexion und Auseinandersetzung mit ihr ist. Denn: Es gibt nichts Qualvolleres, als eine nicht erzählte Geschichte in sich herumzutragen." Z. N. HURSTON

Es ist wahrscheinlich, dass viele Betroffene von kriegsbedingten psychischen Verwundungen und der Zeit danach im damaligen (geteilten) Deutschland – den „Trümmerjahren" – ihr

Leben lang unter Belastungssymptomen gelitten haben, ohne je in den Genuss psychotherapeutischer Maßnahmen gekommen zu sein. Hinzu kommt eine „Traumareaktivierung" im Alter, wie von dem Psychosomatiker Gereon Heuft beschrieben: „In dieser Lebensphase ändert sich viel: Man ist entbunden vom Beruf und vielen anderen Aufgaben und Verantwortlichkeiten, die Kinder sind aus dem Haus, und man muss erleben, wie Freunde und Angehörige sterben. Die Gedanken kreisen nun häufiger um Vergangenes und es machen sich in dieser Lebenssituation die Langzeitlasten traumatischer Lebensereignisse wieder verstärkt bemerkbar."

Auf der anderen Seite bedeutet ein Sich-nicht-Auseinandersetzen mit der eigenen Vergangenheit so etwas wie „Autofahren ohne Rückspiegel".

Ich, der in jungen Jahren schon so viel erlebt hatte an Verstörendem und Zerstörendem, hat an die Zeit, in der das zuvor gewohnte Leben, die tradierten Werte nicht mehr zu existieren schienen, eine zum Teil fotografische Erinnerung. Dieses Phänomen schwand erst, als sich Jahre später (etwa ab 1948/49) das Leben langsam zu „normalisieren" begann. Normalität und Gleichmaß des Lebens sind aber offenbar für das Erinnerungsvermögen unseres Gehirns nicht so attraktiv, um über mehr als 70 Jahre gespeichert zu werden. Will sagen: Das spätere Erinnern an die immer normaler werdenden Zeiten verblasste mehr und mehr, weil menschenwürdiges Leben allmählich wieder zur Normalität geworden war.

Umso deutlicher wurde, was sich in den Jahren zuvor in die lebendige Erinnerung und ins Unterbewusstsein eingebrannt hatte. Tröstlich, dass es nicht nur Schrecken und Zerstörerisches war, sondern auch Schönes und die junge Seele Bereicherndes. Das hat die Zukunft lebenswert gemacht. Dennoch: Die „Software" des Lebens war eine andere geworden!

Es handelt sich im Folgenden um den Versuch einer chronologischen, möglichst realitätsbezogenen Vergegenwärtigung meiner Vergangenheit in früher Kindheit und als Heranwachsender zum jungen Mann.

Also um die Wiedergabe sehr persönlicher, auch intimer Erinnerungen sowie die spätere Reflexion über eine zunächst beglückende, dann unselige Zeit zwischen 1940 bis 1945 und die unmittelbare Nachkriegszeit mit Verlust von Bezugspersonen, Krieg, Zerstörung, extremer pervertierter Gewalt, die die seelische und körperliche Verfasstheit betroffener Kinder – so auch meine – massiv und nachhaltig beschädigte.

Natürlich stand ich nicht alleine da mit den Auswirkungen und Folgen der Kriegs- und Nachkriegszeit, die Bundeskanzler Helmut Schmidt mit denen der „Apokalypse des Dreißigjährigen Kriegs" verglichen hat.

Immer wieder ist relativierend zu lesen und zu hören: „Es ging ja so vielen Menschen so!" Das aber ist kein Trost für den Einzelnen, weder damals noch heute. Will man die Dimension des vom einzelnen Individuum Erlebten und Erlittenen (etwa im Luftschutzkeller, in einem Folterkeller, einer Erschießungsgrube oder einer Gaskammer) erfassen und auch nur ansatzweise nachempfinden, muss man sich bemühen, die Ungeheuerlichkeiten auf den jeweiligen Empfindungs-Horizont des einzelnen betroffenen Menschen herunter zu brechen. Das ist ein problematisches und schwieriges Unterfangen. Der „Normalbürger" war und ist damit sicher mental und emotional überfordert.

Jetzt, nach über 70 Jahren, ist der Erinnerungsdruck der Bilder so stark – auch und noch immer in den Träumen –, dass ein Darüber-Nachdenken, ein Reflektieren, ein Niederschreiben wie Befreiung von einem Albdruck wirkt.

Es erfüllt mich mit Dankbarkeit, dass ich nach „alledem" ein, wie man sagt, „erfülltes" Leben führen konnte. Nicht bezogen auf die Anzahl der Lebensjahre, sondern auf Inhalt und Qualität dessen, was Leben bedeutet und ausmacht.

Das Schicksal hat mir dazu eine „Begleitung“ an die Seite gegeben, für die ich mit meinen „Altlasten“ oft eine ähnliche Zumutung gewesen sein mag wie für den Zimmergenossen im Internat vor 50 Jahren. Nur, dass diese Begleiterin und Partnerin nie das „Handtuch warf“, auch nicht nach schmerzenden Verletzungen. Sie harrte aus, „bis ich wieder zu mir kam“, um dann noch viel Schönes und Wichtiges gemeinsam erleben und genießen zu können.

Die Basis für die Lebenspartnerschaft waren und sind die Gemeinsamkeiten. So im Bereich der Literatur, Musik, mit Menschen oder ganz wesentlich in der Beziehung zur Natur. Das fliegt einem nicht zu, man muss sich aktiv darum bemühen. Vor allem den anderen emotional mit einbeziehen. Begeisterung für etwas potenziert sich, wenn man sie gemeinsam erlebt und empfindet.

Bis heute fühle ich mich nicht in der Lage, vor dem Hintergrund und der nach wie vor präsenten Empfindungswelt einer nicht abgeschlossenen Kindheit, mich vor allem emotional mit dem zu identifizieren, was es im Eigentlichen bedeutet, „erwachsen“ zu sein.

Es sei denn, Erwachsensein bedeutet primär, Verantwortung in Familie und Gesellschaft – nicht zuletzt auch sich selbst gegenüber – zu übernehmen. Das hat mich das Leben später in reichem Maße gelehrt!

Die von mir so empfundene Zwiespältigkeit in meinem Leben ist nach meiner Überzeugung entscheidend begründet in ganz spezifischen Kindheitserlebnissen. Überaus schönen, aber ebenso traumatisierenden, die mein weiteres Leben belasteten und mich beim Eintritt in die nächste „Stufe“ daran hinderten, so zu denken und zu handeln, wie man es in jeder Gemeinschaft, erst recht „in der Gesellschaft" von einem Heranwachsenden erwartet.

Stattdessen, einem inneren Instinkt folgend, mit dem Empfinden und der Emotionalität eines Kindes auf die realen Herausforderungen des Lebens und die Erwartungen an einen Heranwachsenden zu reagieren. Die Problematik, die daraus resultierte, musste ich später wohl oder übel in einem oft schmerzhaften Prozess auszugleichen versuchen, was nicht immer von Erfolg beschieden war.

Der Zwang zum „Normativen" war (und ist) für mich eine mehr oder weniger lästige Beschwernis, oft ein Spagat bei der Bewältigung des Alltags. Damit zu leben ist mir jedoch fast zur Gewohnheit geworden. Manchmal kommt mir diese Herausforderung wie eine Bereicherung vor! Es hat lange gedauert, um zu dieser Erkenntnis zu gelangen.

Wer sich einmal für all das interessiert, was ich niedergeschrieben habe nach über 70 Jahren, ist nicht entscheidend. Die reinen Fakten jedoch haben zeitgeschichtliche Dimension und Aussagekraft. Mir persönlich geht es vor allem darum, mich nach Möglichkeit mit meiner eigenen Kindheitsgeschichte – wie sie eben war – auszusöhnen.

War (und ist) es mir doch im weiteren Verlauf meines Lebens vergönnt, noch viel Positives, insbesondere an Begegnungen mit Menschen erfahren und erleben zu können. Ein Resümee vorwegnehmend, bin ich heute der Überzeugung, dass es – um mit Hans-Georg Gadamer zu sprechen – die „Summe der menschlichen Begegnungen" ist, die mein und unser gemeinsames Leben so bereichert und lebenswert gemacht hat.

Es war im Frühsommer des Jahres 1940, als ich in unserem Kinderzimmer für Gäste unserer Eltern ein „Kriegsszenario" vorbereitet hatte: Heute, an einem Sonntag, hatte er sein ganzes Arsenal an Kriegsspielzeug aufgeboten, das die Spielzeugkiste hergab, denn auf einer Stuhlreihe im Kinderzimmer saß eine Schar Gäste seiner Eltern – auch ein Onkel in Uniform eines Generalstäblers, mit roten Streifen an den Hosen, die amüsiert seiner aufwendigen Vorführung zu ihren Füßen zuschauten und ihm zumeist unverständliche Kommentare abgaben. Auch der groß gewachsene, so gut und männlich aussehende Vater war Zuschauer, als sein sechsjähriger, weißblonder jüngerer Sohn die „Deutschen" die „Franzosen" besiegen ließ, wie es der „Führer" befohlen hatte. Nachdem der Offizier unter den Gästen ihm sein Militärkäppi gebührend schräg auf seinen kindlichen Schädel mit dem „musikalischen Hinterkopf" gesetzt hatte, machte er stolz ein martialisches Gesicht und grüßte am Ende der Vorführung wie ein Soldat mit am Käppi angelegter rechter Hand. Auf dem Boden des Kinderzimmers lagen alle Franzosen wie hingestreckt, vor ihnen der „Führer" mit erhobenem rechten Arm, was die Beifall spendenden Gäste und Familienangehörigen am Schluss mehr oder weniger amüsiert nachahmten.

So, genauso war es gewesen und hat sich tief in mein Gedächtnis eingeprägt. Immer und immer wieder in meinem späteren Leben hatte ich versucht, meine am weitesten in die Kindheit zurückreichenden Erinnerungen abzurufen, lebendig werden zu lassen. Immer war es auch diese Kriegsspiel-Vorführung, die sich dabei in den Vordergrund drängte.

Und noch eine blassere, fast verschüttete Erinnerung stieg in mir auf, wobei statt Personen zu sehen, ich deutlich deren Stimmen hörte. Ich befand mich zu dieser Zeit – August 1940 – zusammen mit meinem fast zehnjährigen Bruder in einem Kinderheim in der Nähe von Fulda.

Eine jüngere, weibliche Stimme war es, die mir und meinem Bruder mitzuteilen versuchte, dass Vater und Mutter mit dem Auto verunglückt seien und man nun zusammen ein Päckchen richten wolle, um es den verletzten Eltern ins Krankenhaus zu schicken. Eingeprägt hat sich diese Szene deshalb, weil ich trotz lautem Protest bei der „Tante" nicht durchsetzen konnte, das Päckchen – wie von mir dringend gewünscht – in schwarzes Papier einzupacken.

Dieses „sonderbare" Verhalten schien den „Tanten" so merkwürdig, dass sie einer uns besuchenden Verwandten darüber berichteten. Was ich zu diesem Zeitpunkt – im Gegensatz zu den „Tanten" – nicht wissen konnte, dass unser Vater bei dem Unfall zu Tode gekommen war!

Nach dem Unfallgeschehen der Eltern wurden wir Brüder zunächst von Freunden in Gotha aufgenommen. Ich wurde alsbald von meiner Tante nach Karlsruhe geholt in die Großfamilie mütterlicherseits, wo ich mit Zuwendung und Liebe bedacht wurde. Mein Onkel hatte die „originelle" Idee, mir eine frappierend echt aussehende „Wehrmachts-Kinder-Uniform" mit aufgenähtem Reichsadler über der linken Brusttasche anfertigen zu lassen. Mit dem keck aufgesetzten Käppi auf dem Kopf, mit an der „Hosennaht angelegten Händen", wurde ich auf dem kleinen Balkon in der „Beletage" fotografiert. Heute eines der wenigen bildhaften Zeugnisse dieser Zeit in Karlsruhe. Ob ich stolz gewesen bin, in der „Kostümierung"? Schon möglich. Aber: Was mögen sich die Erwachsenen dabei gedacht haben?

Es geschah auch 1940, am 22. Oktober, – ich ging vergnügt in die 1. Klasse der Tulla-Schule –, als in Karlsruhe in aller Herrgottsfrühe über 1.000 Mitbürger jüdischen Glaubens aus ihren Wohnungen herausbefohlen wurden, um sich mit einem Koffer auf den Weg zum Bahnhof zu machen. Die Gehunfähigen wurden mit Lastwagen dorthin gefahren. Das Gleiche geschah den Juden aus der Pfalz. Auf dem Karlsruher Güterbahnhof standen bereits die Züge unter Dampf, die von der „Deutschen Reichsbahn“ Tage zuvor zusammengestellt worden waren: zur Deportation der Juden nach Gurs in Südfrankreich. Als eine der Zwischenstationen vor ihrer Ermordung im polnischen Auschwitz.

Daran, was an diesem Tag in Karlsruhe geschah – von SA, Polizei, örtlicher Gestapo, Behördenangestellten und Reichsbahn „generalstabsmäßig“ organisiert und „erfolgreich“ durchgeführt –, habe ich als damals Sechsjähriger keine Erinnerung. Auch nicht daran, was hinter vorgehaltener Hand, hinter zugezogener Gardine „gemunkelt und geflüstert“ wurde. Gewusst habe ich aber, dass mein Onkel, bei dem ich lebte, einer Karlsruher SA-Formation angehörte. Erst Jahrzehnte später erfuhr ich, dass ein weiterer Verwandter zu eben dieser Zeit eine mitbestimmende Funktion in der Karlsruher Verwaltungsbehörde der „Deutschen Reichsbahn“ innehatte. Uns Kindern und Heranwachsenden gegenüber ist, so lang es ging, verschwiegen worden, dass „Onkel ...“ nach 1945 zu einer längeren Internierungsstrafe verurteilt worden war. Er hat diese auch „abgesessen“.

Eine Ironie des Schicksals: In der Karlsruher Stephanienstraße 9 lebte ab 1939 der von den Nazi-Behörden zur Aufgabe seines Geschäfts gezwungene Jude Wilhelm Scharff mit seiner Frau Helene und deren damals 16-jährigen Tochter Ilse. Am 22. Oktober 1940 wurde auch diese kleine Familie mit ein paar Habseligkeiten zum Karlsruher Güterbahnhof gezwungen. Die Deportation führte sie über Gurs in Südfrankreich und Drancy 1942 schließlich nach Auschwitz, wo sie auf der Stelle ermordet wurden! – Seit 2001 leben Dörthe und ich in der Stephanienstraße 12, direkt gegenüber dem Haus Nr. 9 (dem ehemaligen

„Judenhaus")! Nachdem wir von dessen Geschichte Kenntnis erhalten hatten, verfassten wir eine Biographie der Familie Scharff für das Gedenkbuch der Stadt Karlsruhe. Nun erinnern zumindest „Stolpersteine" an die drei Menschen jüdischen Glaubens.

Nach Mülheim zurück kamen wir Brüder erst nach endgültiger Entlassung unserer Mutter aus den Krankenhausbehandlungen. Ich sehe die 39-Jährige in meiner Erinnerung in einem Rollstuhl sitzen oder sich an zwei großen Gehstützen mühsam fortbewegen.

Diese eine Sekunde im August 1940 auf der Autobahn in der Magdeburger Börde bedeutete das Ende einer Karriere, die in Fachkreisen der Eisen- und Stahlindustrie an Rhein und Ruhr zu manchen Spekulationen Anlass gegeben hatte.

Einer der jüngeren „Asse" der deutschen Schlüsselindustrie für die militärische Wiederaufrüstung, jüngstes Vorstandsmitglied der „Deutsche Eisenwerke AG", war tot und hinterließ in der Stahlindustrie eine große Lücke. Was sein Tod für seine Frau, unsere Mutter, und uns 6- und 10-jährigen Brüder bedeutete, war in seinen Dimensionen damals noch nicht abzusehen.

Noch heute rätseln die Söhne, wie dieser Mann war als Mensch und Vater, der selbst seinen Vater und sein Elternhaus in Brasilien und seine Mutter später in Weimar so früh verloren hatte. Der von 1909 bis 1914 in einem badischen Internat, bis 1918 in preußischen Kadettenanstalten und später im Freundeskreis seiner Karlsruher Studentenverbindung wesentlich zu dem geprägt wurde, was er war und wie er war in seinem kurzen Leben.

Ein besonderes Verhältnis, das weit in die Nachkriegszeit fortwirkte, hatte er zu einem jüngeren Bundesbruder, der ebenfalls in der Eisen- und Stahlindustrie des Reviers tätig war. Die beiden jungen Ingenieure entwickelten gemeinsam patentierte

Neuerungen in der Stahlgussverarbeitung. Der Tod unseres Vaters beendete dieses beruflich und menschlich gleichermaßen besondere Verhältnis zweier Männer und Freunde. Was Freundschaft, in jungen Jahren geschlossen, bewirken kann, erwies sich in der existenziellen Unterstützung der vaterlosen Familie im verwüsteten Ruhrgebiet der Nachkriegsjahre: Den sogenannten „Trümmer- und Hungerjahren" nach der totalen physischen und moralischen Niederlage des Deutschen bzw. Dritten Reichs im Mai 1945.

Beim frühen Tod ihres Vaters 1940 wussten die Söhne nicht viel von ihm, sollten es nie erfahren. Wie er war als Ehemann, Vater, Familienoberhaupt. Ein Terrain für Spekulationen. Manches blieb sicher bewusst unausgesprochen, weitgehend im Dunkeln. Nur Weniges wurde bruchstückhaft durch Hörensagen, durch Aussagen von Zeitzeugen, Freunden, die den Vater in seiner Wesensart erlebt hatten, überliefert. Aufschlussreich auch und sehr bewegend, die in einem Buch gebundenen, teilweise sehr persönlich gehaltenen Kondolenzschreiben von Personen, Institutionen, Ministerien – viele aus Berlin –, mit denen der Vater dienstlich zu tun gehabt hatte. Darauf wird an anderer Stelle noch einzugehen sein.

In jüngster Zeit erst hatte ich das bewegende (Schlüssel)-Erlebnis, viele Jahrzehnte nicht beachtete handgeschriebene Briefe meines Vaters von 1909 und 1910 aus der Internatsschule in Weinheim a. d. Bergstraße an die Eltern im fernen Brasilien lesen zu können. Zudem einen ausführlichen Rundbrief an die Familie, den mein Vater 1921 (als 21-Jähriger) nach dem Tod des Großvaters (in Heidelberg) bei seiner Schwester Lu auf Sorna verfasst hatte.

Mein Vater und seine Schwester sollten in Weinheim (1909–1911) in einer „reformpädagogischen Lehranstalt" während zweier Jahre eine höhere Schulbildung erhalten und deutsche Kultur kennenlernen. Die schulischen Leistungen gaben öfters Anlass zu Sorge, wie aus der Korrespondenz mit den Eltern hervorgeht.

Nach der Lektüre der Briefe verspürte ich erstmals etwas wie eine Ahnung von des Vaters Emotionalität, seiner inneren Verfasstheit sowie seiner Lebenswirklichkeit im Alter von neun, zehn und dann 21 Jahren. Interessant ist auch der Vergleich dieser Briefe mit denen, die ich etwa 30 Jahre später im fast gleichen jugendlichen Alter an meine Mutter geschrieben hatte. Vor allem während meiner Zeit auf Sorna. Dazu kamen überraschende Erkenntnisse, auch meinen Vater als Kind/Heranwachsenden betreffend, aus der weitgehend erhaltenen Korrespondenz der Großeltern in Brasilien und auch der mit den Schwiegereltern in Deutschland, die Jahrzehnte unbeachtet geblieben war.

All diese Briefschaften, die mir nach ihrem späten Auffinden heute wie ein ganz besonderer „Schatz" vorkommen, ließen in mir über 100 Jahre, nachdem sie geschrieben – und von mir transkribiert – worden waren, ein „Bild des Vaters" entstehen, das ich bis dahin so nicht gekannt hatte.

Die Mutter sprach nicht viel über berufliche Dinge und Belange des Vaters. Außer, dass er eigentlich „immer im Werk" gewesen sei. In Erinnerung ist mir, dass sie ihn als Ehemann und Vater den Söhnen gegenüber zu einer Idealfigur „überhöhte", was aus ihrer Situation heraus nachvollziehbar war.

Noch sehr lebendig in Erinnerung sind mir die häufigen langen gemeinsamen „Ausflüge" zu Vaters Grab auf dem außerhalb der Stadt gelegenen Mülheimer Waldfriedhof, hoch über dem Ruhrtal. Das war in den Wintermonaten nach seinem Tod (1940–1941), die wir noch zu dritt in Mülheim erleben konnten.

Auf diesem langen Weg zum und vom Friedhof, wobei die Mutter von den Söhnen im Rollstuhl geschoben wurde, hat sie zumeist so über den Vater gesprochen, dass es bei den jungen Söhnen ein großes und schweigendes Staunen über diesen Mann hinterließ. Und die unausgesprochene Aufforderung, ihm, als dem natürlichen Vorbild, nachzueifern. Noch immer habe ich bei bestimmten Situationen den leise vorwurfsvollen und mich beschämenden Ton im Ohr: „Wenn das dein Vater wüsste!" Von Sorna aus habe ich einmnal „ein Geld" in einen Brief gelegt, damit meine Mutter Blumen von mir aufs Grab bringe.

Eine weitere Motivation der beiden Jungen zu den langen Wegen war das Aufsammeln der überall herumliegenden bizarren und in allen Farben schillernden, meist fingergroßen Eisensplitter der in der Luft explodierten Flak-Granaten, von den Flak-Stellungen auf den Ruhr Höhen gegen die einfliegenden feindlichen Bomberverbände verschossen. Diese „Splitter" wurden von allen Jungen eifrig gesammelt und untereinander getauscht, wie viele Jahre später – jetzt von Jungen und Mädchen – die Muscheln von den Stränden ferner Länder.

Natürlich gehört der Versuch des Nachdenkens über Wirken und Schaffen des Vaters in der Vorkriegs- und Kriegszeit sowie ein kritisches Hinterfragen seiner politischen Überzeugung, seiner Gesinnung in den Rahmen dieser Niederschrift. Vor allem seiner (berufsbedingten) Kooperation mit Regierungsministerien sowie hohen Kadern des NS-Regimes. Auch mit dem Risiko, dass sich auf insistierendes Nachfragen und Recherchieren unbequeme Antworten oder Erkenntnisse ergeben.

Ist es doch für mich immer ein Rätsel geblieben, welche wirkliche innere Einstellung der Vater zum Nationalsozialismus, seinen Protagonisten und deren verbrecherischer, kriegsorientierter Politik hatte.

Laut dem vom Vater wohl 1934 erstellten Lebenslauf war er bereits seit 1923 Mitglied der NSDAP, „Gau Baden". 1919 hatte er als 19-jähriger Fahnenjunker einer „Freiwilligen-Infanterie-Kompanie" am „Putsch" in Altenburg/Thüringen teilgenommen und laut einer Nachricht in der Altenburger Tageszeitung: „die rote Flagge vom Schloss ... heruntergerissen." Das Erbe der Kadettenanstalten ließ grüßen!

1923 gründete er die „Nationale Studentenschaft Karlsruhe/Baden". 1927 wurde er Mitglied im „Stahlhelm", einem nationalistischen Zusammenschluss ehemaliger Frontkämpfer des Weltkriegs 1914–1918 unter Leitung eines Großteils des ehemaligen Offizierskorps. 1932 wurde der Vater „Ortsgruppenleiter" des „Stahlhelm" in Gelsenkirchen. Nachdem der zahlenmäßig bedeutende Verbund ehemaliger Soldaten und Offiziere im Juni 1934 zwangsweise von der NSDAP in die SA (Sturmabteilung) überführt worden war, setzte der Vater die Mitgliedschaft im nun „gleichgeschalteten" „Stahlhelm" nicht weiter fort.

Ob auch die Mordaktion an SA-Chef Erich Röhm und vielen seiner Gefolgsleute im Juni 1934 durch höchste Chargen der NSDAP und Hitler selbst bei dieser Entscheidung eine Rolle gespielt hat, liegt ebenfalls im Bereich der Spekulation.

Zu dieser Zeit war der Vater Oberingenieur bei den Stahlwerken „Schalker Verein" in Gelsenkirchen. Die Zugehörigkeit zur Staatspartei NSDAP war bezüglich seiner weiteren beruflichen Karriere sicher alternativlos.

Die chronologische Auflistung seines politischen Werdegangs im maschinengeschriebenen Lebenslauf endet abrupt mit einem Eintrag, den 1. Juni 1934 betreffend. Die im Inhaltsverzeichnis angekündigten Kapitel „Sonderausbildung" und „Allgemeine Ausführungen" fehlen, müssen nachträglich (?) entfernt worden sein, sodass gerade die Zeit danach, also sein weiterer (auch politischer) Werdegang bis zum Kriegsbeginn

1939 und bis zu seinem Tod im August 1940 leider im Dunkeln bleiben.

Wenn der Vater auch den ungeheuerlichen Zivilisationsbruch in der Geschichte seines geliebten Vaterlands in seiner ganzen Monströsität nicht mehr miterlebt hat, gab es in der Zeit von 1933 bis zu seinem Tod im August 1940 schon genügend Fanale und Entwicklungen, die einen Verantwortung tragenden und hinterfragenden Vertreter der Rüstungsindustrie bezüglich der wahren politischen und militärischen Absichten des Regimes hätte wachrütteln müssen; zumindest nach heutigem Verständnis und Sicht der Dinge.

Wobei zu berücksichtigen ist, dass sich eben „diese Dinge" den vor 70 Jahren lebenden und agierenden Zeitgenossen in vielen Bereichen wesentlich anders dargestellt haben mögen als uns heutigen Nachgeborenen zu Beginn des 21. Jahrhunderts. Das relativiert zumindest meinen Ansatz bez. kritischer Hinterfragung. Dazu kam, dass der im Elternhaus und den Kadettenanstalten in Kindheit und Jugend fast absolutistisch vermittelte, übersteigerte Patriotismus und Nationalismus zu einer anderen Vorstellung von und inneren Einstellung zu den Werten geführt hat, als es für uns heute selbstverständlich ist.

Trotz dieser relativierenden und um Gerechtigkeit bemühten Reflexionen („wie hätte ich mich an seiner Stelle verhalten?") bleiben Zweifel und Fragezeichen. Wobei es mir ausschließlich um Fakten und Wahrheit geht, ganz sicher nicht um Werten menschlichen Denkens und Handelns.

Zusammen mit anderen maßgeblichen Industrieführern der Eisen- und Stahlindustrie war der Vater in den Jahren vor dem 2. Weltkrieg immer wieder in Berlin auf höchster Ebene in entscheidende rüstungstechnische und organisatorische (auch politische, z. B. den Einsatz von sog. „Zwangsarbeitern" betreffende?) Beratungen und Besprechungen eingebunden. Und er bekam dort wohl auch zusammen mit anderen „Rüstungsexperten“ die entsprechenden Direktiven. Zweifellos wären eine Verweigerung oder gar Zuwiderhandlung nicht ohne gravierende berufliche und möglicherweise auch persönliche Konsequenzen geblieben.

Das aber berührt die Problematik der persönlichen Zivilcourage, zu der sich wertend zu äußern, mir ebenso nicht zusteht.

Immerhin hatte der Überfall auf Polen im September 1939 mit den entsprechenden Vorbereitungen auf allen Ebenen sowie einer immensen militärischen Rüstung bereits stattgefunden. Stattgefunden hatten auch, und waren noch in vollem Gang, all die entsetzlichen Gräuel an der polnischen Zivilbevölkerung. So waren schon im Oktober 1939 auf direkte Anweisung des Reichsführers SS Himmler 60.000 Polen – die „Intelligentia“ – brutal liquidiert, d. h. erschossen oder auf andere Weise ermordet und in riesigen Massengräbern auf polnischem Boden verscharrt worden. Auch Baby Yar (nahe Kiew) hatte bereits stattgefunden, die schlimmste Vernichtungsaktion ukrainischer Juden durch die deutschen Besatzer.

Wie man heute weiß, war vieles davon zumindest gerüchteweise in die Heimat „durchgesickert“. Um das geheim halten zu können, waren an den Verbrechen zu viele Menschen beteiligt: Angehörige der „Einsatzgruppen“, der SS, des SD, der Polizei, aber auch der Wehrmacht. Neben den an den unvorstellbaren Massakern „unbeteiligten“ Beobachtern wie Soldaten in der Etappe oder z.B. auch Frontberichterstatter.

Auch der siegreich abgeschlossene Blitzkrieg gegen Frankreich mit seinen initialen Kriegs- und Kulturverbrechen im neutralen Belgien und Holland war im Laufe des Jahres 1940 „über die Bühne“ gegangen und hatte längst anvisierte weitreichendere Ziele ins Blickfeld des Diktators (und seiner Gefolgsleute) treten lassen.

Immer wieder begegnete und begegnet mir zumeist „versteckte" Kritik an meiner kritischen Infragestellung/Hinterfragung der Person meines Vaters im Zusammenhang mit dem Nationalsozialismus: seiner Funktion darin, seiner inneren Einstellung dazu und seinem tatsächlichen Wissen, das System und dessen dunkle Seiten betreffend. Diese Kritik ist zumeist polemisch und nicht problemorientiert. Ich halte sie für unangebracht und ungerechtfertigt. Auch beantwortet sie in keiner Weise meine brennenden Fragen.

Ich fühle mich zudem meinen Nachkommen gegenüber verpflichtet, die mir bekannten und zugänglichen Fakten aus einer unseligen Zeit zu ergründen – auch die eigene Familie betreffend – um sie, wenn möglich, in ihrer Wahrhaftigkeit objektiv weiterzugeben. Ich habe mir die Aufgabe des Hinterfragens nicht leicht gemacht. Die vielen Zweifel und unbeantwortet gebliebenen Fragen waren oft belastend und frustrierend genug.

Das alles ändert nichts an meiner trotz allem positiv-empathischen Gefühls-Konstellation meinem Vater gegenüber, wobei es mir nicht möglich ist, zwischen ihm als Person in der Öffentlichkeit und als Mensch und Vater zu differenzieren.

Meinem Vater auch galt der halbtägige Besuch im Konzern-Archiv von Thyssen-Krupp in Duisburg 2010, worauf sich dessen Leiter (habilitierter Historiker) gut vorbereitet und viel Zeit genommen hatte. Er war an Person und Persönlichkeit meines Vaters qua Amt (und auch ganz persönlich) höchst interessiert und konnte an Hand umfangreichen Aktenmaterials einige offene Fragen klären. Er zeigte großes Verständnis für die zentrale Frage nach der inneren Einstellung und individuellen Verantwortung, den monströsen Verbrechen des NS-Regimes gegenüber, die auf der rüstungstechnischen Ebene des „Reichs" auch nach seiner Überzeugung nicht unbekannt geblieben waren. Auch der Leiter des Konzern-Archivs konnte diese so entscheidende Frage letztlich nicht schlüssig beantworten.

Er bestätigte auf Grund seiner Recherchen die besondere fachliche Qualifikation unseres Vaters und die persönliche Wertschätzung, die ihm auf allen Ebenen seines Wirkens entgegengebracht worden sei. Um sich jedoch ein objektives Bild von seiner wirklichen politischen Überzeugung machen zu können, sei er einfach zu jung gewesen, als er 40-jährig tödlich verunglückte. Nach seinem Wissensstand und seiner persönlichen Überzeugung sei der Vater jedoch, was die bekundete ideologische Weltanschauung und offene verbale Unterstützung der offiziellen Politik des NS-Regimes betrifft, auf keinen Fall auf eine Stufe zu stellen mit so manchen anderen bekannten „Nazi-Industrieführern" an Rhein und Ruhr in der Zeit etwa zwischen 1936 und 1945.

Jahrzehntelang hatte es in Deutschland zu all den Ungeheuerlichkeiten dieser Jahre, den Kriegs- und Menschheitsverbrechen, ein kollektives Schweigen gegeben. Begangen und zu verantworten von der Generation der eigenen Väter (Eltern) und Großeltern. Auch in der eigenen Familie und deren Freundeskreis ist nach dem allmählichen Bekanntwerden all der Gräuel nie offen darüber gesprochen worden, auch nicht nach dem Krieg. Und wenn, dann zumeist in der Rolle bedauernswerter „Opfer" von Krieg und Ungemach. In diesen Jahren, bis weit in die 1960er-Jahre habe ich erfahren und begriffen, was Chauvinismus und Borniertheit der Erwachsenen bedeutet.

„Das Entsetzen (...) über den Zivilisationsbruch, eigene Schuld und Scham durchdrangen und entstellten die spätere Aufarbeitung und machten eigene Erfahrungen unzugänglich. (...) In der Nachkriegszeit hat das Entsetzen über die eigenen Taten alle Vorstellbarkeit gesprengt und ein Mitgefühl für die Leiden der Opfer oft verstellt. (...) Nach Auschwitz kam das große Schweigen."

GERTRAUD SCHLESINGER-KIPP

Die beiden Söhne haben es sich zum Vorwurf gemacht, bei der Mutter nicht nachhaltig genug insistiert zu haben, um mit dem, was sie möglicherweise wusste, das Bild des Vaters zu erhellen. So aber wussten und wissen sie ein Leben lang absolut nichts über dessen wirkliche politisch-ideologische Gesinnung in der zur Frage stehenden Zeit.

Das gebundene Buch offizieller Beileidsschreiben gibt zumindest Aufschluss, mit wem der Vater bis zu seinem Tod beruflich zu tun hatte: Vertreter hoher Dienststellen des „Reichs", der Rüstungsministerien und des Militärs. Bemerkenswert in den oft sehr differenzierten und menschlich anrührenden Kondolenzschreiben ist das Hervorheben und Würdigen der persönlich-menschlichen Eigenschaften des so früh Verstorbenen: seine soziale Kompetenz sowie seine positiv charismatische Ausstrahlung. Daneben seine hohe fachlich-berufliche Qualifikation, die man wohl im Kontext mit der Aneignung einschlägiger Techniken und Methoden anderer Länder rund um den Erdball sehen und bewerten muss.

Alle diese Eigenschaften und Fähigkeiten – so musste es damals den Anschein haben – waren ohne Zweifel dazu angetan, ihm eine außergewöhnliche berufliche Karriere vorauszusagen. Der damalige Vorstandsvorsitzende der „Vereinigten Stahlwerke AG" hatte diesen Albrecht von Frankenberg zu seinem Nachfolger ausersehen. Ob meinem Vater das unter Berücksichtigung des weiteren Kriegsverlaufs mit dem apokalyptischen Ende des NS-Regimes und der totalen (auch moralischen) Niederlage seines von ihm heiß geliebten Vaterlands zu wünschen gewesen wäre, steht auf einem anderen Blatt. Und im Kontext natürlich auch mit der Frage der Verantwortung eines Einzelnen moralisch-ethischen Wertvorstellungen und Normen gegenüber, die es ja wohl auch schon zu dieser Zeit gegeben hat. Insbesondere in einer solch exponierten Position, wie sie mein Vater innehatte.

Wie aber geht das zusammen mit den Nachkommen, die sich in der Folgezeit mit all den Verbrechen, dem Zivilisationsbruch, begangen von Vertretern der eigenen Väter-Generation, konfrontiert sahen und sehen? Und wie geht das wiederum zusammen mit dem Bild, das ihnen vom eigenen Vater – glaubhaft – vermittelt beziehungsweise suggeriert worden war?

Die wenigen Fotos aus seiner von Disziplin, Ein- und Unterordnung (sog. „Dressat-Gehorsam") bestimmten Kindheits- und Jugendzeit zeigen eher weiche, kindliche, nach Zuwendung und Liebe suchende Gesichtszüge. Und einen Gesichtsausdruck (im Alter von ca. 10 Jahren), der so anrührend identisch erscheint mit der Emotionalität der zu dieser Zeit von ihm an seine Eltern in Brasilien geschriebenen Briefe.

Das offizielle Foto-Porträt, nach seinem Tod in einem Sonderdruck des führenden Fachjournals veröffentlicht, zeigt hingegen einen sehr ernst und an Jahren älter beziehungsweise reifer wirkenden Mann, dessen Gesichtszüge und -ausdruck nichts preisgeben von seinem wahren Wesen, seinen Überzeugungen und schon gar nicht von seiner wirklichen Gefühls- und Gemütslage.

Bei der Beisetzung des Vaters und Ehemanns auf dem Waldfriedhof hoch über dem Ruhrtal – die Grabstelle hatte der Vater bei einem gemeinsamen Spaziergang mit seiner Frau, unserer Mutter, Monate zuvor selbst ausgesucht – war seine eigene kleine Familie nicht dabei, ein für die Trauerarbeit so wichtiges Ritual.

Am offenen Grab standen neben anderen Familienmitgliedern auch seine drei hoch gewachsenen Schwestern, mit denen er als Bruder so beglückende Kindheitsjahre in Brasilien erlebt hatte. In Trauer um ihren geliebten Bruder Albrecht, nachdem auch schon ihre Eltern so früh gestorben waren.

Neben einer Abordnung der Belegschaft des Mülheimer Werks standen Abgesandte der Wehrwirtschaft, der Eisen- und

Stahlindustrie, der Wehrmacht und der Partei am offenen Grab. Beim Hinabsenken des Sargs einte die meisten der offiziellen Trauergäste zumindest eines: Das Heben des rechten Arms zum „deutschen Gruß“.

Für mich immer wieder nachdenkenswert in diesem Gesamtzusammenhang ist ein kurzer Passus aus der Trauerrede eines Fachkollegen und wohl engsten Freundes, der am offenen Grab davon sprach, dass sie „doch grade in der jüngsten Vergangenheit um Wahrheiten gerungen“ hätten. Ist dieser Satz Hinweis auf mögliche Zweifel am eigenen Handeln, Hinweis auf mögliche innere Widerstände. Wem oder was gegenüber? Der Freund des Vaters wollte nach dem Krieg – nach längerer Inhaftierung – über all das nicht mehr sprechen. So musste die für die Beurteilung der ideologischen Überzeugung des Vaters so entscheidende Frage für immer unbeantwortet bleiben.

Natürlich hat mir dieser Mann als Mensch und Vater gefehlt. Als Wegbegleiter und Ratgeber in den noch bevorstehenden problematischen Zeiten von Krieg und Nachkriegszeit.

Auch als Vorbild, als Orientierungshilfe in und gegenüber Lebenssituationen, denen ich als Kind, als Heranwachsender oft rat- und hilflos gegenüberstand oder gar ausgeliefert war. Wie wichtig auch hätte der Vater als Tröstender, als Freund, als anerkannte Autoritätsperson sein können.

Sein so früher Tod, sein auf einmal „nicht mehr da sein“ hat all das nicht möglich sein lassen. Doch auch hier galt die damals häufig geäußerte Meinung – als Trost zu verstehen –, dass so etwas, wie der Verlust von Ehemann und Vater „im Krieg halt mal so sei“!

Beim wiederholten Versuch, mich an den Vater zu erinnern, ihn vielleicht in Ansätzen irgendwie im „Pool meiner Erinnerungen“ zu finden – ich war sechseinhalb Jahre, als der Vater verunglückte –, war da zunächst eine gähnende Leere. Kein Wunder, war der Vater doch in diesen Jahren (etwa ab 1935) beruflich so engagiert und gefordert, dass für den privaten, den familiären Bereich kaum Zeit blieb für das, was Familie bestenfalls hätte bedeuten können.

Die schemenhafte Erinnerung an den „fernen Vater“ wurde jedoch ergiebiger, je länger ich dem Bemühen um Erinnern Zeit und Geduld ließ. Wobei eigenes „produktives Erinnern“, Reflektieren und mündlich Überliefertes oft untrennbar ineinander übergingen.

Laut den Erzählungen der Mutter war der Vater – außer als Vorbild auf allen Ebenen – in der wenigen Zeit, die ihm für die Familie blieb, ein liebevoller Vater und vor allem ein fröhlicher, aber auch strenger, der seine Erziehungsgrundsätze an den Prinzipien und Erfahrungen maß und ausrichtete, die er selbst in seiner frühen Jugend im badischen Internat sowie in preußischen Kadettenanstalten gemacht hatte. Auch im Elternhaus seiner Kindheit in Brasilien ist es absolut patriarchalisch und streng autoritär zugegangen.

Der Tenor seiner – und auch seiner Schwester Lu – anrührenden Briefe von 1909/10 (in Sütterlin-Schönschrift), Erlebnisberichte aus der Internatszeit in einer damals „reformpädagogischen Internatsschule“ an die Adresse seiner Eltern in Brasilien, ist geprägt vom Bemühen, die Eltern zu überzeugen, dass er/sie „alles in ihrem Sinn“ mache: Schulisch einigermaßen erfolgreich, „im Verhalten ohne Tadel“. Und dass er „für alles überaus dankbar“ sei, was ihm und seiner älteren Schwester Lu (in der Haushaltungsschule) in Deutschland geboten wurde. Dieser Grundtenor wiederholt sich in den Briefen ein um das andere Mal.

Auf einen kurzen Nenner gebracht: Aus all dem um 1910 von dem Neun- bzw. Zehnjährigen Geschriebenen spricht ganz stark die Hoffnung des Kindes, von Vater und Mutter auch aus der Ferne anerkannt und geliebt zu werden. Und auch immer wieder das Heimweh!

Heute könnte man denken, dass die so prägenden frühen Erfahrungen hätten motivieren müssen, die eigenen Kinder nicht mit fragwürdigen und überholten Methoden und Grundsätzen des ausgehenden 19. Jahrhunderts zu erziehen.

In diesem Kontext ist da nun eine – wenn auch verschwommene – Erinnerung an den Vater aus der Zeit frühester Kindheit wie eingebrannt. Eine Erinnerung wie an einen fernen Schatten, für viel zu lange Zeit in Träumen mit Angst und Schrecken einhergehend. Verursacht durch eine körperliche Züchtigung des Vaters an den fünf- und neunjährigen Brüdern. Das leibhaftige Bild des Vaters habe ich nicht mehr vor Augen, in vager Erinnerung aber das maßlose Entsetzen über den plötzlichen Schmerz und unverständlichen Liebesentzug. Als solchen mussten wir Brüder die demütigende körperliche Züchtigung aufgefasst haben.

Erstaunlich, dass die Mutter später den heranwachsenden Söhnen von dieser einmaligen körperlichen Züchtigung im Detail erzählt hat. Dabei blieb unklar, ob die Mutter ihre Söhne wegen der ihnen zugefügten körperlichen und seelischen Schmerzen bedauerte oder vielmehr – den Vater entschuldigend – betonen wollte, dass dieser aus seinem tradierten Verständnis von Erziehung heraus nicht anders handeln konnte.

Was aber war Sache gewesen, jedenfalls laut Schilderung der Geschehnisse durch die Mutter? In der kleinen Familie gab es – wie „in diesen Kreisen“ üblich – ein Kindermädchen. Detta, eine absolute „persona grata“, nach Aussagen der Mutter eine kluge, hübsche, wohlerzogene und besonders liebenswerte junge Frau, die natürlich auch meinen Vater „verehrte“ – wie auch weitere jüngere Familienmitglieder beiderlei Geschlechts.

Diese Detta hatte es wohl beim gemeinsamen Baden der Brüder mitangesehen, wie die beiden Knaben in der Badewanne bei sich selbst und auch gegenseitig an den Genitalien manipuliert hatten, worüber sie so entsetzt und mit einer eigenen moralischen Bewertung überfordert gewesen war, dass sie unverzüglich die Mutter der Brüder, also ihre Chefin, über das Beobachtete berichtete. Die Mutter, unerfahren und ratlos einer „solchen Situation" gegenüber, bereinigte die Angelegenheit nicht selbst, sondern berichtete den „schrecklichen Vorfall" dem Mann und Vater, als dieser abends müde nach Hause kam. Der Vater habe auf einer sofortigen drakonischen und „abschreckenden" (heute würde man sagen: nachhaltigen) Bestrafung bestanden, ohne auch nur den Versuch gemacht zu haben, die Situation einfühlsam und in jedem Fall gütlich zu bereinigen.

Verständnisvolle, erklärende, vor allem empathische Zuwendung wäre in der Situation das Gebot der Stunde gewesen. Das aber war ihm in seiner Vaterrolle, in seinen anerzogenen Moralvorstellungen, die geprägt waren von rigiden, prüden wilhelminisch-preußischen, später eventuell auch ähnlichen NS-Erziehungsmethoden, offenbar nicht möglich gewesen.

Dem Ritual in preußischen Kadettenanstalten (und nicht nur dort!) folgend, in denen jede Form von lustbetonter Körperlichkeit „verdächtig" war, wurden die beiden Jungen (fünf und neun Jahre alt) umgehend mit dem Ledergürtel des Vaters auf das nackte Gesäß schmerzhaft gezüchtigt und bestraft. Mit Zufügung eines bis dahin unbekannten, heftigen körperlichen und seelischen Schmerzes, um, wie die Mutter ihren Mann und Vater der beiden kindlichen Übeltäter zitierte, „allen Anfängen" zu wehren!

In diesem Kontext heißt es bei A. und M. Mitscherlich in „Die Unfähigkeit zu trauern": *„Je eingeschüchterter die Erwachsenen durch Tabus und Normen ihrer Gesellschaft sind, desto intoleranter begegnen sie spontanem aggressivem oder sexuellem – im weitesten Sinne – Benehmen des Kindes ... Der Erwachsene, der auf die harmlosen Unternehmungen des Kindes mit Empörung* *schaut, hat selbst die Unbefangenheit zwischen eigener Triebneigung und sozialer Form nie erlangt, und er setzt mit seinem Verhalten dem Kind gegenüber die Tradition passiver Unterwürfigkeitshaltung fort. Aber leider wird sie durch meist ungezügelte, kritiklose Aggressivität im Strafverhalten erzwungen."*

Ich bin heute davon überzeugt, dass mein Vater im Alter von 14 bis 18 Jahren in den verschiedenen preußisch-wilhelminischen Kadettenanstalten in genau diesem von A. Mitscherlich dargestellten Geist (besser Ungeist) erzogen und geprägt wurde und als Konsequenz daraus auch der Stil seiner späteren eigenen Erziehungsmethode und -grundsätze entstand. Das „Ritual" mit dem Schmerz der Züchtigung muss sich tief in mein Unterbewusstsein mit seinen am längsten zurückliegenden Erinnerungsanteilen eingegraben haben, denn in verschwommenen Umrissen ist die frühkindliche „Verletzung" noch immer präsent. Es scheint mir möglich, dass dieses erste körperlich schmerzhafte Erleben in meiner frühen Kindheit Auswirkungen auf meine Persönlichkeitsentwicklung hatte, insbesondere im Bereich der sich später entwickelnden eigenen Sexualität; denn diese sollte doch wohl nach meinem späteren Verständnis gezüchtigt, in die „rechten Bahnen" gelenkt werden. Das jedem Individuum in die Wiege gelegte Urvertrauen in eine wichtige Bezugsperson hatte Schaden genommen. Begünstigt dadurch, dass der Vater als Verursacher des „Dramas" durch seinen frühen Tod keine Gelegenheit mehr hatte zu Wiedergutmachung, zu Rückgewinnung „verlorenen Terrains".

Zudem erscheint es mir denkbar, dass das Phänomen eines gut erinnerlichen ständigen „schlechten Gewissens" zumindest während meiner Kindheit in dieser Negativ-Erfahrung ihre auslösende Ursache hatte. Es muss einen Grund gehabt haben, dass – laut Aussage mehrerer Familienangehöriger – für lange Zeit meine stereotype Frage gelautet habe: „Bin ich lieb?"

Die Brüder haben in ihrem Leben nie miteinander über das Geschehen in ihrer gemeinsamen frühen Kindheit gesprochen. Mich hat es oft in meinem Leben traurig gemacht, dass das Befragen meines „körpereigenen Computers“ zu meinem Vater nichts anderes hergab als diese gottlob einmalige körperliche (und seelische) Züchtigung und Erniedrigung, die wegen ihres prägenden Charakters das sicherlich auch Schöne und Bereichernde der Beziehung überdeckte.

Und wenn Leser dieser Zeilen, wenn Zeitgenossen immer noch die klischeehafte Meinung vertreten, dass „eine Tracht Prügel noch keinem Kind geschadet habe“, bin ich da vor dem Hintergrund meiner persönlichen Lebenserfahrungen insbesondere denen mit eigenen Kindern und Enkeln ausdrücklich anderer Meinung!

Die „Ahnung“, die ich von meinem Vater habe, die auch beinhaltet, dass da natürlich mehr war zwischen uns als nur rigide und antiquierte Erziehungsmethoden, mag auch der tiefere Grund, vielleicht eine Erklärung sein für das Phänomen eines Traums, in dem ich mich auf meines Vaters Grab kniend sehe, mich unter Weinen bitter beklagend, dass er – der Vater – für mich nie hatte da sein, nie ansprechbar sein können, wenn es nötig war, dass ich nie mehr erfahren sollte, wie er nun wirklich gewesen war als Mensch und Vater und was mich beziehungsweise meine eigene Identität mit ihm verband.

Viel später wurde mir in diesem Kontext bewusst, wie wenig ich darüber wissen konnte, was mir mein Vater – außer körperlichen Merkmalen – an Erbgut mitgegeben hatte.

Gegen Ende meines Lebens empfinde ich immer deutlicher, dass ich auf die eine und andere Weise ein Leben lang unter dem Verlust meines Vaters gelitten habe. Dass ich ein Leben lang, bewusst oder unbewusst, meinen Vater gesucht habe und damit letztlich meine eigene Identität. Und welch eine Einbuße an Lebensqualität sein Fehlen bedeutet hat. Besonders als Heranwachsender mit all den zeit- und entwicklungsbedingten Problemen sowie manchen Schwächen und Defiziten.

Ich habe es auch nie als Trost empfinden können, das Schicksal des fehlenden Vaters mit Millionen von Kindern (Halbwaisen) zu teilen. Das hat meine persönliche Not nicht relativieren oder gar lindern können.

Heute ist es mir tröstlich, von meinem Vater, von dem ich nur so wenig weiß, durch die wieder aufgetauchten „Weinheimer und brasilianischen Briefe" zumindest eine meiner Seele wohltuende Ahnung zu haben. Eine Art Resonanzachse, die mich mit ihm – so wie er als Kind gedacht und gefühlt hat – über eine so lange Zeit hinweg verbindet.

Meine Mutter war der Gemengelage in dieser chaotischen direkten Nachkriegszeit nicht immer gewachsen. Sie war durch die eigenen Entbehrungen und Nöte auf der einen sowie einer problematischen persönlichen Beziehung auf der anderen Seite oft blockiert, für eine zugewandte, hinterfragende und mitfühlende Auseinandersetzung mit der speziellen Vorgeschichte und den oft fragwürdigen und gefährdenden Alltagssituationen und Alltagsproblemen ihres heranwachsenden (pubertierenden) Sohns.

Die Erfahrung, die sich nach der „Badewannen-Episode" in mein Unterbewusstsein eingenistet hatte, lautete: Unbefangene, normale, gar lustorientierte Körperlichkeit sei etwas Sündhaftes, von den Erwachsenen/Erziehungsberechtigten auf das Entschiedenste missbilligt und geahndet.

Über allem, was mit Sexualität zu tun hatte, lag – so lange ich zurückdenken kann – ein Mantel des Schweigens und des erhobenen (drohenden) Zeigefingers, da die Altvorderen es nicht gewohnt waren, nicht gelernt, erfahren, geübt hatten,

„darüber" (ein „Tabu!") unbefangen und offen zu sprechen. „Das macht man nicht", hatte ich noch lange im Ohr!

Die Botschaft lautete: Körperliche Nähe, Zärtlichkeit, gar Sexualität war und blieb für mich (und meine Altersgenossen), auch noch für den Heranwachsenden, viel zu lange etwas sehr Problematisches, worüber man nicht unbefangen sprechen konnte, schon mal gar nicht mit den „eigenen Leuten", und es vielleicht auch gar nicht wollte.

Konkret hatte das zur Folge, dass ich später Mädchen, jungen Frauen gegenüber bei sich anbahnenden zärtlich-intimen Situationen viel zu oft ein zögerlich-gehemmtes Verhalten an den Tag legte. Aus Angst und Unsicherheit, der Partnerin – vielleicht gegen ihren Willen – „zu nahe zu treten". Zusätzlich begünstigt wurden diese Unsicherheiten und Komplexe durch das Vergewaltigungs-Szenario 1945 in Thüringen, das ich natürlich noch im Hinterkopf und auch vor Augen hatte.

Heute bin ich sicher, dass unter anderem dieses extreme seelische Inferno blockierend zwischen mich und ein von mir begehrtes Mädchen, einer Frau, treten konnte, was dann auch einige Male bei der Umworbenen zu Unverständnis und Rückzug aus der Beziehung führte.

Unsensibel agierte Jahre später, zu Beginn der Pubertät, die bei mir verspätet einsetzte, auch der Freund der Familie (und der Mutter), ein Arzt, bei dem wir in Mülheim zunächst leben konnten. Er nahm bei uns Brüdern praktisch Vaters Stelle und Funktion („Vize-Papa") ein. Dieser damals 30-jährige Mann und Mediziner meinte eines Abends – wohl auf Bitten meiner Mutter – in einer eher seltenen persönlichen Zuwendung bei mir auf der Bettkante sitzend – mir die „moralischen und körperlichen Aspekte und Folgen der Selbstbefriedigung" nahe bringen zu müssen. Weniger sachlich aufklärend mit empathischem, kameradschaftlichem Verständnis, sondern mich mit erhobenem Zeigefinger und gerunzelter Stirn belehrend.

Über all das, was der „Vize-Papa" da dozierte, war ich bereits bestens informiert: durch „eigene Erfahrungen" und die natürlich auch mich prägenden „Gepflogenheiten der Straße".

Den Monolog empfand ich als eher peinlich. Es wurde mit Angstvorstellungen argumentiert, indem die „Medizin genau wisse", dass Onanieren mit Sicherheit zu Beeinträchtigung der körperlichen, aber eben auch geistigen Leistungsfähigkeit führe. Und das mir – einem 13-Jährigen –, der doch grade wegen diverser Mängel seiner schulischen Leistungen sitzen geblieben war! Das konnte ich nur schweigend und beschämt zur Kenntnis nehmen. Was hätte ich auch gegen diese Argumentation eines „Profis" ins Feld führen können?

Nachdem die „Fach-Autorität" auch noch erklärte, dass man mir die „Unsitte" an der Nasenspitze ansehe, fragte ich kleinlaut und erschreckt nach den angeblich äußerlich erkennbaren Anzeichen solchen Tuns. Mit der Konsequenz, dass ich von nun an öfters, besonders morgens, heimlich in den Spiegel schaute, um nach den „dunklen Ringen unter den Augen" zu forschen. Wie beruhigt war ich, als ich dieselben dann auch bei vielen meiner Schulkameraden entdecken konnte!

Diese unvergessliche „Gardinenpredigt" im Problemalter eines Jungen, vor dem Hintergrund der fernen Erinnerung an das „Badewannen-Drama" aus früher Kindheit, verfestigte in mir den fatalen Eindruck, dass lustbetonte Körperlichkeit moralisch und gesellschaftlich anrüchig, wenn nicht gar sündhaft und nun auch noch intelligenzschädigend sei!

Eigene bohrende Fragen, unausgesprochene, zaghafte Wünsche, ja Sehnsüchte nach Zuwendung oder gar körperlicher Nähe im Sinne von Zärtlichkeit, wem auch immer gegenüber, mochten in verbotenes Terrain führen. Auf mich allein gestellt, ohne moralischen Beistand, wäre ich mir in diesem „Terrain" schutzlos und „schuldbefleckt" vorgekommen. Daher stellte ich diesbezügliche Fragen erst gar nicht, wem auch?

Die für einen Pubertierenden mit einschlägiger Negativ-Erfahrung belastete Problematik, dieser mit Verboten und angeblicher Sündhaftigkeit besetzte Komplex „Sexualität" blieb für lange Zeit ein Buch mit „7 Siegeln", eben ein Tabu, an das man besser nicht rührte und das man schon gar nicht brach!

Wie schmerzlich frustrierend in diesem Zusammenhang – ich war 16 oder 17 – die ostentative Ablehnung meiner Mutter (Eifersucht?) gegenüber einer Beziehung zu einem jungen Mädchen (wie ich Tennisspieler), in das ich mich – in Gegenseitigkeit – verliebt hatte. Und mit dem mich meine Mutter am Rande eines Tennisturniers in harmlos-zärtlicher, aber doch so wohltuender Zweisamkeit überraschte. Am späten Abend des gleichen Tages noch in mein Zimmer kommend, untersagte sie mir jeden weiteren Umgang mit dem ihr zuvor nicht vorgestellten Mädchen. Das führte zum Bruch der Beziehung. Welche Frustration, welche weitere Unsicherheit hat das kränkende, unverständliche Verhalten mit dem beschämenden Resultat in mir bewirkt!

Ebenfalls in diesen Zusammenhang gehört die groteske und mich demütigende Affäre mit dem rigorosen und erzwungenen Abschneiden meines Haupthaars! Seit nicht so ferner Zeit, als es in Ost und West noch schwierig war, einen „geöffneten" Friseur zu finden, war ich es gewohnt, entgegen der noch immer üblichen „militärischen Kürze", mein volles, lockig-hellblondes Haar (mein Markenzeichen) deutlich länger zu tragen (im Schüler-Jargon: „Genickschussbremse") als meine Altersgenossen, die mich im Stillen darum beneideten. Diesen Umstand nahm mein „Vize-Papa" zum Anlass, ohne weitere Diskussion zu verlangen, ich möge gefälligst meine „langen Zottelhaare ... wir sind hier nicht im Zoo!", so schneiden zu lassen, wie es zu meiner „Pimpfenzeit" „aus gutem Grund" üblich gewesen sei. Nachdem mehrere Ermahnungen nichts gefruchtet hatten, wurde die „Haarpracht" in einer Überraschungsaktion mit „Assistenz" gegen meinen heftigen Protest mittels Schere und Rasiermesser auf „preußische Norm" gestutzt. Wobei an den Seiten ein glattrasierter Kahlschädel entstand. Genau so wollte ich nicht aussehen und gesehen werden!

Welch eine weitere verletzende Demütigung meines „Ichs"! War ich nun Hohn und Spott von Mitschülern und der Clique ausgesetzt; vom Kichern der Mädchen ganz abgesehen.

All das hier Aufgeführte war eine denkbar ungünstige Voraussetzung für die Auseinandersetzung mit dem Phänomen Sexualität und einem unbefangenen Umgang damit. Wo und wie dieselbe mir auch immer begegnete. Und die „Konfrontationen" nahmen zu, analog der eigenen Entwicklung sowie der chaotischen Zeit- und Lebensumstände, in die ich sozusagen hineinwuchs, „hineinpubertierte". Einziger möglicher (und oft auch unmöglicher) „Gesprächspartner", manchmal auch Trost Spendender, war die Straße (die Welt und die „Figuren" der Trümmer- und Ruinenlandschaften), zu der ich erstaunlicherweise kaum Berührungsängste hatte. War ich vielleicht durch die zwei Jahre auf Sorna an „spielerisches" Risiko gewöhnt?

Jahre später ging die Saat der rigiden, puritanischen und unzeitgemäßen Erziehungsmethoden auf – man wusste es ja selbst nicht besser. Und ebenso die Saat der „Sprachlosigkeit", die keine Nähe, keine wirkliche Vertrautheit, aufkommen ließ, so dass man prekären, heiklen Situationen oft schutzlos, seelisch labil, ratlos und einsam gegenüberstand.

„Bittere Früchte" dieser Saat auch waren das eigene Verdrängen und Verschweigen des Mitansehenmüssens einer rohen Vergewaltigung eines 14-jährigen Mädchens im Herbst 1945 in Thüringen durch sowjetische Soldaten. Und ebenso das Verschweigen und Verdrängen eines am eigenen Körper und Seele erlittenen brutalen sexuellen Missbrauchs 1946 durch einen Offizier der britischen Besatzungsmacht. Beides ein Tabu-Thema, über das „man" nicht sprach, sich nicht mitteilen und dadurch hätte vielleicht „erleichtern“ können. Beides jedoch waren zu zutiefst verletzende und mich für ein ganzes weiteres Leben prägende Geschehnisse!

Nicht zu vergessen auch die heute als „sexuelle Übergriffe“ bezeichneten missbräuchlichen Handlungen, die zu jener Zeit häufiger vorkamen als allgemein bekannt. Und zwar in jedem Lebensbereich und jedem sozialen Milieu. So durch vereinzelte „labile“ Lehrpersonen, z. B. in Jugendherbergen auf ersten Klassenfahrten. „Übergreifende“ Täter waren auch ehemalige Kriegsteilnehmer, vereinsamt nach der Zeit in der Gefangenschaft. Die sodann den ersehnten „menschlichen Anschluss“, Zuwendung und „Nähe“ am ehesten – und leichtesten – bei Jugendlichen (auch Kindern) suchten, oft auch fanden und (aus-)nutzten! Oder ältere Jugendliche/junge Erwachsene aus dem Bekannten- und Freundeskreis, aus dem Sport, die zur Befriedigung ihrer Wünsche und Vorstellungen meinten, so den Weg des geringsten Widerstands gehen zu können.

Und auf der anderen Seite die noch den Befehlen fraglicher Autoritäts-Personen „parierenden“ Kinder und jüngeren Halbwüchsigen, die sich allzu oft einfach fügten: Als leichte Opfer, weil es eine ethisch-moralische Orientierung als Hemmschwelle nicht oder nicht deutlich genug gab. Unter ihnen gab es auch solche, die (instinktiv) selbst nach Zuwendung, Nähe, Wärme, auch „Zärtlichkeit“ – durch wen auch immer – suchten, die sie in ihrem häuslichen Umfeld nicht erfuhren, da „so etwas“ nicht üblich und gewohnt war und nicht ins Bild, in die Vorstellungswelt der Erwachsenen passte.

Pädophilie – heute ein häufiges Thema in den Medien – war in der direkten Nachkriegszeit verbreiteter als man schlechthin glaubt. Sie wurde viel zu oft verschwiegen, verdrängt, oft auch den Opfern angelastet und bagatellisiert, wie viele andere, noch erheblich schwerwiegendere Verbrechen aus der unseligen jüngeren Vergangenheit. Bekannt gewordene Vorkommnisse dieser Art waren für uns Halbwüchsige oft nur „belustigende" Themen von „Pausengesprächen". In der Familie, am „heimischen Tisch" fiel darüber kein Wort.

Vor dem Hintergrund der so außergewöhnlichen Lebensumstände, auch und besonders für uns Kinder und Heranwachsende, wäre oft Reden (das Gespräch) Gold gewesen. Mitfühlende, aufgeschlossene Zuwendung hätte so manche innere Unsicherheit, Ratlosigkeit und Not und auch das fatale Gefühl von Minderwertigkeit sowie vielleicht eigener Verstrickung oder gar „Sündhaftigkeit" zurechtrücken, ja heilen, zumindest helfen können, mit den seelischen Nöten besser umzugehen.

So aber blieb auch ich, wie viele andere Heranwachsende, mit den entsprechenden Erlebnissen und Erfahrungen, den vielen unbeantworteten Frage- und Ausrufungszeichen in der eigenen Vita für viel zu lange Zeit alleine. In einer Entwicklungsstufe, die per se aus vielerlei Gründen problematisch genug war. Auch ich blieb von den o. a. Erfahrungen nicht verschont.

All das, was ich hier ausführlich offengelegt, angeprangert habe, soll keine Schuldzuweisung sein wegen pädagogischer, menschlicher Unzulänglichkeiten der damals Verantwortung tragenden Erwachsenen. Es soll eher ein Fingerzeig sein eines (von vielen) Betroffenen, auf Verdrängtes und Bagatellisiertes aus einer heute unwirklich anmutenden apokalyptischen Zeit, um für emotionales, zugewandtes Verständnis zu werben für die zumeist jugendlichen Betroffenen.

Waren doch gerade diese Art seelischer Nöte allzu oft Ursache und Ausgangspunkt für spätere problematische zwischenmenschliche Beziehungen und in Einzelfällen für eine gescheiterte Zukunft und Lebensperspektive.

Man lebt zweimal:
Das erste Mal in der Wirklichkeit,
das zweite Mal in der Erinnerung.

HONORE DE BALSAC

Kapitel II

Anfang 1941 kam ich zunächst erneut zur Familie nach Karlsruhe und besuchte hier weiterhin die Volksschule. Wenn ich nach der Schule nicht gleich nach Hause kam, suchte mich meine Tante voller Sorge im ganzen „Kiez", um mich oft mit anderen Jungen „Ranzen-boxend" zu finden. Auch in Karlsruhe gab es Luftangriffe. Mit dem entsetzlichen Heulen der Sirenen, gedrängtem Aufenthalt im Luftschutzraum (LSR) und einem NS-„Luftschutzwart" in Uniform (!), der für strikte Ordnung in den muffigen Kellerräumen sorgte. Es gab den ersten Volltreffer in ein vierstöckiges Mietshaus in unmittelbarer Nachbarschaft mit einem Milchgeschäft im Erdgeschoss, sodass kurioserweise danach die Straße vor dem Trümmerberg unter Milch stand. An anderes, wie Bombenopfer, erinnere ich mich nicht.

Mutter und Bruder lebten zunächst weiter im schönen Zuhause in Mülheim/Ruhr unter allerdings zunehmender Eskalation des Bombenkriegs. Dieser wurde von der britischen Air Force planmäßig geführt, die das Industriegebiet an Rhein und Ruhr, die „Waffenschmiede des Großdeutschen Reichs", zu ihrem vorrangigen Ziel erkoren hatte.

Mein Bruder kam 1940 obligatorisch als Zehnjähriger ins „Jungvolk", einer Vorstufe der „Hitlerjugend" (HJ), für das er sich allerdings nach seinen späteren Aussagen nicht sonderlich begeistern konnte. Aber er hat – entsprechend geschult – nach einem nächtlichen Luftangriff eine „Stabbrandbombe" gelöscht, die sonst einen Brand im Dachstuhl unseres Hauses ausgelöst hätte.

Im Frühjahr 1943 kam mein Bruder wegen der immer akuteren Gefährdung durch den Bombenkrieg nach Gotha („Kinderlandverschickung") zu Freunden der Familie, insbesondere unserer Mutter. Der Hausherr, Eigentümer der HNO-Klinik, (seine Frau war in der Klinik seine erste Kraft), war in den 1920ern der erste Chef unserer Mutter in ihrem Beruf als Krankenschwester gewesen. Daraus hat sich nach dem Tod unseres Vaters im und über den Krieg hinweg eine Lebensfreundschaft der Familien ergeben und bis auf den heutigen Tag erhalten.

Im weiteren Verlauf des Jahres 1943 hat sich dann unsere Mutter – der Not gehorchend – entschlossen, das Angebot der Freunde anzunehmen und ebenfalls nach Gotha in das weitläufige Praxis- und Wohngebäude der so hilfsbereiten Arztfamilie (mit zwei schon erwachsenen Kindern) umzuziehen. Hausrat und Mobiliar aus Mülheim wurden in Gotha eingelagert.

Ich habe nie erfahren und leider auch nicht nachgefragt, weshalb nicht auch ich bei Mutter und Bruder, also bei meiner eigentlichen Familie habe bleiben können, sondern stattdessen von Anfang 1941 bis zum Spätjahr 1943 eine einsame Odyssee durch Süd- und Mitteldeutschland habe erleben und auch erleiden müssen, unter anderem mit dem Besuch vier verschiedener Volks- und Dorfschulen. Im Nachhinein bin ich jedoch von Herzen dankbar, dass ich dafür die zwei so außergewöhnlichen und mich prägenden Jahre auf dem Rittergut Sorna erleben konnte.

Jedenfalls kam ich – weshalb auch immer – im Frühsommer 1941 von Karlsruhe wieder fort zu einer befreundeten Familie nach Hinterzarten im Schwarzwald, wo ich erstmals eine typische „Einraumschule" (Dorfschule) besuchte. Aus dieser Zeit in Hinterzarten (in der Familie „Popodolce" genannt) datiert eine noch heute als schmerzend empfundene Erinnerung: Dass ich an meinem siebten Geburtstag nicht in meiner Familie sein konnte, sondern bei mir eigentlich fremden Menschen. Da half auch alles In-die-Arme-Nehmen nichts, auch nicht die damals schon bestaunte Geburtstagstorte. Das Heimweh „verzieht sich nur, es stirbt nie!“

Hinterzarten stärkte als Luftkurort sicher meine körperliche Gesundheit, die seelische jedoch litt ganz einfach unter der Trennung von der Familie. Wie viele andere „kinderlandverschickte“ Jugendliche auch erlebte ich in dieser Zeit viele kleine und größere Abenteuer. So u. a. „spektakuläre“ Badeausflüge an den für ein Kind weit entfernten Titisee, natürlich barfuß.

Beim „Hineinschauen in die Erinnerungen“ sehe ich das Schulhaus in der Mitte des Dorfs, verkleidet mit kleinen, braunen Holzschindeln und tief-grünen Fensterläden, ganz nah der Kirche, mit dem großen und dicken Zwiebelturm, dem Wahrzeichen von Hinterzarten. Ich habe sie auch nicht vergessen, die so typischen alemannischen Mädchen (und natürlich auch Jungen) von den großen Bauernhöfen mit ihrem bronzenen Teint, den langen, braun-schwarzen Zöpfen mit kleinen roten Schleifen und Augen wie zwei Kohlen. Sie alle waren meist barfuß. Und ganz verschwommen ist da eine Erinnerung, dass sie für mich mindestens so interessant waren wie die Zahlen an der Tafel, die mir schon in der zweiten Klasse wie „Hieroglyphen“ vorkamen.

Ich sehe ein fröhliches, junges „Fräulein“ in Haus und Garten der Gastfamilie, mit hellem Lachen und einem großen Repertoire an Volksliedern und Geschichten. Mit mir und anderen Kindern im Tannenwald, wo wir von den jungen Tännchen die zarten grünen Triebe abschnitten, in Eimern sammelten, um sie zur NSV-Sammelstelle (Nationalsozialistische Volkswohlfahrt) zu bringen, damit aus ihnen heilende Salben für die

Soldaten an der Front hergestellt würden. Das „Fräulein" mochte mich, ich liebte sie, weil sie so ausgelassen sein konnte mit uns. Und ich wollte und habe sie im Rollenspiel geheiratet, wie aus meinen Briefen und ihren kleinen Begleittexten an meine Mutter hervorgeht.

Erinnerung auch an den altmodischen Rössleweiher, einen von dicken Holzbohlen eingefassten Naturmoorsee hinterm Gasthof „Rössle". Als „Badeanstalt" für die Dorfjugend, einschließlich der Schüler von der Internatsschule „Birklehof". Die Attraktion, der ein Meter hohe Holzsteg, von dem man einen gestreckten Kopfsprung zu machen hatte, um nach 15-minütigem Brustschwimmen von einem beinamputierten „Feldwebel" von Bademeister das „Freischwimmerzeugnis" zu erhalten. Für mich unvergessen die Schüleraufführung des „Prinz von Homburg" als Freilichttheater im Internatsgelände des „Birklehofs", das ich als siebenjähriger Zuschauer wie gebannt miterlebte. Mein erster Theaterbesuch, ein riesiges Erlebnis! Jahrzehnte später – schon lange „in Amt und Würden" – ergab sich auf einem Ärzteverbandstreffen in kollegialer Runde, dass damals ein von mir am Rössleweiher bestaunter „Großer" (Schüler) vom Birklehof nun mit mir fachsimpelnd Wein trank (noch immer als Großer).

Im Herbst 1941 ging auch die Zeit in Hinterzarten für mich von heute auf morgen zu Ende, warum auch immer. Die Odyssee „Kinderlandverschickung" brachte mich zu meiner Tante väterlicherseits nach Sorna, einem Rittergut in der Nähe der Kreisstadt Schleiz, inmitten der südost-thüringischen Seenplatte.

*

Chursdorf (20 Kilometer nördlich von Schleiz), durch einen etwa drei Kilometer langen Wiesengrund quasi mit dem Gut verbunden, war ehemaliges Majorats-Dorf des Guts, und immer noch arbeiteten die Dorfbewohner (wie seit vielen Generationen) auf dem Gut und verdienten dort ihren Lebensunterhalt. Früher einmal, in den Zeiten des Feudalismus, bis in das 18. Jahrhundert hinein, waren die Bewohner Chursdorfs sogenannte Leibeigene des jeweiligen Gutsherrn gewesen. Chursdorf hat eine auf einem Hügel gelegene kleine Kirche mit umgebendem Friedhof und Familiengruft derer von Tümpling, wobei früher der jeweilige „Herr auf Sorna" immer auch Patronatsherr der Kirche und des Dorfs gewesen war. Diese jahrhundertealte Tradition wurde äußerlich u. a. dokumentiert in der gesondert im Innenraum gelegenen, herrschaftlichen Familienloge, einem kunstfertigen Gehäuse aus bemaltem Holz, mit Verglasung und separater Tür. Das Kirchlein, nach der Wende aus Spendenmitteln liebevoll restauriert, ist heute ein kleines Schmuckstück und ein typisches Beispiel thüringisch-ländlicher Dorfkirchen-Architektur mit ihrer Holzkunst und der unverwechselbaren weiß-blauen Ausmalung des Holzwerks.

Direkt am Fuß des Gutshügels, durch eine uralte Kastanienallee mit diesem verbunden, liegt das Dorf Krölpa, mit Anbindung an das regionale und überregionale Straßennetz und mit dem kleinen Bahnhofsgebäude für eine alte Schmalspur-Wirtschaftsbahn, die auch dem täglichen Transport der Frischmilch in die nächste Molkerei und anderer landwirtschaftlicher Erzeugnisse diente.

Das nächst größere Städtchen, Auma, etwa 20 Kilometer weiter nördlich entfernt, wurde von den Gutsleuten nur samstags zum Markttag mit dem Pferdefuhrwerk (dem Brotwagen) angefahren. Mit einem Gespann von zwei Pferden brauchte man ungefähr eine Stunde für die idyllische, leicht hügelige Strecke durch Waldungen, Wiesengründe, entlang vieler kleiner

Der Gutshof in den 1920ern mit dem Herrenhaus im Hintergrund.

Seen bzw. Fischteiche. Wie hoch schlug das Herz des Jungen, der auf bestimmten Strecken diszipliniert die Zügel übernehmen und die Pferde im Trab laufen lassen durfte. Das machte stolz und verlieh spielerisch Selbstbewusstsein. Auf dem Aumener Markt mit seinem (heute wieder) wunderschönen Renaissance-Rathaus hatte das Gut einen eigenen Stand, dessen „Besatzung" (wir Kinder vor allem beim Verkauf unserer eigenen Fische) die „Sorn'schen" hießen. Heimwärts war der Wagen voll gepackt mit großen Brotlaiben, die beim Aumener Bäcker speziell fürs Gut gebacken wurden. Die Kreisstadt Schleiz war damals in etwa einer Stunde mit einem Kraftfahrzeug zu erreichen.

Schon mein Vater war oft in seinen Semesterferien – wenn er nicht als Werkstudent für sein Studium Geld verdiente – auf Sorna bei Schwester und Schwager und seinen jungen Neffen wie zu Hause, und es ist anzunehmen, dass er dort eine ähnlich prägende Zeit seines jungen Lebens hat erleben und genießen können, wie es nach Jahrzehnten mir vergönnt war. Tante Lu wird mir in den zwei Jahren meines Dort-Seins von meinem Vater, „ihrem Albrecht", erzählt haben, wobei mir die Einzelheiten nicht mehr erinnerlich sind, vielleicht weil die aktuelle Gegenwart mit all den Abenteuern so spannend war, dass der Tante Erzähltes vom anderweitig besetzten Gehirn nicht gespeichert wurde.

Er sei geprägt gewesen – erzählte sie – vom frühen Verlust seiner Eltern (der Vater starb 1914 in Brasilien, die Mutter 1918 in Weimar), dem Verlust seiner eigentlichen Heimat in Sao Paulo/Brasilien und auch von der rigiden, spartanischen Zeit und Erziehung im Internat bzw. den diversen Kadettenanstalten von seinem neunten bis 18. Lebensjahr. Dort wird es ihm – wie nicht anders anzunehmen – an Zuwendung, Verständnis für seine familiäre Situation, aber vor allem an Gefühlswärme und Liebe gefehlt haben. Meine Tante, ihrem Bruder durch gemeinsame Internatszeit eng verbunden und vertraut, sah in mir so viel Ähnlichkeiten mit ihm, wie sie mir viel später sagte, und dass er als junger Onkel „wie ein großer Freund zu ihren Jungen (Peter und Murksel) gewesen sei", für deren Belange er immer mehr Verständnis gehabt habe als alle anderen „in Haus und Hof".

Von den beiden Tümpling-Söhnen sollte der jüngere, Hans-Albrecht, „Murksel" genannt, gerade 19-jährig, im August 1942 in Russland den „Heldentod" sterben. Das traurige Ereignis stellte auch für mich eine Zäsur dar in den zwei Jahren meiner Zeit auf Sorna, nicht nur, weil meine Tante seitdem ausschließlich dunkle Kleidung trug. Der Verlust ihres Jüngsten hat meine Tante in ihrem Wesen verändert, indem ihr die so wohltuende Fröhlichkeit abhanden kam. An einem dem Gutshof nahe gelegenen Waldrand wurde ein Gedenkstein an ihren geliebten kleinen Murksel errichtet, den man auch heute noch besuchen kann. Murksel war der Liebling seiner Mutter, sein Ruf- und Kosename bezog sich, wie die Tante mir beiläufig, aber liebevoll erklärte, auf den vielen Murks, den der Junge immer wieder fabriziert habe, wofür ihn seine Mutter meistens in Schutz nahm. Der ältere Sohn, Wolf-Egon (Peter), war zu meiner Zeit auch in Russland, kam 1945, kurz nach Kriegsende, schwer verwundet zurück nach Sorna und wurde von dort zusammen mit seiner Mutter und vielen anderen thüringischen „Adligen" nach Rügen „verbannt", wobei die beiden unterwegs aus dem mehrtägigen Transport heraus mit buchstäblich nichts in den Westen flohen. Dort, in Bremen, starb auch der ältere Sohn 1949 an den Folgen seiner Kriegsverwundungen.

Onkel Hans, der „Herr Baron" und Rittergutsbesitzer, war als Reserveoffizier reaktiviert und seit Beginn des Russlandfeldzugs 1941 als Major im Stab eines Panzerkorps an vorderster Front im Einsatz. Im Januar 1945 wurde er auf dem Rückzug bei Tilsit vermisst gemeldet. Seine Frau, meine Tante Lu, hat bis an ihr Lebensende an das Überleben und die Heimkehr ihres Manns geglaubt und aus dieser Hoffnung Mut und Kraft für ihr weiteres Leben geschöpft.

Zusammen mit sechs bis acht anderen Kindern, zu meiner Zeit nur Jungen, die auf und bei dem Gut in den Waldhäusern lebten – Kinder von Gutsangestellten und von solchen wie ich, also Kinderlandverschickte –, besuchte ich die Dorfschule (für die 1. bis 4. Klasse) zunächst in Chursdorf (1 Std. Wegstrecke), später in Tegau (1 ½ Std.). In Chursdorf war es der wegen seines typischen „Dorf-Schullehrer-Charismas" mir in Erinnerung gebliebene Lehrer M. mit mächtiger Mähne, einem Spitzbauch mit vergoldeter Uhrkette und einem „scharfen Stöckchen" in der Hand, der uns tyrannisierte. Habe ich deshalb das Rechnen auch dort nicht gelernt? Jedenfalls gab er mir eines Tages ein sogenanntes Revers für meine Tante mit, aus dem diese mir vorlas, dass ich in den Grundlagen des einfachen Rechnens der mit Abstand Schwächste, um nicht zu sagen Schlechteste unter meinesgleichen und daher meine Versetzung gefährdet sei. Tante Lu schaute mich mit ihren warmherzigen, eigentlich immer fröhlichen braunen Augen an und meinte nur lakonisch: „Dafür hast Du mehr Phantasie als die anderen, und das ist auch was wert".

Viel später – als ich ihr gegenüber auf diese Episode zu sprechen kam – erzählte sie mir, dass sie natürlich beim Lehrer M. gewesen sei, um nach Möglichkeit „ein doch völlig blödsinniges Sitzenbleiben mit Wiederholen der Klasse in der gleichen Klasse!" zu verhindern. Sie verwies auf meine häufigen Schulwechsel und versuchte damit zu überzeugen, dass ich neben den „Schwächen im Rechnen" doch auch besondere Stärken hätte, und gab ihm einen Brief von mir zu lesen, den ich ihrem Sohn – dem später gefallenen Murksel – ins Feld geschrieben hatte. Der Inhalt dieses Briefes, eines damals Achtjährigen, habe den Lehrer so beeindruckt, dass er in seiner Gesamtbeurteilung im positiven Sinn abgewichen sei. Jedenfalls wurde ich versetzt, trotz gravierender Schwächen im Zahlenverständnis, einem partiellen Begabungsdefizit, das mich ein Leben lang begleitete und mir die noch vor mir liegende schulische Karriere auf weite Strecken zur Hölle machen sollte.

Erst seit einigen Jahren fühle ich mich zumindest des damaligen Vorwurfs „bodenloser Faulheit“ rehabilitiert, nachdem die Wissenschaft analog zur Leseschwäche „Legasthenie“ bei dieser Form mangelhaften Zahlenverständnisses von „Dyskalkulie“ spricht, die von keiner Nachhilfestunde zu beheben ist.

Vorwegnehmend kann ich schon jetzt sagen, dass das Leben auf und mit Sorna mit all seinen Facetten wohl die schönste und für die Entwicklung meiner spezifischen, individuellen Wesensart nachhaltigste Zeit meiner Kindheit war. Vor dem Hintergrund dessen, was in den folgenden Jahren an Schrecknissen auf mich zukam, waren die zwei Jahre auf Sorna: der Sommer meiner Kindheit! Ich habe an diese zwei Jahre – im Gegensatz zu späteren Jahren – eine ganz intensive, für weite Bereiche photographische, gläserne Erinnerung, was bedeutet, dass ich ganze Episoden, aber auch Stunden- und Tagesabläufe wie in einem Film vor mir sehe, und zwar umso deutlicher, je intensiver ich in meinem Gedächtnis danach forsche. Immer noch kommt es vor, dass ich nachts von dem soeben im Traum „Erlebten oder Gesehenen“ wach werde und am Morgen noch eine vage Erinnerung daran habe. Das hängt meines Erachtens zusammen mit dem Phänomen der frühmorgendlichen Erinnerungsarbeit des Gehirns. Es ist erstaunlich, wie viel von den Sornaer Eindrücken, die mein Bewusstsein und meine (kindliche) Persönlichkeit nachhaltig prägten, haften geblieben ist. Wie viel im Pool dieser frühen Erinnerung aufbewahrt blieb aus einer Zeit, in der eigenes Reflektieren des Erlebten noch nicht oder nur unvollkommen möglich war, so, dass ich jetzt, nach über 70 Jahren, objektive Fakten und subjektiv Erlebtes aus meinem Gedächtnis bzw. meinen Erinnerungen abrufen kann, als habe es sich eben zugetragen.

Bei Erich Kästner heißt es dazu: *„Gedächtnis und Erinnerung sind geheimnisvolle Kräfte. Und die Erinnerung ist die geheimnisvollere und rätselhaftere von beiden. Denn das Gedächtnis hat nur mit unserem Kopf zu schaffen. Wieviel ist 7 mal 15 ...?“*

In meinem Gedächtnis gespeichert und quasi von dort abrufbar sind z. B. viele lateinische Vokabeln und unregelmäßige Verben, die ich ab dem zehnten Lebensjahr gepaukt habe. Aber was für ein skurriler Typ der Latein-Lehrer war, kann ich in meinen Erinnerungen nachlesen.

„Die Erinnerungen ... wohnen mitten in uns. Meistens schlummern sie, aber sie leben ... Was wir früher einmal erlebt haben, kehrt nach Jahren und Jahrzehnten plötzlich zurück und blickt uns an. Und wir fühlen: Es war ja gar nicht fort. Es hat nur geschlafen. Und wenn die eine Erinnerung aufwacht und sich den Schlaf aus den Augen reibt, kann es geschehen, daß dadurch auch andere Erinnerungen geweckt werden.“ ERICH KÄSTNER

Wir Kinder lebten und erlebten jeden Tag im völligen Gleichklang mit der in weiten Bereichen noch ursprünglichen Natur, in der wir wie auf einer großen Bühne mit Lust und Leidenschaft agierten. Die Natur war uns Freund und Lehrmeister, wir Kinder quasi „Mitspieler“ auf dieser einzigartigen und abenteuerlichen „Kindheitsbühne“, in deren lebendiges Spiel wir sie mit einbezogen.

Phantasie und pragmatischer Realitätssinn wurden bei unseren von früh bis spät fast ausschließlich in freier Natur stattfindenden Aktivitäten – auch auf den als Abenteuer erlebten langen Schulwegen – gleichermaßen spielerisch geschult. Für uns war Natur etwas Sinnliches – vor allem bei den vielen Begegnungen und Berührungen mit dem Wasser von Teichen, Seen, Tümpeln, Morast und Bächen – was (durch die Phantasie überhöht) mit allen Sinnen spürbar und erlebbar war.

Im Gegensatz beziehungsweise im Vergleich mit heutigen Verhältnissen (Norbert Blüm spricht von „enteigneter Kindheit“) lebten wir Kinder in diesen Jahren nicht für eine „geplante Zukunft“, sondern in einem „genussvollen Jetzt“. Auch wenn der Genuss darin bestand, bis zu den Knien im Bach zu waten, um Flusskrebse aufzuspüren oder ein flauschiges Küken mit seinem süßlich-weichen Geruch ans Gesicht zu drücken.

Unsere Unternehmungen waren objektiv sicher zumeist sehr undramatisch, subjektiv für uns jedoch absolut spektakulär. Ich habe u. a. in dieser Zeit wie auch später noch in Gotha bei vielen entsprechenden Gelegenheiten die Erfahrung gemacht, dass man als Kind oft aus Fehlern mehr lernt als aus Erfolgen.

Meine Tante Lu, die auf dem Gut ihren Mann vertrat, von den Leuten „Frau Baronin“ genannt –, „Luschka“, wie sie in der Familie hieß – eine herzensgute, innerlich jung gebliebene, verständnisvolle Frau – hatte wenig Zeit für mich und uns, da sie neben dem Verwalter auch Aufgaben und Pflichten ihres Mannes zu übernehmen hatte, der ja wie ihre beiden jungen Söhne „im Feld“ war. Sie hielt – was mich und meine Schulbildung betraf – von der völlig überholten Wissensvermittlung in einer Dorfschule zumindest so viel wie von der natürlichen Herzensbildung. Diese war im Mikrokosmos des Lebens auf und mit dem Gut, seinen Menschen und der umgebenden Natur am ehesten gewährleistet. Die Tante ließ uns an der ganz „langen Leine“ gewähren und bemerkte, wenn es (auch uns) brenzlig wurde, nur: „Ihr werdet‘s schon selbst merken, wie weit ihr gehen könnt und daraus lernen“. Wieviel Richtigkeit und Weisheit sprach daraus! Sie verlangte lediglich Ehrlichkeit und Pünktlichkeit, das aber unerbittlich sowie das samstägliche Aufräumen unseres Zimmers und eine ordentliche Körperpflege:

„Zeigt mal Eure Hände und Fingernägel!“ Sonst hätten wir nicht am Samstagnachmittag – „bitte gewaschen und gekämmt“ – an den Samowar der hoch geachteten Tante Rita, ihrer Schwiegermutter, der „alten Frau Baronin“, gedurft. Die alte Dame, die eine Zeit ihres Lebens als „Hofdame“ am Petersburger Hof zugebracht hatte, lebte noch sehr rüstig und temperamentvoll auf ihrem „Altenteil“, einem hübschen Thüringer Fachwerkhaus mit hohem Giebel, dem Herrenhaus schräg gegenüber, mit der Rückseite am Gutsgarten (Bauern- und Küchengarten) gelegen.

Ansonsten aber ließ uns meine Tante das treiben, wozu uns zumute war und wir grade Lust hatten: in Feld, Wald und Wiesen, Bächen, Seen und Teichen. Sie setzte mit Erfolg auf die Vernunft und die Autorität unseres „Anführers“, des (1942) 14-jährigen Frieder, adoptierter „Zieh-Sohn“ des Schäfers, des Ältesten und Erfahrensten unter uns. Dieser war insgeheim ihre Vertrauensperson, was er zumindest ahnte. Und um dieses Vertrauen nicht zu enttäuschen, achtete er sehr darauf, dass aus dem Spiel und den Abenteuern der Gruppe (Rotte) kein unbeherrschbarer grober Unfug wurde. Zudem waren unserm Treiben auf dem Gutshof durch die Aufmerksamkeit und auch Strenge mancher Leute vom Gutspersonal, insbesondere des Verwalters Martin, zum Teil enge Grenzen gesetzt. Da musste man schon seine „Verbindungen“ und so manchen „Stein im Brett“ haben, um zu seinen Zielen zu kommen.

Wirklich verboten war das „Stibitzen“ von Hühnereiern aus diversen Heuschobern und deren Aussaugen mit dem Strohhalm, das Ausnehmen von Vogelnestern (um die bunt gesprenkelten Eier auszublasen und zu verscherbeln) sowie das Aufblasen von Fröschen (!), eine typische Unart von Landjungen. Eier, die man irgendwo gefunden hatte, waren in der Gutsküche bei der beleibten, herzensguten Köchin abzuliefern, der „dicken Berta“, die mich liebte und nach Möglichkeit verwöhnte.

Unser Tag, zu jeder Jahreszeit, war angefüllt von sich aneinanderreihenden kleinen oder größeren Abenteuern, dem Umgang mit Risiken und Grenzerfahrungen, natürlich wachsender Sozialisierung sowie dem Ein- und Unterordnen. Und von der „Ahnung", dass eine schrankenlose Phantasie neben möglichen Problemen auch ungeahnte Reichtümer verschafft.

Das, was aus uns selbst kam (z. B. die zwingende Notwendigkeit zum Improvisieren), von dem wir spürten, dass es zum Erfolg führte, zählte und war erstrebenswert, da es uns selbstständig machte. Mit Hilfe von außen konnten wir nicht rechnen. Nichts fördert mehr die Phantasie. Ich habe es körperlich gespürt (und verinnerlicht), wie beglückend es war, zusammen mit anderen in dieser Umgebung Kindheit zu erleben! Wir haben sie uns in diesen zwei Jahren meines Dortseins weitgehend – wie nie mehr später – nach unseren Bedürfnissen gestalten können. Unser Umgang, unser Zusammenspiel mit der Natur, unser Aufgehen darin, hat uns unbewusst in der Gewissheit leben lassen, ein natürlicher Teil von ihr zu sein.

Wir haben praktisch unsere gesamte freie Zeit irgendwo im Freien verbracht. Außer bei Hilfsdiensten auf dem Hof, auf dem Feld oder bei allzu schlechtem Wetter oder im Winter. Sogar sonntags, wenn wir uns hätten im „Herrenhaus" aufhalten können (bzw. sollen), zum Erholen vom Herumstromern, von Abenteuern, von Hilfsdiensten oder auch von den langen Fußmärschen zur und von der Schule, versuchten wir, nach draußen zu gelangen Die alte Frau Baronin, die aus Petersburg, war dagegen. Sie sagte bei der Samstagnachmittag-Einladung zu Tee und Gebäck: „Wer die ganze Woche über nur draußen war, muss am Sonntag nicht auch noch aus dem Haus!"

Welch ein Abenteuer für eine Rotte halbwüchsiger Jungen, die Inbesitznahme der von den Cousins Jahre zuvor gebauten Baumbude in einer hohen, alten Buche am hinteren Rand des Küchengartens. Von diesem Baum aus hatte man über die Gutsmauer hinweg einen Blick auf den nahen Mahlteich sowie ins schier endlose Land mit seinem weiten Horizont und dem so „großen" Himmel.

Die Bretterbude im Baum, die man über eine lange, teilweise defekte Ansitzleiter oder durch Astwerk kletternd erreichte, war längere Zeit unbenutzt gewesen und durch Wind und Wetter schon etwas baufällig. Der Geruch nach feuchtem Moos und morschem Holz hat sich in mir festgesetzt (wie auch der eines Luftschutzkellers). Vor unserer Inbesitznahme war also zunächst eine „Sanierungsaktion" erforderlich, von Emil, einem der französischen Fremdarbeiter – Faktotum auf dem Hof für alle Reparaturen – überwacht und begutachtet. Er war – nicht nur für uns – so etwas wie der „TÜV" von Sorna. Dann aber war „die Bude" der ideale Kundschafterposten, um u. a. die „Feinde" im Hang des Gutshügels frühzeitig zu erkennen. Von dort gab der Posten dem Kameraden, der in einem entfernten Kletterbaum in der Krone saß, ein Zeichen, um die „Lagerbesatzung" weiter unten warnen zu können.

Bei allzu schlechtem Wetter waren die Tennen und Heuschober und die Futterböden über den Ställen mit dem Vieh ideale Rückzugsorte. Hier konnte jeder, der sich traute, das (nicht ungefährliche) Klettern im Gebälk und den Sprung aus großer Höhe ins Heu oder auf Strohballen üben. In der Nase (für den Rest des Lebens) der Geruch nach Heu, Häcksel und frischem Klee.

Ebenfalls über den Geruchssinn assoziiere ich die Nachmittage nach der Schule, wenn wir im Spätjahr den Leuten auf der großen Streuobstwiese beim Ernten halfen – meist durch Bengeln (mit langen Holzstangen) – der struppig-knorrigen Apfel- und Birnbäume. Man roch und „schmeckte" den Herbst, wenn man aus dem alten Gras einen Apfel aufhob und brach.

Wie erfüllte es uns mit Stolz, wenn einer von uns durch sein geschicktes Klettern in hohe Baumkronen, wohin die Bengel-

Stangen nicht mehr reichten, das Obst von oben auf die Wiese regnen ließ. Besondere Vorsicht war geboten, wenn man barfüßig über das im Gras versteckte faulende Obst lief, auf dem scharenweise Wespen saßen, wenn sie nicht lautlos durch die Luft schwebten.

Die ganze Wiese roch nach Most, ging doch das faulende Obst bereits in Gärung über. Diese Duftnote wurde allerdings noch getoppt durch den süßlichen Geruch nach Bratäpfeln und Birnen, die wir Jungen bei Feierabend in einem Feldfeuer für alle garten und schmorten.

Die gesamte Obsternte wurde auf dem Pferdewagen nach Auma geführt und in der dortigen Kelterei zum köstlichen und erfrischenden Most verarbeitet, der im tiefen, kühlen Küchenkeller gelagert wurde und woran wir uns bis weit ins Frühjahr hinein nach Herzenslust delektieren konnten.

Ich bin sicher, dass meine Art, mich in der Welt der Natur zu bewegen und mit ihr umzugehen, vor diesem Hintergrund befähigte, Phänomene wahrzunehmen, die anderenfalls unbeachtet und unerlebt geblieben wären.

Ich habe wohl in diesen lebens-intensiven Jahren erfahren und gelernt, die Vielfalt der Natur nicht alleine mit den Augen, sondern auch „mit dem Herzen" zu sehen und sinnlich zu spüren. Das blieb so – oder so ähnlich – ein ganzes Leben lang.

Im Folgenden habe ich die mir wichtig erscheinenden „Sornaer Episoden" einschließlich der menschlichen Begegnungen und Beziehungen niedergeschrieben, die mir besonders gut in Erinnerung geblieben sind; oft bis ins kleinste Detail. Ich habe es so aufgeschrieben, wie es mir „aus dem Kopf in die Feder floss", und zwar ausschließlich das, was das Gedächtnis hergab, sodass sich für mich die Frage nach dem Phänomen „Dichtung und Wahrheit" in diesem Zusammenhang nicht stellt. Vieles von dem, was ich niedergeschrieben habe, fiel mir nachts ein, meist gegen den frühen Morgen, in einer ganz klaren und eindringlichen Ausdruckskraft und Bildhaftigkeit, sodass ich eigentlich nur zuzuschauen brauchte, um es mir dann hoffentlich bis in den Tag hinein zu merken. Wenn ich mir dessen nicht sicher war, schrieb ich es noch nachts auf einen Block, der immer am Bett lag. Wie oft habe ich es in diesem Zusammenhang erlebt, dass ich die „Fragezeichen", die ich abends in meinen „biologischen Computer" eingab, morgens als Antworten abrufen konnte.

Objektivität und Realitätsbezug, um die ich mich jetzt nach Kräften bemühe, werden maßgeblich bestimmt, auch in Frage gestellt von den subjektiven Erinnerungen an eine Kindheit in einer außergewöhnlichen Zeit, mit für Körper und Seele besonders schönen, aber auch traumatischen Ereignissen.

Dank neuerer wissenschaftlicher Erkenntnisse auf dem Boden subtiler neurophysiologischer Untersuchungstechniken weiß man heute, dass das kindliche Gehirn in einem weitaus größeren Umfang als bisher angenommen (quantitativ und qualitativ) in der Lage ist, Gesehenes, Gehörtes, sinnlich Erlebtes wie in einem Computer zu speichern und so für ein ganzes Leben zu bewahren, um sich dann auch dessen zu erinnern, wenn es abgerufen wird. Dies umso deutlicher, je mehr das kindliche Individuum von seiner Veranlagung her in der Lage ist, seine Umwelt und das, was darin passiert, mit allen seinen Sinnen zu erfassen, ohne das sinnlich Erlebte bereits reflektieren zu können.

Die Subjektivität der Erinnerungen wird in gewisser Weise angereichert durch die Wahrheit der Phantasie und ergibt zusammen das, was man poetischen Realismus nennen könnte. Der Mensch neigt dazu, früher Erlebtes zu idealisieren. Nach meinem Empfinden befördert auch das Idealisieren, ebenso wie die Phantasie, im weitesten Sinn die Poesie.

In diesen Kontext passt die folgende Passage in Theodor Fontanes „Kinderjahre“: *„Damals, als ich in Haus und Hof umherspielte und draußen meine Schlachten schlug, damals war ich unschuldigen Herzens und geweckten Geistes gewiß, voll Anlauf und Aufschwung, ein richtiger Junge zu sein ... alles war Poesie. Die Prosa kam bald nach in allen möglichen Gestalten ... Dieser Gegensatz zwischen Poesie und Prosa, zwischen ersehnter Harmonie und problematischer Wirklichkeit enthält die eigentliche innere Wahrheit.“*

Nichts kann mein damals noch kindliches Denken und Fühlen aus jener Zeit in Sorna besser spiegeln und wiedergeben als dieser Fontane'sche Einblick in die kindliche Seele.

Wir waren eine verschworene Rotte von sechs, zeitweise acht Jungen zwischen acht und vierzehn Jahren mit Frieder als unbestrittenem, nie in Frage gestellten Anführer – heute würde man vielleicht sagen: ein echtes „Alpha-Tier“ (der gutartigen Sorte) –, dessen Anweisungen zu folgen, für uns selbstverständlich, fast „Naturgesetz“ war. Er war in das Landleben hineingeboren. Außer seinem „angeborenen Vorsprung“ uns gegenüber wusste er einfach alles, konnte alles, hatte in allem die meiste Erfahrung, war bei allen unseren Unternehmungen und Abenteuern der Besonnenste und trotz seiner Jugendlichkeit verantwortungsbewusst. Er war einer, zu dem die Jüngeren gerne aufschauten, und es war ein Leichtes, sich in die Gruppenhierarchie, die sich wie von selbst ergab, ein- und ggf. unterzuordnen. Er hatte trotz seiner Jugend schon Charisma. Im Nachhinein habe ich erkannt, dass es sein größter Verdienst war, Empathie zu vermitteln und innerhalb der Gruppe zu verankern.

Das spielerische Sich-Einordnen in die Gruppe, die Abläufe dazu zu verinnerlichen und im Alltag zu praktizieren, war eine wichtige Erfahrung, aus der zumindest ich in einer Art „Vorübung" für spätere Lebenssituationen bestimmte Verhaltensmuster spielerisch erlernen konnte.

Einordnen in eine bestehende, mir vernünftig erscheinende Hierarchie war für mich später ziemlich unproblematisch. In unserer Gruppe, in ihren Interaktionen und auch in ihrem Auftreten nach außen, fand ein bedeutsamer Teil eigener Sozialisation statt, auch ohne „Gängelung" durch die Erwachsenen! Der Stellenwert des zum Vergleich sich anbietenden Gemeinschaftserlebnisses in den Strukturen des nationalsozialistischen „Jungvolks" war durch die gezielte Indoktrination und Instrumentalisierung sowie die keinerlei individuellen Freiraum lassende Befehlsstruktur ein ganz anderer: Erlebte Emotionalität und Empathie sowie verinnerlichte Wertschätzung des anderen ließen unsere Rotte der faschistischen NS-Jugendorganisation haushoch überlegen sein.

Frieder hatte einen ihm in die Wiege gelegten Instinkt für alles, was in der Natur webte und lebte, was an Unsichtbarem vor sich ging, und uns anderen zunächst verschlossen blieb, so lange, bis er uns an seinen Beobachtungen und Geheimnissen teilhaben ließ, indem er uns vermittelte, uns nahe brachte, mit wachen Augen zu sehen und richtig hinzuschauen. Tief beeindruckt z. B. hat uns seine Fähigkeit, die von seinen Altvorderen auf ihn überkommen sein musste, im Herbst frühen Schneefall vorauszusagen, wenn man ihn noch gar nicht vermutete. Dann nämlich, wenn die Waldameisen, die sich schon im Inneren ihres Hügels befanden, von innen her ihre Ein- und Ausgänge verschlossen. Durch sein Vorbild lernten wir nicht nur mit den Augen, sondern auch dem Herzen zu sehen.

Aus meiner heutigen Sicht ist das Besondere, das Wichtigste, was dieser junge Mensch vor allem durch sein Vorbild uns, mir in den zwei Jahren vermittelt hat: die Neugier auf alles, „was des Weges war", und war es auch nur eine Blume, Pflanze oder ein Tier, das ich bisher nicht gekannt hatte. Mein heutiges

Motto in der Natur (und nicht nur dort) „Der Weg ist das Ziel!" geht womöglich in seinen Ursprüngen auf diese prägende Erfahrung in meiner Kindheit zurück.

So brachte uns Frieder auch die Befähigung selbstständigen Denkens nahe, indem er so mit uns umging, auch in der Kommunikation, dass wir gar nicht anders konnten als über Unverstandenes nachzudenken und es zu hinterfragen, bis wir es wirklich verstanden bzw. verinnerlicht hatten und uns eben nicht mit den gewohnten „schnellen Antworten" zufrieden gaben, wie wir sie von den oft so ungeduldigen Erwachsenen gewohnt waren.

Was nun gab uns die Gruppe, dem einen mehr, dem anderen weniger, durch das so vertraute, fast tägliche Zusammensein mit den vielen gemeinsamen Erlebnissen, bei denen ungeschriebene Gesetze als eine Art natürlicher Struktur und willig akzeptierter Hierarchie Voraussetzung waren für Entstehen und Funktionieren des Phänomens „Gruppendynamik"?

Frieder agierte in der Gruppe aufgrund seines Alters bzw. großen Erfahrungsvorsprungs als natürliche Autoritätsperson und geschickter Moderator, der trotz Meinungsverschiedenheiten und Streitigkeiten durch sein ausgleichendes Wesen die Gruppe „bei der Stange" und als solche zusammenhielt. Heute weiß ich, dass es vor allem dem besonderen Geschick unseres „Anführers" im Umgang mit uns Jüngeren zu danken war, dass menschliche Werte wie gegenseitige Hilfsbereitschaft und Rücksichtnahme, Befähigung zum Mitleiden, also Empathie, und solidarisches Verhalten untereinander gelebt und erlebt wurden.

Für mich beeindruckend in diesem Kontext war, wie Frieder z. B. mit der Leiderfahrung eines unserer Jüngeren umging, der zu Hause von seinem Vater zu Unrecht fürchterlich verprügelt worden war. Er kam von den „Waldhäusern" angerannt, atemlos und völlig außer sich vor Schmerz und Entrüstung. Frieder ließ ihn zunächst sich ausheulen und seinen angestauten Protest gegen die Körper und Seele schmerzende, entwürdigende Züchtigung loswerden. Dann brachte er geschickt das Thema auf eine gemeinsame Unternehmung, der alle, auch der Gedemütigte, voll Begeisterung zustimmten. Danach waren bei unserem „Prügelknaben" zumindest die seelischen Striemen nicht mehr so schmerzend. Instinktiv hatte Frieder in seinem Handling der Situation die Klugheit gehabt – sicher unbewusst –, den ganzen jungen Freund vor Augen zu haben, seine Körperlichkeit, seine Gefühle und Gedanken.

Vielleicht liegt es an dieser prägenden Erfahrung in meiner Kindheit in der ländlichen Abgeschiedenheit, dass ich in meinem späteren – vor allem beruflichen – Leben als Erwachsener an eine „Gruppe", in welchem Kontext auch immer, mit oft zu großen Erwartungen (und Idealen) herangegangen bin, was dann auch zu einigen herben Enttäuschungen führen musste.

In Sorna lebte ich durch meine Zugehörigkeit zur Rotte in einer reinen Jungengesellschaft mit all den Herausforderungen und Bewährungen, die das für den Einzelnen von uns mit sich brachte. Die zwei Jahre meiner ländlichen Kindheit waren daher sehr „maskulin" geprägt. Die Wortführer, die Anführer, die, zu denen man aufschaute, die Autorität besaßen und auch ausstrahlten, von deren Zu- oder auch Abwendung man zutiefst abhängig war, waren meist ältere Jungen, oder (die wenigen) Männer.

An erster Stelle natürlich Frieder, während der Lehrer zwar Autoritätsperson, aber am unteren Ende der Beliebtheitsskala stand.

So ganz anders unser, mein Verhältnis zur „Welt der Frauen und Mädchen", soweit es mir in den Einzelheiten noch präsent ist. In Zeiten des Krieges waren sie in der Überzahl im Mikrokosmos der Gutsgesellschaft. Die das „Sagen" hatten im Alltagsgeschehen waren die relativ wenigen männlichen Gutsangestellten bzw. -arbeiter, also die „Knechte", wie sie noch von der alten Frau Baronin genannt wurden. Viel mehr jedenfalls als die zahlenmäßig überlegenen „Mägde". Frauen und Mädchen standen immer „im zweiten Glied", hatten immer die minderen Arbeiten zu leisten und waren und blieben meist unter sich. Auch die jüngeren Mädchen, die auf dem oder beim Gut lebten, suchten nicht unsere, der Jungen Gesellschaft. In unserer (meiner) Wahrnehmung waren Mädchen eine andere „Spezies", wie „von einem anderen Stern".

In der Schule war es nicht anders, die Mädchen waren und blieben unter sich, obwohl sie rein zahlenmäßig mit den Jungen gleichauf waren.

Heute noch unbegreiflich ist mir die Herkunft der älteren Mädchen, die hin und wieder nach Schulschluss in einer bestimmten Scheune am Dorfausgang (die es heute noch gibt) auf den „Besuch" der größeren Jungen warteten. Was dort konkret vor sich ging, blieb mir immer ein Geheimnis. Frieder klärte mich insofern auf, als er mich daran erinnerte, was auf dem Hof stattfinde, wenn der Melker den Dorf-Bullen der zu besamenden Kuh zuführte. Dazu sei ich nun doch wirklich noch zu jung. Für mich und meinesgleichen blieb höchstens das „Busen-Gucken", was sich die Mädchen jedoch mit mehreren Groschen bezahlen ließen (die ich „dafür" nicht übrig hatte).

In jenem Sommer befand sich auch mein dreieinhalb Jahre älterer Bruder aus Gotha in seinen Schulferien auf Sorna. Was sich in diesen Wochen nun in Chursdorf unter der Dorfjugend abgespielt hat oder auch nicht, darüber wurde auch später zwischen uns Brüdern nie gesprochen.

Zur Erntezeit im Hochsommer gab es neben den Figuren und Gesichtern der Jungen für Tage fröhliche Stimmen und helles Lachen junger, schlanker Mädchen (aus Chursdorf und den Waldhäusern), die in der großen Tenne um die in Staub gehüllte riesige Dreschmaschine sprangen, um ihren Müttern bei der harten, lauten, hitzigen (Knochen)-Arbeit des Getreide-Ausdreschens zu helfen.

Da konnte es vorkommen, dass man von einem versteckten Platz darüber im Gebälk der Scheune, die Beine baumeln lassend, mit den Augen und mit einem eigentümlichen Herzklopfen demjenigen Mädchen nachschaute, das einem besonders gefiel.

So sind mir an weiblichen Wesen in meiner Sornaer Zeit, neben meiner geliebten Tante, der eine Wirtschafterin mit dem 14-jährigen „Pflichtjahr-Mädchen" zur Hand ging, und Tante Rita aus Petersburg, nur die „dicke Berta" in lebhafter Erinnerung geblieben. Sie hieß wirklich Berta und war so breit wie rund, die liebevolle und herzensgute Köchin der Gutsküche, bei der ich mich häufig aufhielt. Nicht nur der Gaumengenüsse wegen, mit denen sie mich verwöhnte. Sie nahm mich auch hin und wieder liebevoll in die Arme und drückte mich an ihren mächtigen Busen. Sie tröstete auch manchen tränenreichen Kummer, wenn ich Zoff in der Rotte oder auch in der Schule (Rechnen) hatte, mit dem ich meiner Tante nicht kommen konnte. Trost, wie ich ihn so nur noch in der „flauschigen Wärme" meiner geliebten Küken im Hühnerhaus erfuhr, wenn ich sie mir „im Pack" an Brust und Wangen drückte.

Was für eine andere Welt, als ich im Spätjahr 43, in Sorna ausgebombt, nach Gotha kam, mit neuneinhalb Jahren. In eine Volksschulklasse mit etwa 25 Kindern, die Hälfte davon gleichaltrige Mädchen! Und dann die vielen schmucken BDM-Mädchen, die sonntags auf dem Platz unterhalb des Schlosses zum Fahnenappell, manchmal direkt neben unserm Fähnlein, angetreten waren. Da gab's dann schon mal „Äugelchen" (frei nach Goethe).

Unvergessen aber auch der allgemein geachtete und umworbene Pferdeknecht, eine Art Pferdeflüsterer, der für die vier, zeitweise sechs kräftigen Arbeitspferde, aber auch die zwei rassigen Reitpferde der „Herrschaft" verantwortlich war (bis diese eines Tages von der Wehrmacht abgeholt wurden). Er ließ mich einfach reiten auf einem der älteren, nicht ganz so hohen Arbeitstiere, eher einem lammfrommen Exemplar, jedoch ohne Reitunterricht auf dem Reitplatz neben der Schäferei, wie ihn natürlich die Söhne des Hauses Jahre zuvor zu absolvieren hatten. Ich erinnere deutlich den lauten Klaps, den er dem Pferd vor dem Ausritt auf das Hinterteil gab, wenn ich oben saß, auf einem Sattel natürlich. Ich durfte nur ausreiten, wenn ich das Pferd zuvor korrekt aufgezäumt und gesattelt hatte und er, der Pferdeknecht, eine kompetente Begleitung für mich fand, manchmal war er es selbst. Er bestimmte auch Route und Dauer des Ausritts, der meist in das eher flache Gelände um Tümpel und Seen in der Nähe des Guts führte. Zu meiner Zeit war er schon etwas älter und derjenige auf dem Hof, zu dem ich mich am meisten hingezogen fühlte. Bezeichnenderweise hat unter all den auf dem Gut Beschäftigten meine Tante gerade ihn ausgewählt zu meiner Vertrauensperson, indem sie mich ihm „ans Herz legte". Schon mein Vater, also ihr jüngerer Bruder, mit dem sie drei wichtige Jahre auf der Internatsschule Weinheim (sie als Haushaltselevin) sehr eng verbunden, verbracht hatte, stand während seiner häufigen Ferienzeiten auf Sorna in einem besonderen Verhältnis zu diesem, damals sehr jungen Mitarbeiter, was mich über 20 Jahre später auch beeindruckt haben mag.

Von ihm habe ich die „hohe Kunst des Peitschenknallens" gelernt, überhaupt den Umgang mit einer Peitsche, wozu es

Geduld und Ausdauer bedarf, auch und insbesondere des Lehrenden. Womit man aber, wenn man es beherrscht, vor Publikum „Furore" machen konnte. So, wie andere mit dem Pfeifen auf den Fingern.

Ich bin mir sicher, dass die heute noch überraschend gute Praxis im Umgang mit allem Getier auf diese so intensiven Erfahrungen und Erlebnisse in meiner Kindheit zurückzuführen ist.

Den Einzelnen und die Gruppe sehr prägend war der tägliche gemeinsame Schulweg nach Chursdorf, später Tegau. Vom späten Frühjahr bis weit in den Herbst hinein barfuß, bei jedem Wind und Wetter. Zur Chursdorfer Dorfschule gings von Sorna aus zunächst am Mahlteich entlang, dann durch die uns geheimnisvoll und mystisch vorkommende „Hohle", ein etwa 400 Meter langer, einer kleinen Schlucht ähnelnder Durchlass durch einen quer liegenden Hügelzug. Herzklopfen und Beklemmung machten mir – in meiner Erinnerung – die wallartig, nicht überschaubaren Wände des Hohlwegs. Im beidseitigen braun-gelblichen Lehm gab es bizarr gebogenes, bedrohlich herausragendes knorriges Wurzelwerk sowie größere oder kleinere, schwarz-gähnende Eingänge zu Erdhöhlen von Fuchs und Dachs bzw. von „Geistern" und „Wichteln". Natürlich spielte dabei eine Rolle die eigene Körpergröße eines acht- bis neunjährigen Jungen, dem all das größer, gewaltiger und damit auch bedrohlicher vorkam als einem Erwachsenen (wie ich bei späteren Besuchen feststellte). Ähnlich übrigens war es mit den Kornfeldern, deren Halme höher waren als wir selbst. Und wenn in der Hohle auch noch irgendein Getier im herbstlichen Laub raschelte, wie Blindschleiche oder gar Kreuzotter oder man auf etwa gleicher Höhe ins Gesicht einer großen, grässlichen Ratte schaute, die dann im Lehm der Wand verschwand, die regungslose Eule (Kauz), die mit ihren tellergroßen Augen irgendwo im Astwerk uralter Eichen oder Buchen saß. Der Igel mit seinen diesjährigen Jungen war einem dagegen fast vertraut. Bei entsprechender Tageszeit und Beleuchtung entstand eine Stimmung, die das Mystische noch verstärkte! Wie befreiend dann der Austritt aus der Hohle auf einen Feldweg zwischen übermannshohe, meist mit rotem Klatschmohn (Poppies) und blauen Kornblumen durchsetzte Getreidefelder, die im Wind wogten wie bewegtes Meer, und den darüber in den Himmel sich schraubenden, unentwegt zwitschernden Lerchen, die sodann wie ein Stein zu Boden stießen. „Das Lied der Lerche" aber über den Feldern und dem sich nach Chursdorf hin ziehenden „Grund" habe ich heute noch im Ohr und im Herz!

Als es über Chursdorf hinaus weiter nach Tegau ging, nochmals drei Kilometer, mussten wir einen die beiden Orte trennenden Höhenzug überwinden, kahl und ohne Schutz, wo sich Wind und Stürme und oft auch peitschender Regen über unseren Köpfen austoben konnten. Im Winter kam es vor, dass wir zu Hause bleiben mussten (durften!), weil der Schnee so hoch, vor allem die Schneeverwehungen so gewaltig waren, dass kein Durchkommen war.

Die Dorfschule in Chursdorf lag an zentraler Stelle, am oberen Ende des weiten Dorfplatzes mit dem Löschwasserteich in der Mitte. Vor dem Schulgebäude eine Linde mit einer umlaufenden Bank. Um dort in der großen Pause zu sitzen, hatte man die natürlichen Hierarchien und die Geschlechtertrennung zu beachten.

Im großen Schulraum saßen an uralten, „geschichtsträchtigen" Holzbänken mit schräger Schreibfläche und eingelassenen Tintenfässchen zu meiner Zeit ca. 30 Schüler von sechs bis 14 Jahren, die Jungen auf der einen, die Mädchen auf der anderen Seite; vor allem die Jungen sommers zumeist barfuß. Der Lehrer M., (dessen Grab man heute noch auf dem Dorffriedhof neben der Kirche besuchen kann), hatte Schüler/-innen von der 1. bis zur 4. Volksschulklasse zu unterrichten. Aus mir nicht erklärlichen Gründen (kriegsbedingt?) nahmen in den Jahren, in denen ich zusammen mit der Sornaer Rotte diese Schule (auch in Tegau) besuchte, auch Kinder zwischen dem zehnten und 14. Lebensjahr am Unterricht in der Einraumschule teil. Diese „Großen“ bildeten innerhalb der Klasse eine besondere Gruppe und bekamen vom Lehrer sowie auch von zeitweise anwesenden anderen Lehrpersonen Aufgaben, mit denen sie sich unabhängig vom normalen Lehrbetrieb beschäftigten. Dieser Besonderheit wegen war unser 14-jähriger Anführer Frieder ständig beim Unterricht aller aus unserer Rotte anwesend und daher über die schulischen Stärken und Schwächen der einzelnen Rottenmitglieder informiert.

Der Unterricht erfolgte blockweise, d.h. die einzelnen Klassenstufen bekamen schriftliche Aufgaben, währenddessen eine andere mündlich unterrichtet wurde. Dies Vorgehen erfolgte im steten Wechsel.

Vom späten Frühjahr bis zum Herbst gab es mit Rücksicht auf die Mithilfe der Kinder in der Landwirtschaft nur wenige Hausaufgaben. Der Lehrer, immer ein „scharfes“ Haselnussstöckchen in der Hand, war äußerst streng und rigoros autoritär. Es hagelte Verweise, Strafen und Strafarbeiten, und auch, nicht zu selten, einen Streich mit dem Stock über Hand oder Kopf oder ein schmerzendes, nicht aufhören wollendes An-den-Ohren-Ziehen.

Die permanente Gegnerschaft zwischen Lehrer und Schüler sowie das „Machtgefälle“ schafften ein Klima einerseits von Angst, Abwehr und Unaufrichtigkeit, andererseits von Loyalität und Solidarität der Gruppe gegenüber, was in der Rotte so etwas wie ein Wir-Gefühl bewirkte.

Eine fröhliche Begebenheit, die den schulischen Alltagstrott durchbrach und Heiterkeit und Ausgelassenheit auslöste, war, als ein Mädchen in der Frühstückspause mit Entsetzen und entsprechendem Gezeter feststellte, dass sich in ihrer Trinkflasche, die sich im Flur zusammen mit der Brotbüchse befand, massenhaft Kaulquappen tummelten. Die waren von Jungens irgendwie dorthinein bugsiert worden.

Die „Täter“ wurden nicht ermittelt, meldeten sich auch nicht, obwohl die gesamte Jungenschar unter allgemeinem Gejohle für eine halbe Stunde den Schulraum zu verlassen hatte und dem Unterricht der drinnen verbliebenen Mädchen grinsend durchs Fenster von außen mitverfolgen konnte.

Ganz wichtig in den zwei Jahren für Verständnis und Verstehen des anderen, für das sich Entwickeln von Empathie in unserer Rotte, war das gemeinsame Lernen in ein und demselben Schulraum, wo jeder jedes vom anderen mithörte und miterlebte. Von pädagogischer Bedeutung war ganz sicher der Umstand, dass wir vor dem Lehrer alle gleich waren und auch so behandelt wurden: unabhängig von sozialer Herkunft, Alter, Geschlecht, dem Intelligenzgrad und auch dem Status in der jeweiligen Gruppe. Mit der Ausnahme, dass er Jungens körperlich härter bestrafte als Mädchen.

Nichts an Erlebtem, Eindrücken, Beobachtungen, die man mit allen Sinnen gemacht hat, gehen je verloren. Sie werden in der Erinnerung lediglich auf verschiedenen Ebenen abgespeichert. Der eine Eindruck in einer Art „Ablage“, die uns vielleicht nur im Traum (Albtraum) zur Verfügung steht, der andere hat derart prägenden Charakter, dass ein Sich-Erinnern, ein Wieder-lebendig-werden-Lassen leichter möglich ist. Sich erinnern heißt, sinnlich Erlebtes noch einmal zu erleben, auch mit der Möglichkeit, das Erlebte mit zeitlichem Abstand kritischer bewerten zu können.

Viel später wurde mir immer klarer, dass in der Rotte, deren einzelne Mitglieder auf so vielfältige Weise miteinander vertraut waren, sich so etwas ereignete, was ich viel später als

„gruppendynamischen Prozess“ schätzen lernte (als eine geistige Errungenschaft der modernen Psychologie bzw. Soziologie).

Es erscheint mir möglich, dass die im kindlichen Gehirn abgespeicherte Erinnerung an die vielen Gruppenerlebnisse bewirkt hat, dass mich das Phänomen Gruppendynamik später als Erwachsenen in meiner medizinisch-ärztlichen Berufstätigkeit so sehr faszinierte.

Der auf dem Plateau eines bewaldeten Hügels liegende Gutshof Sorna, in den Archiven erstmals erwähnt in der ersten Hälfte des 16. Jahrhunderts, war vom Dorf Krölpa über die uralte Kastanienallee mit rohem Kopfsteinpflaster zu erreichen. Mit einem Blick über unendlich scheinende Felder und Wälder, die, so weit das Auge reichte, zum Gut gehörten: das alte Hofensemble, mit all seinen Scheunen und Schobern, Tennen, Remisen, Stallungen und dem kuriosen, betürmten Hühner- und Taubenhaus sowie dem großen, immer dampfenden Misthaufen in der Mitte des Hofs sowie dem Küchengarten hinter der Hofmauer.

Und dann das „Herrenhaus“. Die Vorderfront kam mir als Kind wie eine Trutzburg vor mit ihren drei Stockwerken plus Dachgeschoss, aus rohen quadratischen Feldsteinen aufgeführt, mit dem überhängenden Efeu- und Glyzinienbewuchs sowie den hohen, schmalen Sprossenfenstern, besonders hoch in der Beletage mit „Salon“ und Speisezimmer.

Das Parterre wurde ausgefüllt von der mir riesig erscheinenden Gutsküche, noch mit einer alten Esse neben den moderneren Kochstellen und diversen Kammern und Winkeln. Tief unter der Küche, über eine steile, schlecht beleuchtete Steintreppe zu erreichen, der Eiskeller. Dort hinunter schaffte der „Eismann“ mit seinem Leder auf der Schulter die dicken Eisstangen, um sie zu handlichen Brocken für die Eistonne bzw.

den Eisschrank zu zertrümmern. Auch ein Geräusch, das ich nicht vergessen habe.

Ebenfalls im Erdgeschoss befand sich die „Badestube“. Sie wurde dominiert von der großen, emaillierten Wanne und dem am Kopfende stehenden mächtigen, zylindrisch-hohen gusseisernen Ofen, in dem mit wohlig riechendem Holz das Badewasser erhitzt wurde, um dann über einen langen „Schnabel“ in die Wanne zu sprudeln. Wir beiden Jungens, mein Kammergenosse Hajo und ich, hatten immer samstags zu baden, einer nach dem anderen, immer unter Aufsicht der Wirtschafterin, die, uns ein gewisses Unbehagen bereitend, meist das hübsche, schlanke Pflichtjahr-Mädchen an ihrer Seite hatte mit den sich daraus möglicherweise ergebenden „irritierenden Empfindungen“! Gründlich gewaschen wurde mit Kernseife, wobei ich die Wirtschafterin nach einigem Gezeter davon überzeugen konnte, dass ich das selber könne, um nicht wie Hajo in der Wanne stehend, von oben bis unten von fremden Händen abgeseift zu werden!

Aus der Eingangshalle – neben dem Eingang zum Küchenbereich – führte eine breite Holztreppe mit ausgetretenen Stufen und hohem Geländer mit uraltem Holzschnitzwerk durchs weite, breite Treppenhaus hinauf bis unters Dach. An den Wänden Hirschgeweihe und ein Eberkopf mit seinen furchteinflößenden Hauern, uralte ölfarbene Porträts und Bildnisse aus der Tümpling'schen Ahnenreihe, unterbrochen von Lanzen, Säbeln und Wappentafeln.

In der Beletage der „blaue Salon“ und das Esszimmer. „Blauer Salon“ deshalb, weil die Wände mit einer Art blauem Damast vom Dielenboden bis zur Stuckdecke ausgekleidet waren und blau überzogene Sessel und eine ebensolche Couch sich um einen ovalen Glastisch gruppierten. Ich habe darin nur selten den einen oder anderen Gast sitzen sehen (mich schon mal gar nicht). Das Esszimmer war ein großer, länglicher, rechteckiger, über drei Meter hoher Raum mit Sprossenfenstern zur Hofseite. Gegenüber blickte man hinab in den urwaldmäßig anmutenden, steilen Gutshügel sowie auf den Mahlteich. Der Raum wirkte so groß durch seine die ganze Bodenlänge bedeckenden, uralten, längslaufenden Dielenbretter. In einer Nische neben dem offenen Kamin, der im Winter zu Hajos und meiner großen Faszination befeuert wurde, kam der schmale Essensaufzug aus der Küche an. Laut polternd, aber mit dampfenden Schüsseln, Saucieren und einer großen Zinnkanne mit dem Getränk. Wir Kinder hatten aufzutragen. Trinken durften wir erst nach dem Essen, dann aber so viel wir wollten. Die Mahlzeiten waren meist einfach, es gab immer eine Suppe und Kartoffeln, sonntags auch mal Klöße mit Rotkraut oder anderem Gemüse und im Wechsel Fleisch oder Eier in jeder Form. Und dann die Eintöpfe! Auch schon mal eine für uns Jungen gewöhnungsbedürftige Fischsuppe. Ein Dessert nur an Feiertagen. Es gab ausnahmslos nur das zu essen, was auf dem Tisch war. Es gab keinen Überfluss, an nichts. Von allem, was man zum normalen alltäglichen Leben brauchte, gab es nur so viel, wie auch wirklich nötig war. Das wird mir in der Erinnerung so deutlich im Kontrast zum späteren (heutigen) Leben im Überfluss.

Es war üblich, mit dem Einnehmen der Mittagsmahlzeit zu warten, bis wir Kinder von der Schule wieder zu Hause waren, sodass wir auf dem Heimweg – mit Ausnahmen – nicht bummeln konnten. Das war schon zu Murksels und Peters Zeiten so gewesen.

Mit am Tisch saßen meist Martin, der Verwalter, oft auch Tante Rita von nebenan und das Pflichtjahr-Mädchen aus Naumburg, das uns schon mal „rote Ohren" machte. Auch hin und wieder ein Besuch aus der großen Sippe der Tümplings und natürlich wir beiden Buben. Es wurde immer ein Tischgebet gesprochen, im Wechsel von den am Tisch Sitzenden, in das die an der Front befindlichen Familienangehörigen ausdrücklich namentlich miteinzubeziehen waren. Der Verwalter oder meine Tante gaben in Abständen der Tischgemeinschaft bekannt, wessen Mann oder Sohn von der großen Gutsgemeinschaft wieder gefallen sei, meist an der Ostfront, was schweigend, ohne weiteren Kommentar zur Kenntnis genommen wurde. Im Übrigen war der in Europa brandende Krieg für uns Kinder während meines Dortseins kein Thema.

Wenn Onkel Hans auf dem Gut war, im Fronturlaub, saß er im einzigen hohen Stuhl am Kopfende, der sonst immer frei blieb. Wir beiden Jungen durften auf richtigen Stühlen sitzen. An einer Wand standen jedoch noch die Schemel ohne Rückenlehne, auf denen Jahre zuvor die Söhne des Hauses aufrecht zu sitzen hatten. Zunächst herrschte am Mittagstisch – gefrühstückt und zu Abend gegessen haben wir Jungens in der Küche – eine zumeist gelöste Atmosphäre, die so wohltuend von meiner Tante Lu ausging, mit ihren fröhlich blitzenden braunen Augen und dem herzerwärmenden Lachen. Gesprochen wurde über alles, natürlich auch für die Erwachsenen Wichtiges, worüber zumeist der Verwalter berichtete und was auch die alte Frau Baronin noch sehr interessierte. Dabei hatten wir den Mund zu halten. Aber dennoch kamen wir Jungens nicht zu kurz und erregten mit unseren Schulgeschichten und anderen diversen Abenteuern – so sie nicht ein Geheimnis waren – oft große Heiterkeit. Ich habe in dieser Zeit verinnerlicht, wie wichtig eine Tischgemeinschaft sein kann, auch Tischsitten und vor allem kommunizieren, also erzählen und zuhören – und auch mal den Mund halten.

Bis dann die Nachricht kam von Murksels „Heldentod“ in Russland. Von da an war die Stimmung im Gutshaus dahin; Tante Lu trug nur noch schwarz, sie lachte selten, sie sprach bei Tisch nur das Nötigste. Sie war ein anderer Mensch geworden, ein weiterer Umstand, der mich neben dem Tod von

Murksel nachts in meinem Bett weinen ließ. Ich habe eine verschwommene Erinnerung an meine Tante, wie sie hin und wieder abends nach dem Zubettgehen in Hajos und meine Schlafkammer unters Dach kam, um mit mir (heimlich) zu weinen, auch um ihren geliebten Bruder, meinen Vater, und natürlich ihren ach so jungen Sohn! Ob mir wohl bewusst war, dass die beiden anderen Männer der Familie potenziell genauso gefährdet waren und die beiden Frauen eigentlich nur auf die nächste Hiobsbotschaft warten brauchten? Bei einem Achtjährigen hat die teilweise endgültige Trennung von den Eltern bzw. dem Rest der Familie, das schmerzende Gefühl des Ausgesetztseins in immer wieder andere, fremde Umgebungen, eigentlich zu einem emotionalen Rückzug in die verschlossene Heimwehkammer des Herzens führen müssen. Ich will sagen, an nagendes (ganz natürliches) Heimweh in meiner Sornaer Zeit, wie bei meinem Kammergenossen Hajo, den ich deswegen tröstete, erinnere ich mich nicht. Vielleicht auch deshalb, weil es mir hier, in Sorna, so gut geht „wie im Himmel".

Aber zunächst kam der Gutsherr, mein Onkel Hans, ein auffällig kleiner Mann (Tante Lu kam mir neben ihm immer doppelt so groß und lang vor), recht oft von der Front nach Hause. Besonders lange, es muss im Hochsommer 1943 gewesen sein, um bei der für das Gut so überlebenswichtigen Ernte persönlich anwesend zu sein. Dieser Onkel Hans war in meinen Augen ein durch und durch unsoldatischer und unmilitärischer Typ von Mensch und Mann, den ich mir so gar nicht im Krieg (erst recht nicht in einem Panzer) habe vorstellen können. Er beschäftigte sich mit mir – wir hatten um diese Zeit ebenfalls außergewöhnlich lange Ferien – sehr viel und intensiv, was bei meinen Freunden nicht immer nur mit Verständnis aufgenommen wurde. Er lehrte mich zum Beispiel sein uraltes DKW-Kabriolett (man nannte es „DK-Wupdich") mit einer Handkurbel vorne unter der Kühlerhaube durch möglichst rasches Drehen anzulassen, was nicht immer prompt gelang, während er mit hochrotem Kopf (und Rennfahrer-Kappe) hinter dem Steuer saß und mir Anweisungen erteilte. Wenn der Motor dann schließlich mit viel Spektakel angesprungen war, fuhren wir des Öfteren die ausgedehnten und zum Teil weit entfernten Besitzungen ab, an Feldern, Wiesen und vor allem Wäldern vorbei, wobei mich insbesondere die vielen verwunschenen Seen, Teiche und Tümpel in ihrer Ursprünglichkeit faszinierten. Natürlich war mir das „Besondere" damals noch nicht bewusst, sondern ich habe wohl die Einzigartigkeit der Natur mehr erfühlt und in Kopf und Herz gespeichert.

Es sind mehrere Episoden um und mit Onkel Hans, die sich deutlich in mein Gedächtnis eingeprägt haben. Da war in der Jagdsaison der abendliche Gang oder das Anfahren eines der vielen Hochstände, meist am Rande einer Waldlichtung, von wo aus Onkel Hans Hochwild erlegte oder oft auch nur beobachtete, während sein Hund Tell am Boden erst auf Anruf ein erlegtes Tier apportierte. Mir Herzklopfen machend war das grenzenlose, phantasievolle, jeden Jungen faszinierende „Jägerlatein" des Onkels, das er flüsternd von sich gab in den langen Phasen des geduldigen Wartens. Wobei ihn wohl am meisten ergötzte, dass ich so „gläubig" war und gar nicht genug von all den „Schauermärchen" hören konnte. Ich sehe noch meine Tante den Kopf missbilligend schütteln, wenn wir wieder einmal allzu spät zum Hof heimkehrten. Eine ähnliche Faszination ging von ihm aus, wenn ich ihn nach Sonnenuntergang zum Mahlteich begleitete, wo er und Tell auf Wildentenjagd gingen. Dabei benutzte er eine schwere, alte, doppelläufige Schrotflinte, mit der er nach vorherigem „Schreckschuss" in den aufsteigenden Entenschwarm hielt, woraufhin regelmäßig mehrere Enten zappelnd und trudelnd in den Mahlteich platschten. Ein Zeichen für Tell, die armen geschroteten Vögel einzeln aus dem Wasser zu holen und seinem Herrn vor die Stiefel zu legen. Ich hatte währenddessen das einläufige Jagdgewehr in der einen Hand parat zu halten, das ein einzelnes, mit einem Kupfermantel umgebenes Projektil enthielt, wonach der Schütze hastig griff, wenn aus den Wipfeln der uralten, riesigen Uferbäume plötzlich große schwarze Vögel sich in die Lüfte erhoben, die ich heute am ehesten in die Gattung der Kormorane einordnen würde. In der anderen Hand hielt ich das Jagdglas, das mein Onkel nur ungern über der Brust trug, sodass ich in große Nöte geriet, wenn derweil schwarze Waldameisen meine nackten Beine heraufkrabbelten!

Nie habe ich erlebt, dass Onkel Hans daneben schoss. Die großen schwarzen Vögel ließ er für mich unbegreiflicherweise nicht apportieren.

Er nahm mich auch mit zur Kirche in Chursdorf, ziemlich schweigsam, wohl weil es um die Namenseintragung seines gefallenen jüngeren Sohns auf der Ahnentafel der Familie im Innenraum des Kirchleins ging.

Mehrere Male begleitete ich meinen Onkel zusammen mit Tell zu Murksels Gedenkstein am nahen Waldesrand. Schweigend des Wegs gehend und auch schweigend am Stein verharrend. Geräusche machten nur Vögel oder Eichhörnchen im Geäst, das Rascheln eines Mäuschens im alten Gras oder gar einer Kreuzotter, die aufgeschreckt über bemooste Feldsteine davon glitt. Auch Tell erspürte die besondere Situation, er saß oder lag still und bewegungslos neben seinem Herrn, den Kopf zwischen den Pfoten, mit abgelegten Schlappohren, die nur ab und zu eine Fliege wegzuckten. Immer wieder ging sein Blick hinauf zu seines Herrchens Gesicht. Wenn mein Onkel da war, war ich ziemlich abgemeldet. Welch eine Gnade des Schicksals, dass mein Onkel den so erbärmlichen und schandbaren Un-

1943 mit Tell und selbst erlegter Wildtaube

tergang seines und seiner Familie angestammten Gutshofs mit all seinem Grund und Boden nicht hat miterleben müssen!

Als etwas Fröhliches ist mir das eigentlich makabre Bild in Erinnerung, wenn Onkel Hans regelmäßig die nach dem Mittagessen nicht zu Ende gerauchte Zigarre einfach aus der Hand durch das Fenster in den Hof fallen ließ, wissend, dass unten exakt zu dieser Zeit und an dieser Stelle der leicht debile Paul stand und in seiner Mütze den Rest der Zigarre, den Stummel, geschickt auffing. Neben Paul gab's noch eine Paula. Ob das ihr richtiger Name war, weiß ich nicht. Die beiden waren ein Paar, die von den NS-Behörden aufgrund eines menschenverachtenden Erlasses wegen ihrer Debilität sterilisiert worden waren. Wie Tante Lu mir viel später erzählte, hat Onkel Hans die beiden aus einem Heim für seinen Gutshof angefordert in der Gewissheit, dass sie sonst einen „anderen Weg“ gegangen – nämlich vergast – worden wären.

Auch die Freundschaft und das Ende meines geliebten Tell mit meiner ersten tiefen Beziehung zu einem Hund gehören hier erwähnt. Tell, ein kurzhaariger, braun-weiß gescheckter, hoher Jagdhund („deutscher Rauhaar“) mit großen, fast tellerförmigen Schlappohren, in Thüringen der typische Begleiter an der Seite des Jägers, war schon ein Teil des Guts, als ich dorthin kam. Mit Peter und Murksel hatte er seine Jugend verbracht und viele Abenteuer – auch auf dem Floß im Mahlteich – bevor er fachgerecht für die Jagd abgerichtet wurde. Wir liebten uns von Anbeginn herzinniglich, vielleicht weil ich ihn an seine früheren Spielgefährten erinnerte, oder man könnte auch sagen: Er spürte meine innere Not und nahm sich meiner an, wie es so kein Erwachsener konnte! Es war jeden Morgen ein Drama, wenn ich ihn – der in einer großen Hütte an der Mauer unter dem uralten Kastanienbaum wohnte – auf dem Schulweg nach Chursdorf/Tegau spätestens am Beginn der Hohle zurückschicken musste, was er dann schließlich mit hängenden Ohren tat. Welche Freude, wenn wir nach der Schule wieder auf dem Hof erschienen, wo er schon auf mich (uns) wartete. Er hat mich immer als Erster stürmisch begrüßt und bis ins Gesicht abgeleckt, als wenn ich in der Zwischenzeit auf dem Mond gewesen wäre! Hajo hatte ein eher distanzierteres Verhältnis zu ihm – wie übrigens auch zu allem anderen „Getier" –, was der Hund instinktiv spürte und sich entsprechend verhielt. Ein weiterer fröhlicher Begleiter auf unserem Schulweg – nicht jeden Tag – war der von des Schäfers Ziehsohn Frieder fast domestizierte (Kolk?)-Rabe „Jakob", der uns und sein Herrchen frei fliegend fast immer begleitete, so auch öfters bis Chursdorf, um dann umzukehren. Wenn Tell nicht gerade von Verwalter Martin angeleint war an seiner Hütte, weil er ganz ausnahmsweise mal wieder ein Huhn gekillt hatte, begleitete er mich und die ganze Jungenrotte – so wie Jakob unseren Anführer – täglich bei unseren Unternehmungen, was mich „aufwertete" und stolz machte, da der Hund in der Gruppe ausschließlich auf mich hörte, und manchmal auch auf meine Befehle. Das verschaffte mir Ansehen unter meinesgleichen, sogar unser Boss, des Schäfers Sohn, hatte bei Tell keine Chance. Auch wenn ich in den Schulferien frühmorgens mit dem Pferdewagen die Milchkannen zum Bahnhof bringen durfte – eine Sondergenehmigung meines Onkels, vom Martin „abgesegnet" – saß Tell majestätisch neben mir auf dem Bock (vielleicht auch, um auf mich aufzupassen).

Dass er eigentlich schon recht alt war, hätte ich an seinem immer grauer werdenden Bart feststellen können, bin aber sicher, dass mir das nie aufgefallen war. Es war während eines Fronturlaubs meines Onkels (im Sommer 43?), als dieser mir eines Tages etwas umständlich zu erklären versuchte, dass Tell nicht mehr richtig sehen könne und dass er – bevor er total erblindet – ein Recht darauf habe, in den „Hunde-Himmel" zu kommen. Auf mein zaghaft-erschrecktes Nachfragen nach dem „wie" zeigte mein Onkel nur auf den Waffenschrank, was in mir das pure Entsetzen auslöste. Es sollte gleich, jetzt geschehen, sein Grab sei schon ausgehoben, woraufhin ich die Absicht äußerte, mich in meine Kammer zu verkrümeln, um mir dort die Decke über den Kopf zu ziehen bis ... Da war mein Onkel, sehr eindringlich und keinen Widerspruch gelten lassend, ganz anderer Meinung: Tell sei mein Freund, ich hätte so lange eine so schöne Zeit mit ihm erlebt, und jetzt wolle ich mich davor drücken, im Moment des Abschieds bei ihm zu sein. Er selbst müsse sich ja auch überwinden. Das überzeugte mich im Kopf, aber sicher nicht im Herzen, jedenfalls drängte ich mich schließlich ganz eng an meinen Onkel, als dieser „meinem" Tell von hinten die Flinte in den Nacken setzte und abdrückte. Bei seiner „Bestattung", die mein Onkel rührend „organisierte", fuhren wir – außer Onkel, Tante, Hajo, Frieder und mir auch noch einige aus der Rotte – Tell in seine Decke gehüllt und in einem Leiterwagen liegend – an die äußere Mauer des Küchengartens, wo wir ihn in sein Grab hinabließen, unter Heulen und Schluchzen der ganzen kleinen Trauergemeinde. Mir hat es schier das Herz gebrochen, und es war wohl ganz real ein schlimmer Verlust für mich, mit dem zu leben ich lernen musste. Mein Onkel, die Besonderheit der Situation erfassend, tat etwas, was wir Jungens ganz toll fanden und womit er uns ungeheuer imponierte: Mit der Flinte, mit der er Tell erschossen hatte, schoss er, wie es an der Front üblich war, über Tells Grab einen Ehrensalut in den Himmel, während ihm Tränen über die Wangen liefen und ich haltlos schluchzte!

Danach habe ich für Tage Trotst gesucht in „meinem Hühnerhaus", um in den weichen und warmen Flaum der jungen Küken hineinzuheulen. Oder ich habe mich in Tells große Hütte verkrochen, um ihn in seinem alten Stroh zu riechen. Bis dann Tante Lu kam, mich aus dem „Hunde-Haus" herauszog und sagte: „Ach Hansel, jetzt geh doch endlich wieder zu den Jungs, die warten doch so auf Dich!"

Natürlich ging ich, aber da war eben dann kein Tell mehr, der mich ein Stück weit auf dem Schulweg begleitete.

Wie beim Tod meines Vaters (noch unbewusst) hatte ich nun als Neunjähriger wiederum eine schmerzliche Ahnung davon bekommen, was es bedeutete: die Endlichkeit einer Beziehung, das Verlieren eines Freundes! Ich habe noch heute den so typisch warmen und süßlichen Geruch von jungen Küken in der Nase, in deren gelbliche Flaumfedern ich danach mein Gesicht drückte, um mich einerseits vom Geruch und vom zarten Piepsen einer Hand voll Küken in meinem großen Schmerz trösten zu lassen und andererseits meinen Tränen ungesehen freien Lauf lassen zu können.

Hier hinein, in das spitztürmige verwunschene Hühner- und Taubenhaus zog es mich immer, wenn ich einen Kummer hatte, den – so meinte ich – niemand aus meinem menschlichen Umfeld hätte besser verstehen und mildern können als die quirligen, körperwarmen Küken mit dem pochenden Herzklopfen unter der flauschigen Brust. Direkt hinter dem Hühnerhaus war der große, „duftende" Misthaufen, der meist hoch aufragend in den Himmel dampfte. Wie habe ich mich immer amüsiert, wenn einer von den jungen Hähnen auf der höchsten Stelle des Haufens stolz seinen schlanken Hals nach oben reckte, um ein erstes mickriges „Kikeriki" zu krähen, so als sei er im Stimmbruch.

Neben dem zum Gut (unterhalb des Gutshügels) gehörenden großen Mahlteich lag an dessen Ufer das Fachwerkhaus vom Verwalter Martin und seiner Frau. In der unmittelbaren Umgebung die vielen kleineren und größeren Seen (der südostthüringischen Seenplatte) sowie die natürlichen und künstlichen Fischteiche mit der mechanischen Zapfenvorrichtung. Sie waren Dreh- und Angelpunkt des Rituals des herbstlichen „Zapfenziehens“ mit dem anschließenden Aufklauben der zappelnden Fische (meist Karpfen) aus dem knietiefen Schlamm und dem Wurf in die mit Wasser gefüllten Holztonnen, und dem anschließenden Verkauf auf dem Markt in Auma, inklusive der Beutefische, die wir Rottenkinder nach selbsttätiger Prozedur des „Zapfenziehens“ aus dem uns zugesprochenen Teich in gleicher Weise aus dem Schlamm aufgeklaubt, in Holz-Bottiche gesammelt, mit nach Auma brachten. Von dort zurückgekehrt, wurde das Ereignis des „Zapfenziehens“ und Fischverkaufs auf dem Gutshof an langen Holztischen mit deftiger Kost, Bier oder vergorenem Most gefeiert. Dabei hatten wir Kinder selbstverständlich der „dicken Berta“ beim Heraus- und Hereintragen all der Köstlichkeiten aus dem Küchenreich zu helfen. Anweisungen des in unseren Augen „hochnäsigen“ Pflichtjahr-Mädchens ignorierten wir als Einmischung in unsere Angelegenheiten.

Das Wasser- und Sumpfparadies zu Füßen des Gutshügels, aus dem aus Dutzenden von schmalen Wasseradern die meandernde Auma – mit kleinen und größeren Inseln – den Gutshügel quasi umspülend, sich vor ihm wieder zum Fluss vereinte. Dieses riesige, ursprüngliche und sich selbst überlassene, sumpfige Gelände, in das niemand von den auf dem Hof Beschäftigten regulierend eingriff, war ein einziges Eldorado für uns Jungens. Phantasie und Vorstellungskraft wurden aufs Höchste angeregt durch all die kleinen und großen Wunder dieser unberührten Natur. Was gab es nicht alles an Wassern umzuleiten, aufzustauen, zu überbrücken, zu überfluten in diesem Geäder von kleinen und größeren Wasserläufen, die sich durch den grün-moosigen, mit tief-gelben Sumpfdotter- und Trollblumen überwucherten, morastigen Grund schlängelten. Neue Wasserwege konnte man zwischen den bestehenden ausheben, durch eine Art Schleusensystem fluten und wie auf Kanälen kleine Bötchen und Flöße aus Rinden und Zweigen lange Wege zurücklegen lassen.

Dann all das Getier, das in dieser Feuchtnis lebte und gedieh, von Fröschen, Kröten, Krebsen, Lurchen und Blutegeln. Auch große, angsteinflößende Bisamratten, bis hin zu kleinen Wasserschlangen und zartfarbenen, eleganten, fast feenartigen Libellen. Und die unglaubliche Vielfalt der Vogelwelt mit den vorwitzigen, wippenden Bachstelzen, den lauten Eichelhähern, die wie die Elstern alles stahlen, was blinkte und glitzerte, den bunten Moorhühnern und den schwarzen Blesshühnern mit dem weißen Hornschild über dem Schnabel. Und über allem, im Geäst der Bäume, die munteren und flinken Eichhörnchen. Auf den sumpfigen Wiesen die hochbeinigen, langschnäbligen, unbeweglich ausharrenden Reiher. Mäusebussarde, Habichte und Falken, die pfeilschnellen Raubvögel, beobachteten wir mit großen Augen mehr auf Feldern und Wiesen und über Heckengelände, wenn sie auf Jagd waren nach aufgescheuchten Mäusen, blitzschnellen braun-weißlichen Wieseln und auch mal Karnickeln und sogar jungen Hasen.

Kleinste Tümpel in diesem Sumpfland – manchmal nur Pfützen – waren im späten Frühjahr bedeckt von einer Schicht weißlich-durchsichtigem Fisch- oder Froschlaich. Nach Tagen wimmelte es dann in dem handwarmen Wasser von winzigen Stichlingen mit ihren großen, schwärzlichen Augen und von zappelnden tintenfarbenen Kaulquappen. Wir lernten, diese Kaulquappen in einem besonderen Behältnis zu isolieren und mit vor Freude heißen Ohren zu beobachten, mitzuerleben, wie sie innerhalb von Tagen ihre Schwänze verloren bzw. abstießen und sich zu kleinen Frosch-Babys mauserten. Mit ihnen veranstalteten wir dann auf einer ebenen Fläche harmlose „Hüpfwettbewerbe“.

Und dann in der breiteren Auma der Fischreichtum, u. a. an Schleien, Barschen, Rotaugen, kleineren Aalen bis hin zu einzelnen, selten erlebten großen Hechten. Wie rasch haben wir Neuen es erlernt von den Größeren und Erfahreneren, das Fischen mit den breiten, engmaschigen Netzen, die von einem Ufer zum anderen reichten und am unteren Rand mit Bleikügelchen beschwert waren, sodass wir – von zwei Seiten aufeinander zu watend – die zappelnden Fische nur noch aus den ineinander geschobenen Netzen zu klauben brauchten.

Nur für die Küche wirklich brauchbare Fische kamen im Eimer auf den Leiterwagen und anschließend unter den kritischen Blick der „dicken Berta“, die daraus schon mal eine „Sornaer Fischsuppe“ machte. Oder wir brachten sie – nach Feierabend – zur Wohnunterkunft der französischen Fremdarbeiter, die darüber ganz glücklich waren und den einen oder anderen von uns, der keine Berührungsängste hatte, an ihrem selbst bereiteten Fischessen – so „französisch“ es eben ging – teilhaben ließen.

Besonders beliebt war das Jagen von Fluss- oder Bachkrebsen. Je nach Jahres- und Tageszeit machten wir uns quasi auf „Samtpfoten“ an das Anschleichen der so scheuen und gleichermaßen hell aufmerksamen und geschwinden kleinen Schalentiere, die bei Sonneneinstrahlung auf dem Grund des Bach- oder Flussbetts lagen und sich dort chamäleonhaft an den (sandfarbenen) Farbton des Untergrunds anpassen konnten. Wenn man sich nicht aus der passenden Richtung angepirscht hatte, verschwanden sie blitzartig unter Steinen bzw. in der Uferböschung. Einige von uns hatten nun ein besonderes Geschick, sie dort aufzuspüren und mit einem schnellen, mutig-festen Griff zu packen und ins Gras zu werfen, bevor sie mit ihren Scheren beißen oder zwicken konnten. Man ging nicht, um Krebse zu fangen, sondern man „jagte“ sie. Wenn wir über eine lohnenswerte Beute in unserem Eimer verfügten, wurden die armen Viecher mit einem Steinschlag getötet und auf einer dafür extra hergerichteten Feuerstelle an der Auma auf einer erhitzten Steinplatte geröstet, bis das kärgliche Krebsfleisch rosa schimmerte und man es genüsslich auslutschen konnte.

Unser großer, besonders von mir bewunderter „Lehrmeister" Frieder war auch auf diesem Gebiet, mit allem, was mit Wasser und Fischen usw. zu tun hatte, der Alleskönner. Ich habe unendlich viel von ihm gelernt, weil er es einem vormachte, das Hinschauen und geduldige Beobachten in der Natur. Ich habe vieles davon tief in mir verinnerlicht und „behalten" bis auf den heutigen Tag.

In der Einmaligkeit und Naturhaftigkeit dieser an Seen, Teichen und morastigen Sümpfen reichen Landschaft war es möglich, zu damaliger Zeit, dass Fischadler eine ausreichende und unbedrohte Lebensgrundlage fanden. Die vielen, vor allem noch natürlichen kleinen Seen und Teiche, oft inmitten eines lebendigen Sumpflands, waren die günstigste Voraussetzung dafür.

Ich weiß nicht, wo sonst noch in Deutschland Fischadler vorkamen oder vorkommen, vielleicht weiter im Osten?

Es war im frühen Frühjahr, wohl 1943, als einer der Jüngeren aus der Rotte atemlos, mit vor Erregung hochrotem Kopf, angerannt kam und was von zwei riesigen Raubvögeln redete, die er „überm Sumpf", also im Auengebiet der Auma, habe segeln gesehen, wobei er das Segeln mit ausgebreiteten Armen nachahmte. Unter Frieders Vorangehen erkundeten wir sogleich den Wahrheitsgehalt dieser vagen Beobachtung. Und tatsächlich: Wir alle konnten, auf leisen Sohlen angeschlichen, in Ruhe beobachten, wie zwei wirklich große, sehr kompakt wirkende, unverkennbare Raubvögel mit deutlich hakenförmigem, gelblichem Schnabel majestätisch über besagtem Gelände in großen Runden kreisten. Ganz offensichtlich damit beschäftigt, an einem Nistplatz zu bauen. Diesen machten wir schließlich aus, hoch oben im breiten Wipfel eines der haushohen, sehr alten Exemplare von hellstämmigen Laubbäumen, die typischerweise im Sumpfland gedeihen. Diese breiten weit oben eine Laubkrone aus wie ein Pilz, oder ein überdimensionaler Sonnenschirm. Weiter unten am hellen Stamm ist das Geäst meist blattlos und verursacht bei Wind und Sturm aneinanderschlagend ein lautes, kläpperndes Geräusch. In der Dämmerung oder gar Dunkelheit trägt dieses Naturphänomen dazu bei, für uns Kinder die Stimmung in den Sumpfauen noch gruseliger zu machen.

Der Schäfer, ohne Herde, Frieders wortkarger, oft längere Zeit abwesender Ziehvater, ein Hobby-Ornithologe würde man heute sagen, identifizierte mit einem Militär-Fernglas das Vogel-Paar als eines der auch hier seltenen Fisch- bzw. Seeadler (heute dort wieder heimisch). Welch eine Sensation, welch eine Begeisterung.

Es verging von nun an kein Tag, an dem wir nicht danach schauten, wie weit es war mit dem Nestbau. Und welche Freude, als nur noch eines der beiden „Könige der Lüfte" mit weit ausgebreiteten Schwingen über den Wipfeln kreiste, während das andere, also das Weibchen, auf dem Gelege saß. Und als dann tatsächlich nach Wochen (?) immer deutlicher drei lange, dünne Vogelhälse mit kleinen Köpfchen sich über dem Nestrand in die Höhe reckten.

Ab und zu hatte unser Anführer das „Wunder-Glas" dabei, um das Gedeihen der immer deutlicher befiederten Jungadler besser bestaunen zu können. Regelrecht stolz waren wir, als mehrere ältere Männer aus Schleiz zu uns in den Sumpf zwischen Sorna und Krölpa kamen, ebenfalls Hobby-Ornithologen, die in Schleiz eine Art Vogelaufzucht eingerichtet hatten und betrieben. Sie verfügten über eine Art Scherenfernrohr auf einem hohen Dreifuß, das sensationelle Einblicke in das neue Leben hoch oben im Baumwipfel ermöglichte. Wir waren schon ganz gespannt auf die ersten Flugversuche, das Flügge-Werden unserer so besonderen gefiederten Freunde.

Da aber kam eines Tages, an einem gewöhnlichen Schulvormittag über dem ganzen Land ein gewaltiger Sturm auf, der solche Ausmaße annahm, dass unser Lehrer bei Schulschluss uns Sorn'schen verbat, uns auf den Heimweg zu machen, umherfliegender Dachziegel und Astwerks wegen. Wie eilten wir heimwärts, als es ungefährlich geworden war, durch eine vom Sturm zerzauste und veränderte Landschaft zu laufen. Was wohl war mit dem Nest passiert?

Und welch ein Schreck, als wir schon von Weitem erkannten, dass es den Sumpfwald mächtig mitgenommen hatte. Nirgendwo sahen wir – wie gewohnt – das Adlerpaar kreisen.

Und dann: Von einem etwa gleich hohen Nachbarbaum war der riesige Wipfel abgeknickt und auf unseren Nistbaum gestürzt, wobei das große Adlernest teilweise zerstört worden war und am Boden lag. Atemlos hinstolpernd, sahen wir das Elternpaar aufgeregt und heftig flügelschlagend dicht über dem morastigen Grund kreisen, die drei Jungvögel schützend, die aufrecht und die kurzen Flügel wie zur Abwehr ausgebreitet, am Fuß des Stamms zwischen den Resten ihres Nestes hockten, mit hoch gereckten Hälsen und ihren dottergelben, noch kleinen aber typischen Adlerschnäbeln. Frieder befahl Abstand und absolute Ruhe und postierte uns in einem großen Kreis um den Ort des Geschehens. Wir sollten dort durch unsere Anwesenheit das Elternpaar dabei unterstützen, alles mögliche „Raubzeug", wie Marder, Wiesel, auch den Fuchs von der leichten Jagdbeute fernzuhalten. Auch Tell, der inzwischen erschienen war, wurde zurück auf den Hof verbannt. Frieder lief Hilfe organisieren und so geschah es, dass wir etwa sechs Jungens bis in den Nachmittag auf unserem Posten – die Adlerfamilie beobachtend und bewachend – ausharrten. Bis schließlich Motorenlärm sich näherte und in einem kleinen Lieferwagen (dreirädrig) der Schäfer erschien mit zwei der uns schon bekannten Männern aus Schleiz. Mit großen Netzen an langen Stangen hatten sie die aufgeregten Jungvögel bald „unter der Haube" und in einem Drahtkäfig auf dem Gefährt in Sicherheit und Obhut gebracht. Unter heller Aufregung des Elternpaars fuhren sie alsdann ganz langsam davon, nach Schleiz, die Vogeleltern quasi über ihren Köpfen „im Schlepptau".

Über den Schäfer, dem wir jedes Wort dazu aus der Nase ziehen mussten, erfuhren wir von der letztendlich erfolgreichen weiteren Aufzucht unserer drei jungen Freunde, die später mit Erfolg ausgewildert, als junge Fischadler in die freien Lüfte entlassen werden konnten.

Der bereits erwähnte Mahlteich, ursprünglich Mühl(en)teich, einer der größeren Fischteiche des Guts, am Fuße des bewaldeten Gutshügels gelegen, mit seinem morastigen Ufer, über das an einer Stelle Dielenbretter auf Holzstelzen in den See hinausragten zum Absprung in das hier glasklare Wasser, war einer unserer bevorzugten Abenteuerspielplätze. Auf der gegenüberliegenden Seite war der See im Sommer fast zur Hälfte bedeckt mit Feldern von Seerosen, weiß und rosa, die unter der Wasseroberfläche mit unsichtbaren Schlingpflanzen ein für jeden Schwimmer gefährliches Geflecht bildeten. Natürlich war der Mahlteich im Sommer für uns Jungens ein idealer Ort, um uns rund ums struppige Ufer mit seinen himmelhohen, uralten Bäumen und im erfrischenden Wasser nach Herzenslust auszutoben. Schwimmen und das Gefühl, von Wasser umgeben zu sein, konnte hier zur Leidenschaft werden, auch wenn man hin und wieder einen „hübschen" Blutegel am Bein oder Po mitbrachte.

Sich der Seerosengrenze zu nähern, war jedoch strengstens verboten. Dass es damit seine Richtigkeit hatte, erkannte ich bei einer ersten frühabendlichen Schrotflintenjagd auf Wildenten, zu der mich mein Onkel an den Mahlteich mitgenommen hatte: Tell apportierte mehrere erlegte Tiere aus dem offenen Teich, wobei er jedoch um die zwischen den Seerosen noch zappelnden Tiere einen großen Bogen machte.

Eine besondere Attraktion für uns war das von den Söhnen des Hauses mit viel Geschick und Phantasie gebaute Floß mit aufgebocktem Fahrradsattel und einem Original-Tretwerk mit Pedalen, die ähnlich einem Raddampfer das Floß antrieben. War das ein (makabrer) Spaß, wenn wir etwa 30 Meter vom Ufer entfernt, Feldmäuse ein Wettschwimmen zum Ufer machen ließen, die wir zuvor, nach der Getreideernte, hinter dem von einem Traktor gezogenen Pflug in Mengen aus dem frisch gebrochenen Boden in einen Sack auflasen. Hatten die armen Mäuse endlich das rettende Ufer erreicht, wurden sie von Tell erwartet ...

Verwalter Martin, der am Seeufer wohnte, verbot alsbald das „Spiel“, nachdem er es durchschaut hatte, mit einem schweigenden, aber vielsagenden Blick auf unseren großen „Häuptling“. Mit ihm, dem Verwalter hatte es auch ganz zu Anfang meiner Zeit auf Sorna einen großen Krach gegeben wegen des berüchtigten „Aufblasens“ von Fröschen mittels langer Strohhalme. Unser Anführer war bei dieser „Schandtat“ nicht zugegen gewesen, dafür aber auf die eigentlichen Sünder noch nachträglich stocksauer.

Am Mahlteich „schlummerten“ die gebäudlichen Reste der alten Hofmühle vor sich hin, in der vor lang vergangenen Zeiten Korn gemahlen worden war. Die Zugänge waren wegen Baufälligkeit des Gebäudes pro forma mit aufgenagelten Brettern versperrt. Doch das hatte uns, zumindest die Großen, nicht daran hindern können, die hochinteressante Inneneinrichtung (riesiger Holztrichter, Mahlwerk etc.) inklusive des imponierenden, an der Mauerwand angebrachten (lückenhaften) Mühlrads, genauestens zu erkunden, insbesondere bezüglich seiner Funktionstüchtigkeit. Unser mit heißem Herz und kühlem Kopf anvisiertes Ziel war es nun, das zum Teil morsche Mühlrad wieder zum Laufen zu bekommen! Die wichtigste Voraussetzung dafür war eine zusammenhängende, funktionierende Wasserzuführung über das verrottete und lückenhafte, von der Auma abzweigende Kanalsystem mit dem langen, zum Schluss hölzernen Stichkanal bis oberhalb der Mühlradachse.

Und tatsächlich! Die Handvoll halbwüchsiger Jungen haben engagiert und fröhlich – unter Anleitung von Frieder und Erleiden mancher Rückschläge – das Ziel erreicht: Nach tagelangem Wühlen und Graben im Morast mit Zügeln und Leiten der Wasser in neue Wege durch hölzernes „Geröhr“, nach Basteln, Sägen und Hämmern am alten Mühlrad, war es geschafft. Wir standen stolz und glücklich staunend vor der alten Mühle, als tatsächlich das klare Wasser der Auma im raschen, plätschernden Strom letztlich durch die „Holz-Leite“ das alte, von uns geflickte Mühlrad ächzend in Bewegung setzte – nicht aber den im Inneren der alten Mühle befindlichen mächtigen Mahlstein.

Zwischen 1941 und 1943 lebten auf Sorna vier oder fünf Franzosen, eigentlich ehemalige Kriegsgefangene, die dem Gut als landwirtschaftliche Arbeitskräfte, als „Fremdarbeiter“ zugeteilt worden waren und nun schon seit über zwei Jahren im Gesindehaus neben dem Herrenhaus lebten und – so hat es sich mir vermittelt – voll dazu gehörten, integriert waren. Meine Tante und auch der Verwalter gingen mit ihnen so um wie mit jedem anderen aus diesem großen Team, das täglich auf dem Hof, auf Wiesen, Feldern, Äckern und in Wäldern zusammenarbeitete. Natürlich hatten sie ihre eigene Unterkunft im Ensemble der Fachwerkgebäude, die sich in einem großen Oval um den Hof gruppierten. Verpflegt wurden die Franzosen aus der Gutsküche, was sie aber nicht abhielt, so oft sich die Gelegenheit bot, in einer eigenen kleinen Küche ihre Spezialitäten zuzubereiten. Ich hatte ein gutes, ja freundschaftliches Verhältnis zu ihnen, war oft dabei, wenn sie – darunter ein Paul, ein René und ein Emil – alles Mögliche brieten und köchelten. So aßen sie auch Froschschenkel, an die sie mit Leichtigkeit kamen, oder wir sie ihnen besorgten, im Ganzen, obwohl es meine Tante eigentlich untersagt hatte. Davon habe ich nicht probiert, dafür aber vom öfters gebratenen Fuchs, den sie in einer Falle fingen oder wir Jungens auch schon mal vom nahen Bahngleis mitbrachten, wo, insbesondere die Jungfüchse, unter die Räder der Schmalspurbahn gerieten. Eine ihrer Spezialitäten waren gebratene Wildtauben, mit allen möglichen Kräutern köstlich gewürzt (provenzalisch?), die von den Dächern der Scheunen zu schießen, sie (und wir) die Erlaubnis hatten, da die Tauben aus mehreren Gründen bei allen absolut unbeliebt waren, so auch bei der Frau Baronin und dem Verwalter. Einer von ihnen, der mich besonders mochte, brachte mir das Schießen mit dem Kleinkalibergewehr – vom Verwalter zu diesem Zweck erhalten – mehr oder weniger erfolgreich bei. Ich habe noch seine regelmäßige Ermahnung – auf Französisch – im Ohr: „Ausatmen, dann abdrücken!“ Es gibt ein etwas vergilbtes, kleines Foto von mir, auf dem Gutshof stehend, besser posierend, mit Gewehr in der einen und selbst erlegter Taube in der anderen Hand, Tell an meiner Seite sitzend. Immerhin, ich war zu diesem Zeitpunkt erst neun Jahre alt!

Emil, mein großer französischer Freund, war in seiner Heimat beruflich bereits als Mechaniker landwirtschaftlicher Geräte tätig gewesen, wozu ihn natürlich auch der Verwalter des Guts einsetzte. Er war ein viel beschäftigter und ob seines Könnens und seiner Wesensart beliebter, heute würde ich sagen, typischer Franzose mittleren Alters. Da er fast ausschließlich auf dem Hof, meist in den Remisen und überdachten Abstellplätzen, arbeitete, hatten wir häufige Begegnungen. Er liebte Tell, was meine Sympathie für ihn noch erhöhte. Ich sah ihm oft zu, zumeist sprachlos, während er völlig selbstverständlich in seinem schnellen Französisch versuchte, mir das eine oder andere beizubringen oder vor sich hin ein französisches Lied sang oder summte. Er amüsierte sich über meine Nachahmungsversuche seiner lauten Schimpfworte, wenn etwas nicht so klappte. Dann lachte er auf einmal fröhlich, wiederholte extra für mich zum Besispiel ganz langsam: „Leche ..." und fuhr strubbelnd und lachend durch meinen Haarschopf. Ich fühlte mich wohl in seinem Dunstkreis, der so viel Wärme, Freundlichkeit und Ruhe ausstrahlte. Begierig lernte ich unter anderem die Ausdrücke „merde" (Sch...) und eben „leche mon cue" (Leck mich am A...), um sie in meinem Umfeld großspurig zu gebrauchen. Über die eigentlichen Hintergründe seines Dortseins werde ich nicht weiter nachgedacht haben. Was mag aus ihnen geworden sein, aus Emil, Paul und René und den anderen im allgemeinen Chaos des totalen Zusammenbruchs aller zivilisierten Strukturen bei Kriegsende? Ich weiß nur, dass ich noch lange auch an sie mit einer Art schmerzlichem Heimweh oder auch Sehnsucht gedacht habe.

Die Rotte, wie wir meist bezeichnet wurden (ich war anfangs einer der Jüngsten), war – ich kann mich daran erstaunlich gut erinnern – bezüglich ihrer sozialen Herkunft, ihres Temperaments und ihrer Charaktereigenschaften total inhomogen. Vom Gut kamen, außer mir, mein etwas älterer Kammergenosse Hajo aus einer ausgebombten Bremer Familie, der ungefähr gleichzeitig mit mir nach Sorna „verschickt" worden war. So wie ich mich seiner erinnere, war er ein eher introvertierter, schüchterner, körperlich etwas asthenischer Junge, der zunächst furchtbar unter Heimweh litt. Für ihn war die Gemeinschaft mit den anderen, etwas robusteren Jungen sicher ein sehr ungewohntes, ihn gleichermaßen forderndes und förderndes Lebensumfeld. Auch wenn er anfangs den für ihn schmerzlichen Lernprozess durchstehen musste, dass seine Überzeugung, er sei wegen seines „vornehmen“ Zuhause etwas Besonderes, hier nichts bedeutete. Das hat ihn – und damit auch indirekt mich – unser Anführer deutlich spüren lassen, woraus wir beide, so glaube ich, fürs Leben Wichtiges gelernt haben. Jedenfalls wurde unser „Bremer“ nach kurzer Zeit in der Gruppe so genommen und gemocht, wie er war, und er gab sein Bestes bei der Erledigung von Aufgaben und Pflichten, die ihm von der Gruppe oder vom Hof übertragen wurden.

Seine wirkliche Aufnahme in die Rotte, seinen „Ritterschlag“, erfuhr er in einem, heute würde man vielleicht sagen „Initiationsritual“: Es war wohl noch im späten Herbst des Jahres 1941. Wir waren erst seit einigen Wochen auf Sorna und im Kreis der Rotte, in der sich alle schon lange kannten, als Frieder noch vor Beginn der kalten Jahreszeit Korrekturen am Verlauf „unseres“ Kanalisierungssystems – mit Anlage mehrerer „Staustufen“ – im Sumpfland der Auma durchführen wollte. Dazu bedurfte es eines unerschrockenen „Einstiegs“ fast des ganzen Körpers der mit Eifer im morastigen Sumpf- und Moorland schaffenden und wühlenden Jungen.

Nachdem Hajo die Aufgabe, einen schmalen Stichkanal zwischen zwei breiteren Hauptkanälen als Verbindungs- bzw. Umleitungsmöglichkeit durch „Einsteigen“ in Brühe und Matsch und Schaffen mit den Händen wie mit Schaufelbaggern wegen des langsamen Vorankommens und Rückschlägen frustriert aufgeben wollte, vermochte es Frieder durch Zureden und einige effiziente Tipps, ihn zum Weitermachen im Verbund mit uns anderen zu motivieren.

Was für ein erschreckender Anblick aber, als beim Aussteigen aus der Brühe ausgerechnet an Hajos nackten Beinen gleich mehrere Blutegel sich kringelten, nachdem sie sich im Wasser dort angesaugt hatten. Hajo fiel vor Ekel und Angst fast in Ohnmacht und wurde von einem der Jüngeren auch noch mit der höhnischen Bemerkung bedacht: „Geschieht dir ganz recht, du Bremer Fatzke".

Sofort nahm Frieder den Jungen am Wickel, und er musste unter seiner Aufsicht auf einem trockenen Fleck dem armen Hajo die langen, blau-schwarzen Blutegel vorsichtig von den Beinen entfernen und die Saugstellen mit Huflattich-Milch betupfen. Sodann kam Frieder mit einem der zappelnden Ekelobjekte auf denjenigen zu, der den Hajo so verhöhnt und gedemütigt hatte, hielt ihm den prallen Blutegel vors Gesicht und meinte mit Schärfe: „Noch eemol so ne Bemergung und ich gleb dir so en Ding uf deene dicke Nase, da is Platz genuch!" Das war für alle eine Lehre und der Hajo war fortan vollwertiges Mitglied der Rotte.

Ihn habe ich, neben unserem Anführer, noch am deutlichsten vor mir, wenngleich ich nach der Katastrophe der die Zeit in Sorna beendenden Bombennacht vom Herbst 1943 nichts mehr von ihm gesehen oder gehört habe, auch später nicht.

Ebenfalls auf dem Gut lebte der damals etwa 12-jährige Sohn des „Schweizers", also der Person bzw. „Institution", die für alles rund ums Rind- und Milchvieh und auch den Schweinestall mit Borstenvieh zuständig und verantwortlich war. Da kam es schon mal vor, dass er, des Schweizers Sohn, uns anderen den Genuss frischer, noch euterwarmer Milch – nicht alle mochten es – verschaffte, wenn er verbotenerweise zur Unzeit einer Milchkuh mit geübter Hand die schäumende Milch aus den Zitzen des Euters molk, was ich ihm immer wieder nachzumachen versuchte.

Es war jedes Mal eine Gaudi und ein Spektakel erster Klasse auch für uns Minderjährige, wenn der Schweizer mit dem Traktor und angehängtem Viehwagen, in dem der Dorfbulle (mit

Nasenring!) stand, auf den Hof gerattert kam. Dessen einzige Aufgabe war es, ein Rind oder eine Kuh zu besamen, was draußen auf dem Hof stattfand – coram publico – und dann problematisch wurde, wenn die Kuh „buckelte", einen extremen Rundrücken machte, und der Bulle sich umsonst um den erwünschten Nachwuchs bemühte. Genau das erregte die Heiterkeit all der Herumstehenden, die dann auf „Thüringsch" auch Französisch ihre entsprechenden Kommentare gaben. Das Ganze wurde letztendlich erfolgreich weitergeführt und beendet, indem der Schweizer mit einem großen Knüppel so lange auf den „Buckel" der armen Kuh eindrosch, bis diese schließlich einen flachen, willigen Rücken machte und so der frustrierte Bulle sein Werk vollenden konnte.

Es durchfuhr mich immer ein ahnungsvoller Schrecken – mir jedenfalls ging es so –, wenn aus heiterem Himmel die Schweine anfingen in ihrem Koben (Stall) erbärmlich und angstvoll zu quieken, laut und zum Gott Erbarmen. Man konnte sicher sein, dass sogleich der Metzger aus Krölpa mit seinem Schlachterwagen die Kastanienallee herauf auf den Hof gerattert kam. Die sensiblen Tiere erkannten es am typischen Motorgeräusch dieses Gefährts, dass es ihnen gleich an den Kragen ging. Der Schweizer hatte auch schon alles für die Prozedur des Schlachtens gerichtet: die hölzerne Stellwand mit den oben vorragenden kräftigen Eisenhaken zum Kopf-über-Aufhängen des toten Tiers, die große, tragbare Holzwanne und den breiten, hohen Tisch mit seiner Messingarbeitsplatte. Die Metzgeräte, lange, breite und blitzend scharfe Messer, alle möglichen Haken, Schüsseln und Eimer fürs Blut und ... den Bolzen-Schussapparat breitete der mir riesig vorkommende Schlachter in seiner weiten grobledernen Schürze, die bis zum Boden reichte, auf dem Tisch aus.

Wenn ich denn schon mal dabei war – und nicht immer konnte ich mich drücken –, überkam mich jedes Mal ein nicht zu unterdrückendes Schluchzen, wenn das oder die armen Schweine aus ihrem Koben mit Hilfe mehrerer kräftiger Männer auf den Hof gezerrt wurden, auch gezogen an Schwanz und Ohren. Warum gab es keine andere Möglichkeit, werde ich mich gefragt haben? Gott sei Dank hatte die Kreatur, nachdem der Bolzenschuss gesetzt war, ihren „Frieden" ..., während das Blut hellrot und dampfend aus den geöffneten Halsadern in die bereitgestellten Eimer sprudelte, um daraus u. a. „Blutsuppe" und Blutwurst zu machen. Das „Geschäft" zog sich hin über Stunden und hatte immer viele Schaulustige, vor allem auch die „Franzmänner", so sie Zeit dazu hatten, die – neben Tell – alles, was im Abfall landete, auf Verwertung und eigenen Genuss überprüften.

Tags drauf im Esszimmer brachte der knatternde Aufzug in großen Schüsseln dampfende „Metzelsuppe" mit Speckwürfeln, für Liebhaber die „Blutsuppe" sowie auf Messingplatten fettigwabbelndes Wellfleisch mit viel Kartoffeln und Bauchspeck.

Es kam vor, dass mir allein schon vom Geruch im ganzen Haus schlecht wurde. Sprichwörtlich lag mir das „arme Schwein" auf dem Magen!

Der Schäfer hatte, bevor wir zwei „Evakuierte" aufs Gut kamen, im Auftrag der Gutsherrin, zwei etwas ältere Ziegen (aus der Ziegenherde, in der sie ihr „Gnadenbrot" bekamen) so abgerichtet – wie er es auch schon für die Söhne des Hauses getan hatte –, dass sie nicht nur das vom Stellmacher speziell hergestellte „Ziegenwägelchen", ein Leiterwagen, zu ziehen gelernt hatten, sondern auch uns, also dem jeweiligen Kutscher zu gehorchen. Die Ziegen liefen vor dem Wagen zu beiden Seiten der Deichsel, regelrecht eingeschirrt in ein spezielles Leder- und Riemenzeug, das ein seitliches Ausscheren weitgehend verhinderte. Sinn- und zielloses „Herumkutschieren" war verpönt, es musste dem Schäfer gegenüber ein Zweck angegeben werden, um die beiden Tiere anschirren und einspannen zu dürfen. Der jeweilige Kutscher konnte dann irgendeinen Inhalt, den wir irgendwo zu irgendwas brauchten, flott ans Ziel bringen.

Auf Grund ihres Alters waren die beiden Ziegen nicht mehr so stürmisch und störrisch, wie Ziegen nun mal sein können, so dass man sie uns, nach An- und Einweisung, getrost überlassen konnte. mit der von uns konsequent einzuhaltenden „pfleglichen Behandlung und Versorgung". Ihr Platz war der Kälberverschlag, wenn sie sich nicht zwischen dem Rindvieh auf einer der Weiden aufhielten. Die beiden hatten Namen und reagierten auf Anruf zu unserem Entzücken oft mit einem fröhlichen Meckern.

Der praktische Nutzen der immer willfährigen Tiere bestand vor allem im Transport all der Dinge, die wir – die Rotte – zu bestimmten Unternehmungen mitnehmen wollten bzw. brauchten. So oblag es uns, auf dem Höhepunkt der Getreideernte die Felder anzufahren, um die dort Arbeitenden vor allem mit Trinkbarem zu versorgen, das die „dicke Berta" in steinernen oder Messingkrügen vor ihrer Küche bereitgestellt hatte. Oder das Ritual anlässlich der zu Ende gehenden Kartoffelernte: Es vereinte das Heer der „Bücklinge": der im Herbst die vom Pflug aufgeworfenen Kartoffeln aufklaubenden Frauen und Kinder zu einem, heute würde man sagen „happening" oder „sit in" um das große Kartoffelfeuer, dessen blau-weißer Rauch über die leeren Ackerfurchen zog. Für das Feuer und das Feuern hatten wir Jungens zu sorgen, auch für den sorgsamen Umgang damit.

Also schafften wir frühzeitig mit unserem Ziegenwägelchen Reisig und Brennholz zu dem Platz auf einem der Kartoffelfelder, um den herum sich dann am letzten Tag der Ernte mit Beginn der Dämmerung etwa zwei Dutzend „Bücklinge" im Kreis einfanden. Mit dem lodernden Feuer in der Mitte. Alles, was die Gutsküche, also die „dicke Berta" mit Hilfe des Pflichtjahr-Mädchens zu diesem ersehnten Termin zu- und vorbereitet hatte, transportierten wir mit unserem „meckernden“ Leiterwagen hinaus aufs weite Feld, wohin jetzt schon die Frauen und Mädchen zogen, meist untergehakt und in fröhlicher Erwartung. Auf was? Auf Krüge mit leicht alkoholisiertem Apfelmost sowie die landestypischen bunten Blechkuchen. Nicht zu vergessen, die dazu von uns Knaben in der Glut (sparsam in Staniolpapier!) geschmorten, innen noch saftigen Äpfel und Birnen. Und natürlich die auf glühender Asche gerösteten, dampfend-mehligen Kartoffeln! Um den schmackhaften Inhalt in der rot-weißen Glut hatten wir uns zu kümmern, auch um die Verteilung an die Umsitzenden, während die anderen Köstlichkeiten von der Köchin und all den Mädchen angeboten und verteilt wurden. War das ein fröhliches Lachen und Kichern und so manches „Äugelchen“ und „rote Ohr“ – nicht nur von der Glut! Irgendwann kam die Gutsherrin dazu, die ellenlange, überschlanke Tante Lu, in Begleitung vom Verwalter Martin. Beide sprachen lobende und dankende Worte an die Anwesenden, galt doch die Arbeit des Kartoffelklaubens als eine der härtesten auf dem Gut. Unvergessen das immer „feuriger“ werdende Feuer (da musste jeder echte Junge zum Pyromanen werden) über einem Berg weiß-glühender Asche vor einem violett-dunkelblauen Abendhimmel und einem unendlich wirkenden, fernen Horizont. Während wir Jungens schon mit Auf- und Abräumen sowie Bedecken der Asche mit Erde beschäftigt waren, sang – jedenfalls die beiden Male, die ich dabei sein konnte – die überwiegend weibliche Festgesellschaft Volkslieder im „typsch thüringschen“ Dialekt! Ich könnte es noch nachsingen. Auch die Franzosen kamen wiederholter Aufforderung nach und gaben volkstümlich-eingängige französische Melodien und Texte zum Besten, was mit besonderem Applaus bedacht wurde!

Zwei, drei der Jungen kamen von den „Waldhäusern“, vor langer Zeit speziell für Lohnarbeiter und Tagelöhner gebauten, sehr einfachen thüringischen Fachwerkhäuser, etwa ein Kilometer vom Gutshof entfernt, an einem Waldrand gelegen. Eigentümlicherweise stammte niemand von unserer Rotte aus dem Gutsdorf Chursdorf, was weniger mit der Entfernung als vielmehr mit einer gefühlten Konkurrenz zu tun hatte. Und so waren wir auch des Öfteren mit ihnen in Bandenkriege, regelrechte Scharmützel, verwickelt. Meist auf halber Strecke in oder in der Umgebung der mystischen Hohle oder im „Grund", wobei auch mit Schleudern – aus einer Astgabel erstellte „Fletschen", die wir immer im Hosenbund trugen – gezielt auf den Gegner geschossen wurde. Und zwar mit allem, was sich rasch fand wie Hagebutten, Eicheln, aber oft auch kleine Steine, die des Weges waren, was Frieder eigentlich verboten hatte. An gravierende Verletzungen erinnere ich mich erstaunlicherweise nicht. Es gab aber auch die gut funktionierende und immer wieder einigende „Kooperation oder Koalition" zwischen den verfeindeten Lagern, wenn es etwa darum ging, die Besatzung eines feindlichen Fliegers in den riesigen Wäldern der Gegend aufzuspüren. In einem mir noch gut präsenten Fall handelte es sich um eine Maschine, die – so lautete die Info – nach einem Angriff auf eine Stadt in Thüringen von der deutschen Flak getroffen und vom Verband getrennt bis zu ihrem Absturz irgendwo umherirrte. Wir brannten darauf mit all unserer Energie, fündig zu werden, in erster Linie aus Abenteuerlust, und uns schon im Vorhinein erschauernd machenden Vorstellungen von dem Bild, das sich uns vielleicht bieten würde. Was uns (letztendlich und Gott sei Dank) nicht vergönnt war.

Allen in der Gruppe gemeinsam war der Drang, sich so oft es ging in der freien Natur aufzuhalten, was uns als Inhalt des Lebens vorkam. Bis auf die „Anfänger", also zunächst auch den Hajo und mich, war es für alle völlig selbstverständlich, sich in der so vielfältigen und abenteuerträchtigen Natur auszukennen und mit ihr „sachgerecht" umzugehen. Was auch zum Erfolg des jeweiligen Vorhabens absolut erforderlich war. Daraus dann resultierten die abenteuerlichsten und manchmal nicht ganz ungefährlichen Erlebnisse, die für uns so prägend und eigentlich das „Salz in der Suppe“ unsres ländlichen Alltags waren.

In den Jahren auf Sorna war es daher völlig selbstverständlich, dass wir eigentlich immer draußen waren, unabhängig von den Witterungsverhältnissen, es sei denn, man war mal krank, was sehr selten vorkam, da wir bei unserer Art mit der Natur umzugehen (und sie mit uns) und in ihr zu leben, aktiv eine natürliche Immunität gegenüber allen möglichen Wehwehchen erworben hatten. So hielten wir uns bei Dauerregen nicht im Hause auf, sondern zu kleineren Unternehmungen in Scheunen, Schobern, Geräteremisen oder bei den Leuten in den Stallungen, auch bei den Franzosen.

Dabei habe ich auch das korrekte Anschirren eines Pferdes gelernt, mit Anlegen von Halfter, Trense und Lederriemen, bevor das Ross parat war, mit der Deichsel verbunden einen Wagen zu ziehen. Das war auch die Voraussetzung dafür, dass ich in den Schulferien in aller Herrgottsfrühe den Milchwagen alleine (mit Tell neben mir!) hinunter zum Bahnhof nach Krölpa führen durfte und konnte. Einigermaßen sicherer Umgang mit Pferd und Geschirr, Deichsel und Wagen waren die Voraussetzung dafür. Für mich als Neunjähriger waren das wichtige Anstöße, eigenen Ehrgeiz zu entwickeln sowie Erfolgserlebnisse und Selbstwertgefühl zu genießen.

Ebenso galt es auch Misserfolge und Fehler zu verkraften, Situationen, in denen man an seine Grenzen gestoßen war. Im Zusammenhang mit dem „Milchführen“ erinnere ich mich genau einer solchen Situation, die mir arg zusetzte, weil ich ihr eben nicht gewachsen war. Heulend war ich die Kastanienallee hinaufgerannt auf den Hof, den Pferdeknecht um rasche Hilfe ersuchend, nachdem das Ross (mit dem Wagen) auf dem

Rückweg zum Gut entgegen meinen „flehentlichen" Aufforderungen, den Zügeln zu gehorchen, seelenruhig aus der Allee ausscherte, um zwischen den Kastanien in ein Gelände zu stapfen, in dem saftig grünes Gras wuchs und für das Tier interessanter war als die Zügelzüge eines kleinen Jungen. So bewegten sich Ross und Wagen hin auf sumpfigen Untergrund! Ohne das rasche Einschreiten des Pferdeknechts hätte es ein nicht vorstellbares Desaster geben können.

Ansonsten wurden wir beiden „Kinderlandverschickte" – Hajo und ich – von den Erwachsenen nur ausnahmsweise „behelligt"; erfuhren unsere „Erziehung" weniger von außen als vielmehr „von innen, im Takt unserer Herzen" (Jakob Hessing).

Ich habe nur eine ganz ferne Erinnerung an Aufenthalte im Gutshaus, das ja mein zweites Zuhause war, außer zu den Mahlzeiten oder anderen „offiziösen" Veranstaltungen und Terminen, wie Verwandtenbesuche, Fest- oder Feiertage. Eine schwache Vorstellung ist noch da an eine große bemalte Kiste mit Spielsachen, die meisten aus Holz, der beiden Söhne des Hauses. Und an uralte Brettspiele mit abgewetzten Würfeln und altertümlichen Figuren (aus Eisen oder Bronze). Damit mögen wir die gezwungenerweise „inhäusigen" Zeiten, vor allem in dunklen Winterstunden, einigermaßen zufrieden überbrückt haben. Ich sehe sie noch vor mir an den langen Winterabenden in den hohen Räumen, die schmalen, hohen gusseisernen „Bulleröfen", die mit Holz beheizt wurden, von denen wir unsere Finger zu lassen hatten ... Aber es zog mich immer wieder zu ihnen wegen des flackernden Feuers, das durch die Ritzen und Schlitze leuchtete, und wegen des knisternden Geräuschs brennender Kieferscheite mit dem wohlig harzigen Geruch, der den Raum erfüllte.

Es kam auch vor, dass der Mahlteich zugefroren war und dann offiziell „freigegeben" wurde für das abenteuerliche und nicht ganz ungefährliche Schlittschuhlaufen: ein absolutes „highlight" für uns Kinder. Auf den damals schon antiquierten Schlittschuhen – von Murksel und Peter – spielten wir zumeist eine Art Eishockey, und es gehörte schon eine Portion Mut dazu, auf den Kufen in den beschilften Teil des Teichs zu gleiten, wenn der Puck dort hineingesaust war. Das Betreten des Eises musste entweder vom Verwalter oder meiner Tante genehmigt sein. Darüber sich hinwegzusetzen wurde mit Hausarrest geahndet, das Schlimmste, das uns Jungens widerfahren konnte.

Und dann im Frühjahr die bei der Schneeschmelze weit über die Ufer tretende, unregulierte Auma, die auch den unteren Teil der Kastanienallee in einen See verwandelte, sodass die Milchkannen frühmorgens und abends auf dem letzten Wegstück in einer flachen Holzschute zur Bahnstation gestakt werden mussten.

Als ich Lebensjahrzehnte später in einem kleinen privaten Museum in der Arktis, an der Westküste Grönlands (wohin mich meine Zeit als Schiffsarzt auf einem Explorerschiff bei Hapag-Lloyd geführt hatte) alte Fotografien betrachten konnte, auf denen Inuits mit dem Licht von Öllampen Seefische angelockt hatten, die sie an langen Schnüren mit Angelhaken aus einem Loch im Eis zogen, erinnerte ich mich plötzlich des fast identischen Vorgehens 1942 (?) auf dem Eis des Sornaer Mahlteichs. Es war wiederum eine Sache von Frieder, an der er uns jedoch aktiv teilhaben bzw. sich helfen ließ, das Eisfischen. Er gebrauchte zum Anlocken der Fische im dunklen Wasser des Teichs bei fortgeschrittener Dämmerung statt der Öl-, eine Karbidlampe. Neben dieser trüben Funzel hackten wir ein Loch ins Eis und ließen an Sackgarn befestigte Angelhaken mit zuvor in warmen Stuben eingefangenen, noch lebenden Fliegen ins pechschwarze Nass hinunter. Dann musste man den potenziellen Opfern Ruhe und Sicherheit geben, sich ahnungslos der Beute im Licht nähern zu können, um sich dann darin und damit auch im Angelhaken zu verbeißen. Nach einer Zeit des Ausharrens im nahen Schilf zogen wir „Jäger“ dann – gespannt auf das Ergebnis des Beutezugs – mal mehr, mal weniger Fische aus dem eisigen Wasser des Teichs.

Ich sehe sie noch vor mir mit ihren silbrigen Schuppen, den schnappenden Mäulern und den großen milchigen Augen im weißgelblich-blakenden Licht der Karbidlampe auf dem Eis zappeln, bevor sich Frieder ihrer mit einem kurzen Holzknüppel „annahm“.

Tante Lu hielt uns konsequent an, in gewissen Abständen den Eltern oder wem auch immer einen Brief zu schreiben, worauf sie großen Wert legte. Wenn wir einen solchen bei ihr abgeliefert hatten, erlaubte sie uns für eine bestimmte Zeit, das uns ansonsten untersagte „Stöbern“ in der „Bibliothek“, einer hohen Regalwand voller alter, uralter Bücher: Enzyklopädien, Bildbände, Familiengeschichten und überdimensionale, bebilderte Folianten mit uns zumeist unverständlichen Texten und Inhalten. Darüber konnten wir, ohne einen Ton von uns zu geben und völlig darin versunken, im Schneidersitz auf dem Boden sitzend, blättern und blättern und uns nicht sattsehen. Natürlich auch, um manches zu lesen. Besonders beliebt und heiß begehrt waren die Peter und Murksel gehörenden reich bebilderten „Heldensagen“ aus dem Land an „Saale und Unstrut“, ebenfalls ein uralter „Schinken“. All das ist, wie alles andere auch, im Herbst 1945 bei der Plünderung des verwaisten Gutshofs und Herrenhauses verloren gegangen, geraubt, und in alle Winde verstreut worden.

Mir unverständlicherweise ist alles, was mit den beiden Weihnachten (1941 und 1942) zusammenhängt, wie ausgespart aus dem sonst so reichen Schatz meiner Erinnerungen.

Es ist Fakt, dass ich diese Feste in Gotha bei Mutter, Bruder und der Gastfamilie verbracht habe, worüber später in der Familie gesprochen wurde. Wie ich aber hin und her kam, weiß ich nicht, auch nicht, wie sich Weihnachten dort ereignet hat, was ich geschenkt bekam und vieles andere mehr. Oder wurde alles, auch ein sonst so beeindruckendes Erlebnis wie Weihnachten, überlagert von all dem Spannenden und Interessanten, was sich möglicherweise in Sorna tat und wonach ich auch an Weihnachten „in der Fremde“ Heimweh hatte? Eine andere Erklärung habe ich nicht für diesen „Blackout“.

Das in diesen schlimmen Kriegszeiten einzigartige, ja paradiesische Idyll ging jäh zu Ende und damit das Mysterium einer Kindheit, als im Herbst 1943 ein aus seinem Geschwader abgesprengtes, von der Flak angeschossenes amerikanisches Bombenflugzeug seinen tödlichen Ballast (Notabwurf) in der Dämmerung des Abends – mit der Verdunklung nahm man es auf dem so abgelegenem Hof nicht sehr ernst – ausgerechnet über dem einsam liegenden Gutshof abwarf. Es fielen Bündel von Phosphor-Stabbrandbomben exakt in die Mitte des Hofes – keine einzige in eine der Scheunen oder Stallungen – sodass nur das „spitzhäusige“ Hühnerhaus mit allen Hühnern (mitsamt der von mir so heiß geliebten Küken) in hellen Flammen stand!

Eine Sprengbombe, die offenbar dem Herrenhaus galt, verfehlte das Dach, unter dem Hajo und ich bereits schliefen, um ein paar Meter und riss einen tiefen Krater in den bewaldeten, steilen Hang direkt hinter dem Haus. Einen Volltreffer erhielt das darunter, am Mahlteich, gelegene Haus des Verwalters Martin, dem herabstürzende Balken ein Bein abschlugen. Ich weiß nicht, ob er überlebt hat.

Hajo und ich, die wir die Dachkammer teilten, wurden durch das Heulen der Bomben, das Krachen und Splittern von Holz und Glas jäh aus dem Schlaf gerissen, im Bett übersät mit Glasscherben der herausgeflogenen Fenster.

Voller Entsetzen hüpften wir über die Glassplitter, die überall lagen, sahen mit ungläubigem Entsetzen die durch die Fensterhöhlen vom Hof her lodernden gelb-grün-roten Phosphorflammen, stolperten im Schlafanzug in panischer Angst über am Boden liegende Türen die breite Treppe hinunter, barfuß, nur hinaus aus dem Haus, den von Ast- und Wurzelwerk übersäten Weg hinunter zum Mahlteich, weg vom Inferno des Hofs. Außer dem Bild der giftgrünen Flammen ist mir das Schreien der Hühner in ihrer Todesnot in ewiger Erinnerung geblieben. Am Mahlteich, am zerbombten, zerborstenen Haus des Verwalters, gellten uns dessen Schreie im Ohr, verschüttet unter einem der herabgestürzten mächtigen Deckenbalken.

Ich sehe noch, wie die Franzosen angerannt kamen, den gleichen Weg wie wir, sie waren sofort bei Martin, um den sich schon seine Frau und Tante Lu verzweifelt bemühten. Einer jedoch packte mich und steckte mich hastig auf dem nächsten Feld unter dort aufgestellte Garben, wohl um mich zu schützen gegen mögliche weitere Bombenabwürfe, nachdem sich das Geräusch des Flugzeugs wieder näherte; kam es zurück? Nein, es stürzte ab, wie ich später erfuhr, nicht weit entfernt, wobei zwei Piloten ums Leben kamen ...

Irgendwann muss ich wieder hervorgekommen sein aus meinem behütenden Versteck auf dem Feld. An die Nacht danach habe ich keine Erinnerung ...

Doch viele Eindrücke des nächsten Tages sind haften geblieben, als das Ausmaß der Zerstörungen zu Tage trat. Wie mit Feuer eingebrannt hat sich mir der Anblick des abgebrannten, noch rauchenden Hühnerhauses mit toten, halbverkohlten Hühnern und Küken im Umkreis sowie der impertinenten Geruchsmischung von verbranntem Geflügel mit dem, was einem noch an Gerüchen aus den ausgebrannter Hülsen der

Phosphor-Brandbomben, die überall herumlagen, in die Nase stieg!

Durch die Druckwelle der Sprengbombe, die das Herrenhaus knapp verfehlt hatte, war das jahrhundertalte, hohe Gebäude – aus Steinquadern erbaut – so ramponiert, was Fenster und Türen anbetrifft, dass zumindest wir Kinder darin nicht hätten bleiben können. Deshalb und wohl auch, weil meine arme Tante – auch durch den Ausfall des Verwalters – nun zusätzliche andere Sorgen hatte, war meines (unseres?) Bleibens dort nicht länger. Völlig überraschend erschienen im chaotischen Durcheinander des Hofensembles, was in der Erinnerung heute noch das „heulende Elend“ in mir hochkommen lässt, sogenannte NSV-Schwestern mit einem Korb voll Spielzeug in der Hand, da wir ja nun „bombengeschädigte“ Kinder seien, die Anrecht auf diese „Wohltat“ hätten.

Meine völlig aufgeloste Tante – nicht mehr Herr ihrer selbst – packte mit meiner Hilfe zwischen all den Glasscherben, den herausgeflogenen Türen und Fenstern, meine „sieben Sachen“ in zwei Pappkoffer, hielt mich schluchzend in ihren Armen und übergab mich dann einer „NSV-Tante“, die mich zunächst mit dem Auto nach Schleiz und von dort mit dem Zug nach Gotha brachte. Zu Mutter und Bruder, zu der so hilfsbereiten, befreundeten Gastfamilie, die nun auch noch mir Quartier gab. Das weitere Schicksal meines Kammergenossen Hajo wurde in mir durch das erlebte Inferno verschüttet. Ich habe keine Erinnerung daran, habe später wohl auch nicht nachgefragt, wohin es ihn verschlagen hat, was aus ihm wurde.

Ich kann es noch jetzt nachempfinden, wie ich während der Bahnfahrt, die immer weiter weg von Sorna führte, nur geheult habe und dass es der „Tante“ – womit auch immer – nicht gelang, mich abzulenken. Neben der Gewissheit, nun wieder zu meiner eigentlichen Familie zu kommen, dabei nicht ahnend, was an Terror, Tod und Verwüstung, Angst, Schrecken und entsetzlichen seelischen Verletzungen noch bevorstand, hatte ich von Stund an nur eines: ein ständiges, körperlich und seelisch quälendes Heimweh und Sehnsucht nach Sorna!

Aus „meinem“ Sorna war ich von jetzt auf gleich herausgerissen worden, ohne Abschied nehmen zu können von all meinen Freunden, den vielen kleinen und großen Wegbegleitern dieser Zeit meines Lebens, die für mich „der Sommer meiner Kindheit“ gewesen war. Sie hat buchstäblich „Das Herz überleben“ lassen! Quasi über Nacht aber war alles zu Ende gegangen, war Sorna nur noch Vergangenheit.

Zurückgeblieben war eine durch die dramatischen Ereignisse jäh „abgebrochene“ Kindheit. Sie hatte ihre Sorglosigkeit, ihren Charme, ihr „Paradies“ verloren und wahrscheinlich noch anderes mehr. Die kindliche Seele hatte eine schwere Erschütterung davongetragen, ohne sich dessen in der Zeit selbst wirklich bewusst zu sein. Aber sie war heimatlos geworden!

Wie aber war es weitergegangen mit dem Gutshof in der Zeit der „Apokalypse“, eines Zusammenbruchs des gesamten Gefüges menschlichen Miteinanders im Frühjahr 1945, als „das Unterste zuoberst gekehrt“ wurde. Für die dazugehörigen Menschen, für die seit vielen Generationen Sorna Bezugspunkt ihres Lebens gewesen war?

Die Amerikaner haben das Gut im Sommer 45 nicht behelligt, der Gutsbetrieb ging seinen üblichen Gang, allerdings ohne die „Herrschaft“ und ohne Martin, den Verwalter. Auch die französischen Fremdarbeiter waren nicht mehr auf dem Hof, waren nicht mehr Teil der Gemeinschaft. Meine Tante Lu trug in der Übergangszeit, eine Zeit totaler Unsicherheiten, in allen Bereichen die Verantwortung, für alles und alle.

Mit Übernahme Thüringens durch die sowjetische Besatzungsarmee und -administration gewannen die lokalen Kommunisten sofort die Oberhand und übernahmen – geschützt und sekundiert von sowjetischen Militärs – die Vorherrschaft. Eine Diktatur wurde über Nacht von der anderen abgelöst.

Für das „Rittergut Sorna" bedeutete das den faktischen Untergang einer mehrere Jahrhunderte bestehenden, ursprünglich ländlich-feudalen Dynastie. Mit all ihren negativen aber unbestritten auch positiven Seiten, Generationen von Menschen betreffend, die von und mit diesem Gut gelebt hatten und mit ihm zutiefst verbunden waren.

Die sowjetischen Militärs überantworteten das Gut Sorna der Willkür der lokalen Kommunisten, die die KZ-Lager überlebt hatten und solche, die sehr schnell zu Kommunisten geworden waren. Eine neu installierte, kommunistische „Gemeindekommission" erschien auf dem Gutshof, um meiner Tante zu erklären, dass ihr Gut auf Grund des „Gesetzes der Bodenreform vom 2.9.45" enteignet sei – ein Beschluss, den sie zu unterschreiben hatte. Es bedeutete, dass weder ihr (beziehungsweise ihrem im Osten vermissten Mann) noch dem potenziellen Erben, ihrem Sohn Wolf-Egon von Tümpling, der Gutshof mit allen Gebäulichkeiten inklusive des Herrenhauses mit gesamtem Inventar, noch die zu Sorna zählenden Ländereien und Wälder, etwa 192 Hektar, mehr gehörten. Sie selbst „habe das Herrenhaus unverzüglich zu verlassen unter Mitnahme von höchstens einem Koffer und in der Schäferei zu leben". Von ihrem Eigentum aus dem Herrenhaus durfte sie in der Tat nur das Allernötigste an Kleidung mitnehmen! Für den eigenen Lebensunterhalt waren ihr nahe der Schäferei fünf Hekar Boden „abgesteckt" worden.

Inzwischen war der Einzige ihrer „Männer", ihr älterer Sohn Wolf-Egon, genannt „Peter", schwer kriegsverwundet aus russischer Gefangenschaft nach Sorna entlassen worden und stand eines Tages (Ende 45) vor seiner Mutter in der Schäferei des Gutshofs, in dem er aufgewachsen und der seine Heimat war.

Kurz darauf erhielt meine Tante den ihr von einem kommunistischen Funktionär aus Schleiz überbrachten schriftlichen „Befehl", sich mit einem Koffer reisefertig zu machen, da sie und ihr Sohn als die ehemaligen „Feudalbesitzer" des nun dem Volk gehörenden Grund und Bodens unverzüglich ausgewiesen würden. Und tatsächlich erschien sehr bald ein Lastwagen mit noch anderen Schicksalsgenossen – weiteren adligen Gutsbesitzern und deren Familien aus der Umgebung –, der diese menschliche Fracht zum Bahnhof nach Schleiz brachte. Dort wurden die Menschen in Viehwaggons verladen, mit unbekanntem Ziel, wie bei den Deportationen der Juden durch die Nazis wenige Jahre zuvor.

Da der bewachte Zug in nordöstlicher Richtung fuhr (das Ziel war die Insel Rügen), vermuteten die meisten Insassen, es gehe letztlich nach Sibirien, eine damals nahe liegende Horror-Vorstellung. Irgendwo unterwegs sprang meine Tante mit ihrem kriegsversehrten Sohn aus dem Zug, jeder mit nicht mehr als einem Köfferchen, und flüchteten in der Dunkelheit Richtung Westen. Sie hatten das Glück, nicht entdeckt zu werden, sondern nach 1 ½ Tagen Fußmarsch über die „grüne Grenze" in den Westen Deutschlands zu gelangen. Letztlich nach Bremen, wo sie Aufnahme fanden, wo meine Tante (mit buchstäblich nichts) noch viele Jahre lebte, karitativ tätig war, während ihr Sohn immer hinfälliger wurde und 1949, 28-jährig, an den Folgen seiner Kriegsverletzungen starb. Ihr Mann, mein Onkel Hans, Major und zuletzt Panzer-Kommandant war 1944 auf dem Rückzug in der Ukraine in einer der großen Panzerschlachten vermisst gemeldet worden, blieb für immer verschollen und wurde erst sehr spät – lange gegen den Willen seiner Frau – für tot erklärt.

Was geschah aber nun, was für ein Schicksal ereilte das so alte Rittergut „der von Tümpling", des schon zu meines Vaters Lebzeiten leicht morbiden, immer hinter der modernen (technischen) Entwicklung herhinkenden landwirtschaftlichen Anwesens auf dem in der Umgebung aufragenden Gutshügel mit seiner Kastanienallee? All das war Heimat gewesen für viele Generationen dieses uralten sächsischen Adelsgeschlechts, hatte Arbeit und Brot bedeutet für ebenfalls Generationen von unfreien, später freien landwirtschaftlichen Arbeitern und Angestellten, die von Chursdorf aus mit dem Hof lebten und dort für sich und ihre Familien ihren Lebensunterhalt verdient hatten in schlechten, weniger guten, aber auch guten Zeiten.

Es kann einen nur mit großer Traurigkeit und Resignation erfüllen: Die Leute aus der Umgebung zogen, animiert von „roten" Agitatoren, mit Karren und Leiterwagen den Gutshügel hinauf zum Herrenhaus: Nichts, aber auch gar nichts war dort sicher vor Beutegier, nicht haltmachend vor den ideellen und materiellen überkommenen Werten und Schätzen ganz persönlicher Natur. Zum guten, nein zum schlechten Schluss wurde das vor Jahrhunderten aus behauenen Feldsteinen erbaute Herrenhaus Stein um Stein abgetragen, bis keiner mehr auf dem andern stand und hätte Zeugnis ablegen können von einer jahrhundertealten mitteldeutschen, bewegten Geschichte und bewegender Tradition.

Und wozu dieser Raubzug wie im 30-jährigen Krieg? Um all das Beutegut – Preziosen, Antiquitäten, Kunstwerke und Inventar jeglicher Art, Herkunft und Qualität – für lange Zeit auf Dachböden, im hintersten Eck von Scheunen und Schobern, in Kisten und Kasten zunächst einmal zu verstauen, zu verstecken – denn es war ja Diebesgut –, bis sich günstige Gelegenheit bot, es zu verscherbeln! Oder es aber dort ruhen zu lassen bis auf den heutigen Tag! Mit den alten Feldsteinen des Herrenhauses wurden in den benachbarten Dörfern u. a. Scheunen gebaut und Mauern hochgezogen.

Die Scheunen und Stallungen auf dem Rund des Gutshügels gingen über in eine (gen Himmel stinkende!) „volkseigene"

Schweinezucht. Dazu hatten nach der sozialistischen Bodenreform die kommunistischen Machthaber das uralte und auch so geschichtsträchtige Gut Sorna herabgewürdigt. An diesem traurigen Zustand hat sich auch seit der Wende bzw. Wiedervereinigung Deutschlands von 1989 nichts geändert.

Meine Tante hatte die Hoffnung auf eine Heimkehr ihres Manns, meines Onkels Hans, nie aufgegeben. Dieses Fünkchen Hoffnung auf ein Letztes, was ihr vielleicht doch geblieben sein könne in ihrem Leben von all ihren Lieben, war ihr Lebenselixier. Daraus schöpfte sie die Kraft für ihre sprichwörtliche preußische Selbstdisziplin, für ihre auch äußerlich aufrechte Haltung, mit der sie durch die noch vor ihr liegende Lebenszeit ging. Diese Hoffnung allein gab ihrem Leben einen Sinn! Sie konsultierte Wahrsager und war – u. a. auch mit mir – glücklich, wenn man (aus Mitleid) ihre Hoffnung teilte. Ihr klarer Verstand hat sich in den Bremer Jahren allmählich eingetrübt, auf eine gutartige Weise – welch eine Gnade für sie. Ich habe diese Frau, die Schwester meines Vaters, aus tiefstem Herzen geliebt! Auch mit einem schlechten Gewissen, weil ich mich nicht so um sie habe kümmern können – in ihren letzten Jahren – wie sie es von mir verdient gehabt hätte!

Ich habe sie in Sorna kennenglernt als jemanden, der nicht viel Worte machte. Umso eindringlicher ist mir ein Ausspruch von ihr in Erinnerung geblieben, den sie anlässlich meiner (bescheidenen) Konfirmation 1949 in Mülheim/Ruhr – um mich zu charakterisieren – sinngemäß so in die Tischrunde einbrachte: „Dem Hansel stand immer alles im Gesicht geschrieben. Wenn er traurig war, hatten seine Augen eine Farbe wie dunkelblaue Schultinte, war er fröhlich – wie meistens – wie hellblaues Vergissmeinnicht."

Als sie 1996 hochbetagt starb, ein durch und durch gütiger Mensch, der ohne Ausnahme einfach alles verloren hatte, was einmal ihr Leben ausgemacht und all das, woran ihr Herz gehangen hatte, konnten wir – ihre diversen Neffen und Nichten – sie in der restaurierten Grabstätte der Familie von Tümpling auf dem Chursdorfer Friedhof direkt neben der (ebenfalls liebevoll renoviert) Kirche beisetzen. Zumindest auch neben ihrem Sohn Wolf und ihrer Schwiegermutter Rita, die man 1946 in einem Altenheim in Schleiz untergebracht hatte.

Ein mich an diesem Ort tief bewegender Abschied.

Wenn ich in Thüringen bin, um diesen magischen Ort meiner Kindheit zu besuchen, und natürlich auch auf dem Chursdorfer Kirchfriedhof an den Tümpling-Gräbern, mit dem meiner Tante Lu, stehe, geht mein Blick klopfenden Herzens über die Felder, die „Hohle“ und den „Grund“ hinüber zum bewaldeten Hügel, auf dem einst die Silhouette des Gutshofs mit dem hohen Herrenhaus, das von Weitem so gut zu erkennen war, in den Himmel ragte. Wenn ich dort ganz in mir verharre, höre ich auf einmal die Lerche mit ihrem unverwechselbaren Gesang über unserem Schulweg von Sorna nach Chursdorf und Tegau ...

Das, was einzig alle Zeiten überdauert hat, ist die uralte, mächtige Kastanienallee (wie das Langhaus einer gotischen Kathedrale), die hinter dem Bahnhof Krölpa im sumpfigen Tal der Auma beginnt und deren knorrige Bäume den Wanderer wie eh und je beschattend und beschützend zum Plateau des ehemaligen Gutshofs hinauf begleiten.

Hier inmitten weiß und rosa blühender Kastanienbäume begannen und enden meine Kindheitserinnerungen an Sorna, dem ich – und seinen Menschen – mit dieser Niederschrift meiner Erinnerungen ein „Denkmal“ setzen möchte.

Sorna, dieser unscheinbare Flecken auf der Landkarte Süd-Ost Thüringens, wo ich zwischen 1941 und 1943 den „Sommer meiner Kindheit“ erlebte, erfuhr in der Folgezeit in meinem

Bewusstsein eine gewisse Verklärung. In den Wirren, dem Chaos sowie den äußeren und inneren Umbrüchen der folgenden Lebensjahre wurde die Erinnerung an der Lerche Gesang im frühen Sornaer Sommer in Zeiten seelischer Bedrängnis zu einem Herzton in der verschlossenen Heimwehkammer.

Das mit allen Sinnen erlebte Sorna wirkte gegen all die noch bevorstehenden Schrecknisse wie ein Puffer, der mich durch die Schönheit der Erinnerungen vor allzu nachhaltiger seelischer Verletzung schützte. Mit meinen Erinnerungen an Sorna hatte ich immer noch ein Stück Himmel über mir. Das war viel in einer Zeit, die bestimmt und geprägt war von den Entsetzlichkeiten des Krieges.

Sorna war fortan der von mir insgeheim behütete, heimliche Fluchtpunkt meiner Seele, an dem ich – auch aus der Ferne – schöne Gefühle, Hoffnung und Zuversicht schöpfen konnte, für ein ganzes Leben.

Keinen Tag, den ich auf Sorna leben und erleben konnte, möchte ich missen, wie auch keine der vielen Geschichten und Geschichtchen, die mich bis auf den heutigen Tag begleiten.

Sein Unglück
ausatmen können

tief ausatmen
so daß man wieder
einatmen kann

Und vielleicht auch sein Unglück
sagen können
in Worten
in wirklichen Worten
die zusammenhängen
und Sinn haben
und die man selbst noch
verstehen kann

und vielleicht sogar
irgendwer sonst versteht
oder verstehen könnte

Und weinen können

Das wäre schon
fast wieder
Glück

ERICH FRIED

Kapitel III

In Gotha waren wir – unsere Mutter mit uns beiden Brüdern – in der befreundeten Arztfamilie sehr herzlich aufgenommen. Der 18-jährige Sohn war kurz zuvor zur Luftwaffe eingezogen worden. Ende 1944 ist er tödlich abgestürzt. Wir lebten in der „Schönen Allee“ in einem weiträumigen Klinikgebäude mit großzügigem Wohnbereich sowie einem großen Gartengelände und viel freier Natur in unmittelbarer Umgebung.

Für meinen 1943 13-jährigen Bruder wird die plötzliche Wiedereingliederung des neunjährigen Bruders nach zweieinhalbjähriger Trennung ein Problem dargestellt haben, wie mir erst viel später bewusst geworden ist. Verstärkt durch die Verschiedenheit unserer Wesensart. Zunächst durchlebte ich in Gotha etwas, was man einen gelinden Kulturschock nennt. Nichts von dem, was „Stadt“ ausmacht und bedeutet, war ich gewohnt: Der ständige Geräuschpegel durch den Straßenverkehr mit dem Erlernen eigener Achtsamkeit, die vielen fremden Menschen, die hektisch aneinander vorbeihasteten, sich selten grüßten, all das war mir fremd und unverständlich. Ich war in meinem vorherigen sozialen Umfeld einen anderen Umgang mit- und untereinander gewohnt.

Eine kleine Episode macht vielleicht deutlich, was sich für mich in meiner neuen Lebenswelt grundsätzlich geändert hatte: Während eines Ausflugs der Schulklasse in ein noch sehr ursprüngliches Wiesen- und Buschgelände am Rande der Stadt befand ich mich immer weit hinten, am Ende der lockeren

Gruppe, da es doch so viel zu sehen, zu beobachten und zu bestaunen gab, mehr als im Straßengewirr der Stadt. Was jedoch die Lehrerin veranlasste, mehrfach nach hinten gewandt laut zu rufen: „Hans, du trödelst ja schon wieder!“ Ja, wo denn sonst, wenn nicht hier, mag ich vielleicht gedacht haben

In Gotha besuchte ich zunächst die 4. Klasse einer Volksschule, keine „Einraumschule“ mehr, nahe den großen Gebäuden der „Gothaer Versicherungen“. Nach bestandener Aufnahmeprüfung ins Gymnasium – trotz erheblicher Mängel im Rechnen, nur kompensiert durch den „guten Aufsatz“ – blieben wir Gymnasiasten wegen des täglichen Fliegeralarms mit Überfliegen feindlicher Bomberverbände, zumeist von und nach Berlin, weiter in der alten Schule in der Nähe der Bahnhofstraße.

Im März 1944 kam ich mit einer tollen Pimpfen-Uniform, auf die ich sehr stolz war, nach bestandener Aufnahme-Prüfung mit „Mutprobe“ ins „Jungvolk“, in ein Fähnlein mit 4 Zügen zu 50 Jungen bzw. 7 Jungenschaften mit je 7 Jungen im Alter von 10 bis 14 Jahren. Die spezielle Aufgabe des Fähnleins (neben der Grundausbildung) war das „Meldegängerwesen“: Die Pimpfe erlernten die praktischen Grundregeln des Übermittelns von Meldungen, zumeist in schriftlicher Form, auch und insbesondere unter angenommener Feindeinwirkung. Wobei Schnelligkeit, Tarnung und Geschicklichkeit gefordert waren und mit großer Ernsthaftigkeit unerbittlich geübt wurden.

An zwei Nachmittagen in der Woche war obligatorischer „Dienst“. Zusätzlich an manchen Sonntagvormittagen „Aufmarsch“ der Fähnlein unterhalb des Schlosses. Wenn wir Glück hatten neben einem Zug blond-bezopfter „Jungmädels“, wobei es dann auch mal Kontakte hin und her gab. Der Dienst war mit Meldegängerübungen, Exerzieren, Marschieren, Erlernen von Soldaten- und NS-Liedern ausgefüllt. Zudem fuhren wir regelmäßig mit der „Thüringerwaldbahn" (damals ein lustiges Schmalspurbähnchen) an Waltershausen (und Schnepfenthal) vorbei an den Rand des Thüringer Walds. Oder nach Reinhardsbrunn bzw. Friedrichroda. Dort hatten wir Pimpfe in heftigen, kriegerischen Geländespielen Mut und Kraft zu beweisen und uns „zu stählen"! Ich zeichnete mich dabei nicht aus durch besonderes Draufgängertum. Dabei war nichts schlimmer, denn als „Waschlappen" zu gelten. Jahrzehnte später wurde mir mit einem Mal bewusst, dass wir mit unserem Fähnlein nicht weit entfernt gewesen waren vom KZ Ohrdruf. Meine Frau und ich haben Jahrzehnte später die von der Natur überwucherten Reste des Konzentrationslagers aufgesucht, im Krieg ein Außenlager des KZ Buchenwald. Wir waren die einzigen Besucher („Sucher").

An den Heimnachmittagen in der Jungvolkunterkunft wurden u. a. NSV-Sammlungen aller Art vorbereitet. An der Wand stand in großen Lettern: „Du bist nichts, Dein Volk ist alles". In den mir noch heute präsenten von uns zu lernenden Marschliedern ging es u. a. um Texte wie: „Vorwärts, vorwärts, Jugend kennt keine Gefahren ... Führer, wir gehören dir, wir Kameraden dir ... Die Fahne wehet uns voran, die Fahne ist die „Neue Zeit", ja die Fahne ist mehr als der Tod ... Wir werden weiter marschieren, wenn alles in Scherben fällt. Heute (ge)hört uns Deutschland und morgen die ganze Welt. Führer befiehl, wir folgen Dir!" ... Diese Lieder sangen wir lauthals und mit einer Art Stolz, wenn unser „Fähnlein" oder „Jungzug" stramm und diszipliniert durch die Straßen der Stadt marschierten. („*Wenn die Soldaten durch die Stadt marschieren, öffnen die Mädchen die Fenster und die Türen ...*")

In der Schule begann regelmäßig die neue Woche mit dem „Fahnenappell", bei dem alle Schüler mit erhobenem rechten

Arm unter Absingen der 1. Strophe des Deutschlandlieds dem Aufzug der „Reichsflagge“ zuzuschauen hatten.

Die beiden Psychoanalytiker Alexander und Margarete Mitscherlich betonen die Bedeutung der Vorbildfunktion (Väter, Vorgesetzte, ältere Jugendliche) für die Entwicklung insbesondere männlicher Jugendlicher. Mein „Idol“ war unser „schneidiger Jungzugführer“, Anführer von sieben Jungenschaften, der bei mir wegen seines zackigen Auftretens, seiner arischen Erscheinung und seines Charismas diese (ersehnte) Vorbildfunktion erfüllte. Allein schon wegen ihm habe ich keinen Dienst versäumt. Beide Fähnleinführer, die ich in dem einen Jahr als unsere oberste Autorität kennengelernt habe, kamen an die Ostfront, wo sie prompt den „Heldentod“ fanden.

Ich brachte es in dem einen Jahr bis zum Einmarsch der Amerikaner zum „Jungenschaftsführer“ mit einer kleinen rotweißen Kordel von der linken Schulter zur Brusttasche, auf die ich stolz war, und einer „Befehlsgewalt“ (heute: Weisungsbefugnis) über 7 Jungen. Noch in den letzten Wochen des Krieges brachte man auch uns Kindern an Attrappen den Gebrauch von „Panzerfäusten“ bei sowie das Ausheben von Splittergräben im hügeligen Gelände des westlichen Vorlands der Stadt zusammen mit HJlern und (älteren) Männern vom „Volkssturm“. Bevor wir gelernt hatten zu küssen, lehrte man uns das Töten-Müssen.

Auf dem silbrig glänzenden Koppelschloss meiner Uniform stand: „Blut und Ehre“. Das flößte „Ehrfurcht“ ein. Wie weit diese in Wirklichkeit reichte, zeigt die Tatsache, dass ich bald nach dem Einmarsch der Amerikaner die einzelnen Stücke meiner „geliebten“ Uniform an diese verhökerte: den Schulterriemen, das Halstuch mit Knoten, das Leder-Koppel mit Koppelschloss und sogar das „heilige“ Fahrtenmesser. Gegen Süßigkeiten oder auch Zigaretten (zum Tauschen).

Gotha war ein Knotenpunkt der „Deutschen Reichsbahn", durch den im letzten Kriegsjahr täglich die „V-Waffen" („Vergeltungswaffen") aus dem Harz bzw. nahen Thüringer Wald auf Tiefladern an die Ostsee zur Abschussbasis transportiert wurden. Das wohl war der Grund, weshalb am 6. Februar 1945 das Bahnhofsgelände, aber auch das umgebende Wohnviertel, überraschend einem Angriff amerikanischer Bomber ausgesetzt waren, nachdem die Innenstadt bereits im November 1944 in einem schweren Angriff erheblich gelitten hatte, wobei Hunderte Gothaer Bürger ums Leben gekommen waren.

Wir Schüler hatten die Anweisung, bei jedem (zuletzt täglichem) Fliegeralarm den großen öffentlichen Luftschutzraum (schon 1935 gebaut) unter der „Gothaer Lebensversicherung" aufzusuchen, was wir auch immer befolgten. An diesem Tag jedoch überredete mich mein Banknachbar und Freund Heiko, Zwillingsbruder von Sybille, meinem „Schwarm" unter den Mädchen, mit ihm den Keller des eigenen Wohnhauses ganz in der Nähe aufzusuchen. Dieser Umstand oder Zufall rettete meinem Freund und mir das Leben!

Im Keller des Hauses erlebten wir beiden völlig alleine – die Mutter war in einem Rüstungsbetrieb eingesetzt, auch sonst war niemand im Haus – das unerwartete Inferno der Bombardierung. Laut Kriegstagebuch der 8. USA-Luftflotte warfen 188 Maschinen eine Bombenlast von 196 Tonnen (über dem Bahnhofsviertel von Gotha) ab. Die Wirkung der Sprengbomben (und Luftminen) war so verheerend, dass sogar stark befestigte Luftschutzräume nicht standhielten ... Teile des Bahnhofsgebäudes brachen zusammen ... Nördlich der Bahnlinie schlugen die Bomben in das Versicherungs- und Wohnviertel ein (aus: „... die letzten Kriegstage in Gotha", Dr. Helga Raschke).

Der Angriff dauerte etwa 20 Minuten, wobei uns beiden Knaben jede Minute wie eine Ewigkeit vorkam. Der Keller um uns herum war erfüllt vom Heulen der Bomben und Luftminen, dem entsetzlichen Krachen der Einschläge. Es wurde stockdunkel, Kalk fiel von Decken und Wänden, bedeckte uns, die wir zwischen wankenden Wänden – in Todesangst uns mit den Armen umschlingend – jeden Augenblick einen vernichtenden Treffer erwarteten. Die Seele loderte in Angst und Schrecken. Ich bin sicher, dass dieses Bomben-Inferno, das wir zwei in des Wortes Sinn mutterseelenallein in der Finsternis des Kellers erlitten, tiefe, unauslöschbare Spuren in meinem Leben hinterlassen hat.

Nachdem sich das Bombergeschwader entleert hatte, der Himmel wieder ruhig war, tasteten wir uns, noch immer am ganzen Körper zitternd, über umherliegende Trümmer und Schutt nach draußen: Das Obergeschoss des Hauses war durch Wucht und Luftdruck einer in der Nachbarschaft eingeschlagenen Luftmine auf die Straße geschleudert worden. Wir beiden Jungen hatten den Angriff körperlich unversehrt überstanden, seelisch jedoch total verstört, traumatisiert. Von Kopf bis Fuß, auch die Gesichter, von weißlichem Kalk bedeckt, darin die Spuren von Tränen der Angst. Heiko rannte davon, zum Keller des Versicherungsgebäudes, um Sybille zu suchen.

Durch und über Trümmerschutt zu meinem „Zuhause“ in der Schönen Allee geeilt, muss ich völlig verdreckt und auch anderweitig gezeichnet gewesen sein. Da wurde ich schon von einem „Melder“ meines Fähnleins zur „Gothaer Lebensversicherung“ beordert – „in Uniform“. Warum? Damit wir „Pimpfe“ geordnet und übersichtlich erkennbar auf dem Trümmerberg des zerborstenen Gebäudes effektiv einzusetzen waren. Also musste ich mich rasch umziehen, um zu „diesem Dienst“ zu eilen. Wieso eigentlich wurde das von den Erwachsenen zu Hause nicht verhindert? Vielleicht, weil sich niemand Gedanken gemacht hatte, was mich dort möglicherweise erwartete, oder aber alle noch unter dem Schock des eben unversehrt überstandenen Infernos dazu nicht fähig waren?

Das große, alte Versicherungsgebäude war ein einziger, riesiger Trümmerhaufen aus Mauer- und Eisenwerk mit einzelnen noch stehenden, in den Himmel ragenden Mauerresten. Wir Jungvolk – auch Heiko war wieder da an meiner Seite, suchte und fragte in panischem Entsetzen nach Sybille – mussten uns einordnen in die Schlange von Helfern, Schutt abzutragen, um zu den Verschütteten vordringen zu können; sie zu retten, zu befreien. Durch das Zusammenstürzen von Mauerteilen ein gefährliches Unterfangen. Einer der Luftschutz-Warte ermahnte lauthals die untätig Herumstehenden, sich an den tapferen Pimpfen auf dem Schuttberg ein Beispiel zu nehmen und mit anzupacken.

Viele der Menschen, die im Keller Zuflucht und Schutz gesucht hatten, waren durch die Druckwirkung der Luftmine infolge geplatzter Lungen ums Leben gekommen. Die mit weißgrauem Staub – wie mit Mehl – bedeckten Leichen, äußerlich unversehrt, wurden auf einer Rasenfläche hinter dem Trümmerberg in Reihen abgelegt. Auch die toten Klassenkameraden und Klassenkameradinnen! Die genaue Anzahl erinnere ich nicht, aber es waren viele, fast die ganze Klasse; die noch junge Lehrerin war auch dabei.

Beim späteren Wiederaufbau des Versicherungsgebäudes wurde „die Rasenfläche“ in ihrer ursprünglichen Form erhalten. Bei unserem Gotha-Besuch 2001 führte ein älterer Angestellter Dörthe und mich wortlos dorthin. Nie in meinem Leben hat mich leibhaftiges Erinnern so stark bewegt und innerlich aufgewühlt. Gleichzeitig auch getröstet, dass ich diesen Ort noch einmal besucht hatte. Mit dem schweigsamen Gothaer an unserer Seite.

Zu dieser Rasenfläche nun wurden wir beiden Elfjährigen beordert, heraus aus der Schlange der anderen Schutt abtragenden Helfer, nachdem die Einsatzleitung vor Ort erfahren hatte, dass wir beiden tatsächlich die einzigen Überlebenden der zu Tode gekommenen Schulkinder waren. Wegen der Zerstörungen in der Stadt und des ausgefallenen Telefonnetzes konnten deren Eltern zunächst nicht benachrichtigt werden. Daher wurden wir beiden Jungen aufgefordert, unsere getöteten Klassenkameraden zu identifizieren! Wir sollten die Namen auf eine kleine Pappe schreiben, sodann mit einem Draht oder Bindfaden um den Knöchel der toten Kinder binden. Was wir auch ohne Widerspruch tun wollten. Da aber das Bandmaterial meist zu kurz war, zogen wir den Kindern einen Schuh aus – so jene noch an den Füßen waren – und banden das Pappschildchen mit dem Namen um die große Zehe. Bei den Mädchen erwies sich das als schwierig, da die zumeist lange, dicke Wollstrümpfe trugen. Die Jungens hatten fast alle Kniestrümpfe an, die man leicht herunter- und ausziehen konnte.

Als Erstes suchten wir hektisch – immer noch auf eine glückliche Wendung hoffend – nach Sybille, Heikos Zwillingsschwester. Das erste Mädchen in meinem jungen Leben, das ich wirklich gern gehabt hatte. (Sie mich auch.) Wir fanden sie tot in einer der Reihen! In meinen so eindringlichen, optischen und akustischen (nie verstummten) Erinnerungen an den fürchterlichsten Moment dieses Tages, ja meines bisherigen Lebens, sehe ich meinen Freund wie von Sinnen schluchzend neben seiner toten Schwester knien.

Sein herzzerreißender Schmerz übertrug sich auf mich, sodass wir uns zusammen über Sybilles leblosen Körper beugten und ihr auch irgendwann die weit offenen Augen zudrückten, wie uns das Sanitäter zuvor gezeigt hatten. Wir haben es, auch das Ausziehen der Strümpfe, vorsichtig und irgendwie zärtlich gemacht. Weitere Einzelheiten dieses realen Höllen-Szenario erinnere ich nicht. Nur, dass wir bei unserer makabren Tätigkeit ohne Unterlass vor uns hin heulten, greinten und jammerten, verrotzt, mit verschmierten Gesichtern. Der einzige Trost war die Nähe des anderen.

Mit der gestellten Aufgabe, die toten Kinder zu identifizieren, waren und blieben wir beiden Jungen völlig allein, hatten nur uns. „Aber da war keiner, da war nicht einer, zu trösten ihn." (Psalm 69, 21)

Warum nur sind wir „nach Sybille" nicht einfach davongelaufen? Waren auch wir beiden „halbe Portionen" schon so eingebunden in die „Gehorsamskultur", den Zwang von „Befehl und Gehorsam"? Jedenfalls: Wir „funktionierten", und die Einsatzleitung wusste nun, welche Eltern zu benachrichtigen waren.

All das, vom Heulen der Sirenen bis zum Anblick der toten Kinder, „war ein mein ganzes (weiteres) Leben verletzendes Geschehen" (Thomas Bernhard nach der noch 1945 durch Fliegerbomben zerstörten oberbayerischen Stadt Traunstein).

Was uns beide Jungen bis ins Mark traf, war neben dem die Seele total verstörenden Anblick der vielen toten Menschen, der toten Schwester, die völlige Ohnmacht gegenüber dem Tod der noch kurz zuvor quicklebendigen Jungen und Mädchen aus unserer Klasse, denen wir jetzt nur noch den Freundesdienst erweisen konnten, ihnen ihren Namen, ihre Identität wiederzugeben.

270 Menschen, darunter 58 Zwangsarbeiter und Kriegsgefangene sowie 183 Tote unter den Durchreisenden waren an diesem 6. Februar 1945 in Gotha ums Leben gekommen. Insgesamt starben in Gotha unter den Bomben der Luftangriffe zwischen Februar 1944 und April 1945 542 Menschen, darunter 228 Frauen und 77 Kinder!

Wie entsetzt, wie außer mir, „gebrandmarkt" muss ich gewesen sein, als ich nach all dem schließlich wieder zu Hause war. Im Kreis der großen Hausgemeinschaft, beim Abendessen am ovalen Tisch, wurde der Angriff nur knapp thematisiert. Ich hatte das brennende Bedürfnis, mich mitteilen zu wollen, das Erlebte, das für mich einem seelischen Supergau gleichkam, durch Sprechen zu lindern, loszuwerden. Das Grauen und Entsetzten lagen mir auf der Zunge, schnürten mir den Hals. Der Chef des Hauses verbat mir stringent das Wort mit der knappen Bemerkung: „Es ist eben Krieg! Ich möchte am Tisch darüber nichts mehr hören!“ Damit hatte jede weitere Erörterung oder Nachfrage zu unterbleiben. Und da ich Gehorsam gewohnt war, schwieg ich. Und da auch sonst kein Mensch mit mir darüber sprach, blieb nur einsames nächtliches Weinen, ständige innere Unruhe und unendliche Traurigkeit. War in der Gemeinschaft die Angst vor möglicher Denunziation wegen „Defaitismus“ (Mut- und Hoffnungslosigkeit, Aufgabebereitschaft) zu groß, um einen Jungen seine Not und sein Elend rausschreien, „auskotzen“ lassen zu können?

Ganz stark in Erinnerung geblieben in dieser kindlichen Not ist das danach mich wie eine Obsession beherrschende Heimweh nach Sorna, das mir jetzt umso mehr wie ein Paradies vorkam. Am liebsten wäre ich ausgerissen dorthin.

Doch ich wusste auch, dass Sorna nach den Bomben von 43 nicht mehr „mein Sorna“ der Jahre 1941 – 1943 war. Meine kleinen Briefchen, die ich aus Gotha meiner geliebten Tante Lu schrieb, sie zu trösten, aufzumuntern, wenn ich mich recht erinnere, verloren sich – wie sie mir später erzählte – bei der Plünderung des „Herrenhauses“ 1946. Dafür war sie dann 1948 weit gereister, mir liebster Gast bei meiner Konfirmation. Sie stand mir auch zur Seite, nachdem meine Mutter erneut schwer verunglückt war und ich in ein Internat kam. Wir mochten uns noch immer sehr. Vielleicht gerade in ihrem unsäglichen Leid um den Verlust all ihrer Lieben, all ihrer Habe und der Heimat.

Etwa ab März 1945 bis zur Besetzung Thüringens durch die russische Armee gab es in Gotha keinen Schulunterricht mehr. Ob ich nach dem Terrorangriff vom 6. Februar noch Schulunterricht hatte, weiß ich nicht mehr. Meine Klasse gab es ja nicht mehr. Die gewohnte Strukturierung des Alltags für uns Kinder und Jugendliche war weggebrochen.

Mein Banknachbar und Freund Heiko, der Bruder der auf so entsetzliche Weise ums Leben gekommenen Sybille, war von Stund an aus meinem Blickfeld und dem sich wieder einstellenden Alltag verschwunden. Ich erinnere auch nicht, bei einer Beisetzung seiner Schwester dabei gewesen zu sein. Ich habe nie erfahren, wohin es Heiko verschlagen hat, auch seine Mutter traf ich nicht mehr an. Das Haus, in dessen Keller wir beiden Jungen das Bomben-Inferno erlebt und überlebt hatten, war in einem verlassenen, ruinösen Zustand. Heikos und Sybilles Schicksal, der Verlust der beiden Freunde hat mich für lange Zeit zusätzlich gequält und tief traurig sein lassen.

Vom Tag an bis weit in die Pubertät hinein ergriff und begleitete mich (und indirekt meine jeweiligen Schlafgenossen) ein „psychischer Hospitalismus". Der äußerte sich in ruhelosem Hin- und Herwerfen des Kopfes, begleitet von summenden Lauten, beim abendlichen Zubettgehen oder Einschlafen. Was mich (und andere!) für Jahre erheblich belasten sollte. Die Erwachsenen – auch ein hinzugezogener Arzt – waren ratlos.

Nach dem körperlichen und seelischen Erleiden von Bombenterror und seiner entsetzlichen Folgen war ich bei Fliegeralarm nicht mehr zu bewegen, einen geschlossenen Luftschutzraum aufzusuchen. Beim Heulen der Sirenen bekam ich regelmäßig rasendes Herzklopfen und das Gefühl drohenden Durchfalls, und beim Geräusch der überfliegenden Bomberverbände Todesängste. Daher machte ich mich schon bei Voralarm eilends auf den Weg zu einer nahen, am Rande der Stadt gelegenen hügeligen, mit Buschwerk und Bäumen bedeckten Ödnis (Krahnberg?). Hier, unter freiem Himmel, von keinen Mauern eingeengt, fühlte ich mich relativ sicher. Unverständlich heute, dass ich von niemanden vermisst bzw. angesprochen wurde, wo ich mich während der Zeit der häufigen Alarme aufgehalten hatte. War jeder zu sehr mit sich und seiner eigenen Sicherheit beschäftigt? War meine Mutter zu sehr eingespannt in den Dienst der Klinik, in der nun auch Verwundete behandelt und gepflegt wurden?

Es war auch im Februar 1945, als eines Abends zwei Personen die Treppen zur Wohnetage heraufkamen – ich stand neugierig mit in der Wohnungstür –, total rußgeschwärzt die Kleidung, Gesicht, Kopf und Hände. Sie fragten nach meiner Mutter. Als diese zur Türe kam, gab es einen überraschten Ausruf des Erkennens: Das Ehepaar K., Bundesbruder meines Vaters, hatte die Terrorangriffe auf Dresden überlebt mit nichts außer dem, was sie auf dem Leibe trugen. Mit ihrer alten Mutter waren sie durch die Feuerhölle geirrt, bis diese tot zusammenbrach. Der Ehering, nun am Finger des Sohns, war das letzte Andenken an sie. Der Anblick dieser beiden rußgeschwärzten Menschen, die so penetrant nach Feuer und Asche rochen, hat sich ebenfalls wie Blei auf meine Seele gelegt. Sie blieben nur so lange, bis sie – zumindest äußerlich – wieder „menschenwürdig" aussahen, um irgendwohin Richtung Norddeutschland weiterzugehen.

Das Maß der Schrecknisse für den Elfjährigen war noch nicht voll: Es war Ende März, kurz bevor es zur „Belagerung" der Stadt durch amerikanische Panzereinheiten kam. Da wurde ich eines Morgens auf dem Trottoir vor dem Klinikgebäude unfreiwillig Zeuge, wie man über den ganzen Tag eine nicht enden wollende Kolonne von erbärmlich aussehenden Menschen durch unsere Allee trieb. Fast alle in einer blau-grau gestreiften, zerlumpten Kleidung, mit klappernden Holzpantinen an den Füßen, deren Geräusch auf dem Straßenpflaster ich noch im Ohr habe. Begleitet und scharf bewacht war der menschliche Elendszug von SS-Mannschaften in ihrer schwarzen Uniform mit MP im Arm, einige mit angsteinflößenden Schäferhunden an der Seite, die mich, den Hundefreund, wegen ihrer offensichtlichen Aggressivität gegenüber den Getriebenen besonders entsetzten. Wegen dieser auf Menschen abgerichteten Hunde auch hatte man wohl meinen Ado, den dreijährigen Airedaleterrier, der mir von den Gasteltern in Obhut gegeben und daher (wie zuvor Tell in Sorna) mein ständiger Begleiter war, im Haus gehalten.

Meine Gedanken überschlugen sich: Was ist mit diesen elenden Menschen, warum sehen sie so erbärmlich, so ausgehungert aus, woher kommen sie, wohin werden sie getrieben, warum behandelt man sie so brutal, wie man nicht einmal mit Tieren umgehen würde?

Zunächst gab es, nach Einnahme der Stadt durch die Amerikaner, das Gerücht, es habe sich dabei um Teile des „Todesmarschs" von Häftlingen aus dem nahen KZ Ohrdruf gehandelt, einem Außenlager des KZ Buchenwald. Deren Todesmarsch hatte aber in Wirklichkeit von Ohrdruf aus eine andere Route als durch Gotha genommen. Bei dem erbärmlichen Elendszug geschundener Menschen, der sich in Gotha auch durch die „Schöne Allee" quälte, handelte es sich nach späterer Recherche um Zwangsarbeiter und auch KZ-Häftlinge aus dem nahen Ohrdruf. Die bedauernswerten Opfer (zumeist aus dem Osten) waren in den letzten Kriegsjahren in großer Zahl unter menschenunwürdigen Bedingungen auch in den „Gothaer Flugzeugwerken" (Waggonfabrik) zur Zwangsarbeit eingesetzt worden. Hier wurde bis kurz vor Zusammenbruch der Front an der Einsatzfähigkeit des weltweit ersten Düsenjägers gearbeitet. Diese schon über Jahre ausgebeuteten, unmenschlich behandelten Zwangsarbeiter sollten wegen der sich nähernden Front nach Bayern evakuiert werden, um dort noch für den „Endsieg" zu schuften! Zusammen mit Tausenden Häftlingen aus

Im Garten der Gasteltern in der „Schönen Allee" in Gotha mit Ado I, 1944

dem KZ Buchenwald traten sie tatsächlich noch Anfang April einen Fußmarsch – auch einen „Todesmarsch“ – an. Nur etwa 20 Prozent erreichten das vorgesehene Ziel lebend, um dort von amerikanischen Truppen befreit zu werden. Alle anderen sind an Erschöpfung, an Hunger und Krankheit gestorben oder wurden von der SS ermordet.

Ich sah, wie Häftlinge ihre Hände zum Trottoir ausstreckten, um von Frauen aus der Nachbarschaft, von den Bewachern unbemerkt, etwas Essbares zugesteckt zu bekommen. Wurde dieser verstohlene Akt der Menschlichkeit und des Erbarmens von den SS-Schergen beobachtet, setzte es barsche Verweise und auch Schläge mit dem Gummiknüppel. Ab und zu hörte ich den scharfen Knall von Schüssen und sah einzelne Häftlinge als leblose blau-weiße Bündel am Straßenrand liegen. Vom Trottoir aus konnte ich in einer Art inneren Aufruhrs alles mit anschauen. Die verstörenden Eindrücke sind wie eintätowiert in die erinnernde Seele. Die Bilder sind vor meinem inneren Auge – oft nachts – nie erloschen. Immer wieder kommt es vor, oft am frühen Morgen, dass ich sie sehe: die ovalen kahlen Schädel und Gesichter mit „Löchern“ in den Wangen, den übergroßen, versunkenen, leeren Augen und den zumeist offenen, runden Mündern. Wie ein Schlag traf es mich Jahrzehnte später: das an diesen Anblick schmerzlich erinnernde Gemälde „Der Schrei“ des norwegischen Malers Eduard Munch.

Ich habe auf dem Trottoir wie angewurzelt ausgeharrt. Von selber bin ich nicht gewichen. Es war das heute noch erinnerliche körperlich schmerzende „Mit-Leiden“, das mich wie festgenagelt am Ort des Grauens ausharren ließ. Reden habe ich sie nicht gehört, die Getriebenen, nur das Schlurfen und rhythmische Klappern ihrer Klotschen auf dem Kopfsteinpflaster, so, als hätte ich ihren Pulsschlag gehört. Trotz allen Elends erkannte ich die in ihrer Not und Pein vorbeischlurfenden Gestalten als Menschen, deren Menschsein in pervertierter Weise missachtet und mit Füßen getreten wurde. Einige der Getriebenen waren nicht sehr viel älter als ich. Ich glaube heute, dass ich – obwohl (oder gerade) noch Kind – in diesen Stunden unbewusst verinnerlichte, was Erbarmen bedeutet, hätte bedeuten können! Ein Wehrmachts-LKW, auf dessen Ladefläche aufgestapelt die am Straßenrand erschossenen Häftlinge lagen, die keine Kraft mehr gehabt hatten zum Weitergehen, bildete irgendwann an jenem Tag im März 1945 den Abschluss dieses unvergesslichen menschlichen Leidenswegs.

Wieso hat mich niemand von der Straße ins Haus geholt in diesen langen quälenden Stunden, spätestens, als ich im Haus nach Erklärung heischte? Um mich damit vor den apokalyptischen Bildern zu bewahren. Sind doch die Augen das direkte Tor zur Seele. Was ich gesehen und miterlebt hatte, erkannte ich mit meinen elf Jahren ganz instinktiv als Verbrechen. Beim nächsten „Dienst“ schnitt unser Fähnleinführer zaghafte Nachfragen von uns Pimpfen rigoros ab: „Aber es waren doch nur Verbrecher, Juden und Russen!“

Auf die Frage nach dem „Wer“ und „Warum“ an den Chef des Hauses, der mit versteinertem Gesicht hinter dem großen Salonfenster stand, bekam ich zur Antwort: „Das weiß ich auch nicht, aber das wird uns noch viel zu schaffen machen.“ Was ich nicht hörte aus dem Mund des humanistisch gebildeten Zeugen des abscheulichen, menschenunwürdigen Anblicks, war ein Wort des Bedauerns oder Mitgefühls. Er hat es wohl mir gegenüber nicht über die Lippen gebracht. Mir wäre es hilfreich gewesen in meinem Entsetzen und meiner großen Ratlosigkeit.

Auch dieses neuerliche und für die Seele eines Kindes tief traumatisierende Erlebnis wurde nicht zum Anlass genommen, im Kreis der Hausgemeinschaft oder auch zu zweit darüber zu sprechen, nach Erklärung zu suchen, oder vielleicht auch „nur" zu trösten. Fragen, gar kritisches Fragen, auch noch seitens des Jüngsten in der Runde, wurde durch Strafandrohung eingeschüchtert. Natürlich hatten die Bewohner des Hauses inklusive meiner und meiner Gastfamilie und auch die Patienten der Klinik mitbekommen, was sich da auf der Straße vor ihren Augen abspielte, ohne zu diesem Zeitpunkt eine Erklärung dafür haben zu können. Aber das Schweigen darüber konnte ich genau so wenig einordnen in mein kindliches Denken und Fühlen wie das Geschehen selbst.

Von mir als ebenso unverständlich empfunden, konnte (oder wollte) sich auch später aus dem Kreis der in unserem Refugium in Gotha Lebenden niemand an diesen brutalen und mörderischen Vorgang des „Durchtriebs" der Häftlinge durch unsere Allee erinnern. Auch nicht mein Bruder oder meine Mutter! Der mit dem „versteinerten Gesicht", an den ich mich damals um Erklärung heischend gewandt hatte, wollte viele Jahre später anlässlich eines großen Geburtstags zu dem Geschehen ebenfalls nichts sagen. Ich hatte es zu respektieren.

Manchmal habe ich mich da gefragt, ob ich all das vielleicht nur geträumt hatte. Aber ich hatte nicht geträumt! Die Gothaer Historikerin Dr. Helga Raschke hat 2012 mein entsetztes Mitansehen der qualvollen Ereignisse in der Schönen Allee bestätigt. Wir haben lange miteinander gesprochen. Und waren beide bewegt davon, dass wir als fast Gleichaltrige diese und andere Chaostage und Gräuel zur gleichen Zeit am gleichen Ort miterlebt, oder zumindest davon gewusst hatten.

Auch dieses einschneidende Ereignis und Erlebnis, das wie manches andere die kindliche Seele verstörte und „Kindseinkönnen" in Frage stellte, wurde durch die rasche Folge nicht endender kriegerischer Ereignisse, durch das Nahen der Front mit Belagerung der Stadt, zunächst an den Rand gedrängt. Zu viel hatte sich ereignet, um das „Grauen" der Stunden in der

Schönen Allee ständig im Bewusstsein zu halten. Gespeichert jedoch für ein ganzes Leben wurde es im Unterbewusstsein, mit oft schrecklichen und bedrängenden Träumen, die mich noch lange Zeit mit Herzklopfen aus dem Schlaf aufschrecken, mit Bildern von Zerstörung, Tod und Elend vor Augen.

Meine Frage nach dem „wer" und „warum" mag ein Hinweis sein auf erstes (kindliches) Nachdenken des Erlebten und zögernder Distanzierung von der Indoktrination, der auch wir Kinder zumindest im Jungvolk und auch in der Schule ausgesetzt waren (Ritual des morgendlichen Fahnenappells). Ich erinnere mich, dass ich seit dem Bombeninferno mit den „toten Klassenkameraden" sowie dem mir völlig unverständlichen Anblick der „geschundenen Zwangsarbeiter" ein baldiges Ende all der Schrecknisse, ein Ende dieses Krieges aus tiefstem Herzen herbeisehnte!

Eine Begebenheit erhellt ganz gut den Geist der Zeit. Es muss gegen Ende 1944 gewesen sein, als an einem Nachmittag zwei Männer in brauner Parteiuniform am privaten Wohnbereich der Klinik läuteten, von mir geöffnet bekamen und der Dame des Hauses mitteilten, dass ihr 18-jähriger Sohn auf einem Übungsflug über heimatliche Lande wegen technischer Mängel (Sabotage?) abgestürzt sei; gefallen „für Führer, Volk und Vaterland", wie es damals hieß. Als ich die Mutter des so jung Gefallenen am späten Abend beim „Gute-Nacht-Sagen" zaghaft fragte, ob „ich denn morgen zur Schule gehen solle, nachdem doch Gerhard heute gefallen sei", bekam ich die ruhige und bestimmte Antwort, dass das Versäumen der Schule sicher nicht im Sinne meines großen Freundes gewesen sei, der ja schließlich auch jeden Tag, egal was passierte, „seine Pflicht getan und dafür sogar sein Leben gelassen habe".

„Humorlos und schnell mussten Kriegskinder zu Erwachsenen werden. Sie wurden in ihrer persönlichen Entwicklung genau dort geschädigt, wo es am meisten wehtut: bei den ersten entscheidenden Lebenserfahrungen. Eine barbarische Diktatur, streng-autoritäre Erziehung und materielles Elend besonders nach dem Krieg formten ihre seelische Identität. Das Fazit: Die Kriegskinder gehören zu einer betrogenen, vergewaltigten Generation, sie zahlten die Zeche für den Krieg schon bei ihrer Geburt! Und sie litten auch besonders unter den Konsequenzen dieses Krieges.

Der Überlebensdruck Ende der 40er- bis Ende der 50er-Jahre kostete die zweite Chance im Leben: Nach der Kindheit im Krieg war es diesmal die Jugend nach dem Krieg, die für immer beschädigt wurde." (Aus: „Betrogen und vergessen. Die Geschichte des Kriegskindes Reinhard Bachner").

Gerhard war, bevor er, noch 17-jährig, zur Luftwaffe eingezogen wurde, in Gotha bei der „Flieger-HJ" gewesen. In den wenigen Urlaubstagen, in denen ich ihn in seinem Elternhaus in der Schönen Allee erlebte, imponierte er mir in seiner schmucken hell-blauen Luftwaffenuniform. Er hatte auf mich „Pimpfling" eine starke Ausstrahlung. Er lehrte mich in diesen gelösten Urlaubstagen das „In-die-Luft-Schießen" von aus Pappe und Papier selbst gebastelten „Fliegern" („Schwalben") mittels einer aus einer Astgabel hergestellten „Fletsche". Auch wieder so eine Vorbild-Persönlichkeit.

Beim Überbringen der Todesnachricht, wobei ich zufällig zugegen war, stieg es ganz heiß auf in mir, in meiner Kehle. Doch nachdem ich verstohlen in das bleiche, versteinerte Gesicht meiner „Tante" Hilde geschaut hatte, die sich mit aller Kraft beherrschte, unterdrückte ich den Ausbruch meines Entsetzens und eines mich körperlich peinigenden Schmerzes. Meine Gedanken an, meine Gefühle für Gerhard wichen mir nicht aus der Seele. Bis tief in die Nacht hatte ich – zutiefst traurig und leise vor mich hin weinend – sein leibhaftiges Bild vor Augen.

Ein innerer Zwang bedrängte mich am nächsten Morgen in der Schule ohne Unterlass, irgendeine Brücke zu ihm herstellen zu wollen, so zu tun, als gäbe es noch eine Verbindung zu ihm. Das Endgültige wollte, konnte ich wohl nicht begreifen. Dabei gab es doch täglich in der Zeitung die manchmal seitenlangen Todesanzeigen mit den schwarzen Kreuzen der für „Volk und Vaterland" Gefallenen.

Nach der Schule blieb ich in meiner Bank sitzen – ich war zehn Jahre alt – und verfasste auf einem Blatt meines Schreibhefts einen (fingierten) Brief Gerhards an seine Eltern: „Lieber Vati, liebe Mutti ...!"

Ich weiß nur noch, dass ich darin schrieb, sie mögen sich keine Sorgen machen, es gehe ihm gut und dass er sich freue auf den bevorstehenden Heimatflug, bei dem sein Flugzeugführer extra eine Schleife über Gotha und die „Schöne Allee" fliegen werde – was tatsächlich vorgesehen war. Gerhards Mutter, meine Mutter und die Köchin, die „dicke Mieze", hatten schon auf der Dachterrasse ein Bettlaken zurechtgelegt, um es bei Gerhards „Schleife" in die Lüfte zu schwingen. Man wartete lange, sehr lange ... wartete vergeblich!

Als ich abends bei Tisch vor der ganzen Mannschaft den mit „heißem Herzen und heißen Fingern" geschriebenen Brief hervorholte (aus einem Umschlag des Hauses!): „Ich habe ihn im Briefkasten gefunden ...", war man betreten, auch amüsiert, mit dem Ausdruck ungläubigen Staunens über „Hansels Phantasien". Nur Tante Hilde, Gerhards Mutter, war reglos und sprach kein Wort. Als ich zum „Gute-Nacht-Sagen" in ihr Zimmer kam – sie war ganz alleine dort –, nahm sie mich, verweint wie sie war, in die Arme und gab mir einen der eher seltenen, zärtlichen Küsse. Sie versprach – jetzt mit mir weinend – „diesen Brief ewig aufzuheben."

Schade, ich habe sie Jahrzehnte später – es herrschte wohltuende Alltagsnormalität – nicht mehr danach gefragt. Vielleicht, weil mir das Stellen bestimmter, brisanter Fragen vergangen war. Man bekam dabei häufig unwirsche Antworten, als sei das Fragen eine Zumutung.

Was ich damals am Abendbrottisch so gar nicht verstehen konnte, war, dass die Erwachsenen nicht einfach an den Brief glauben wollten, der mir doch so schöne Gefühle für Gerhard machte.

Anfang April 1945 (um die Osterfeiertage) kam die Front immer näher, bis Gotha in seinem westlichen Vorfeld am Krahnberg und bei Goldbach von Panzereinheiten der 3. amerikanischen Panzer-Armee General Pattons regelrecht belagert war. Das war das Signal für die führenden lokalen Nazis, die Stadt in östlicher Richtung zu verlassen. Dabei war Gotha von Hitler persönlich als strategisch wichtiger Standort zur „Festung" erklärt worden, was bedeutete, dass die Stadt „bis zur letzten Patrone" zu verteidigen sei, wofür ein SS-Kommando auf Schloss Friedenstein Sorge zu tragen hatte.

Das militärische Oberkommando jedoch lag bei der Wehrmacht. Standortkommandant war der österreichische Oberstleutnant von Gadolla. Dieser stand zusammen mit zivilen Behörden der Stadtverwaltung gegenüber der SS im scharfen Widerstreit wegen der von ihm mit Überzeugung und Mut vertretenen Bereitschaft zur bedingungslosen Kapitulation, weil ihm nach Lage der Dinge jeglicher Versuch einer Verteidigung der Stadt sinnlos erschien, nur unnötige Opfer unter der Zivilbevölkerung mit den ungezählt vielen Flüchtlingen gefordert und vielleicht die totale Zerstörung der Stadt bedeutet hätte.

Zum Zeichen des Verteidigungswillens war auf dem Schlossturm die schwarz-weiß-rote Reichskriegsflagge gehisst worden. Die Amerikaner, die mit ihren Panzerkolonnen in einigen Kilometern Entfernung vor der Stadt in einer großen Ebene zum Westen hin standen und den Vormarsch zur Vermeidung eigener Verluste gestoppt hatten, reagierten darauf mit einem Ultimatum: Die Stadt werde durch erneute, massive Bombardierung „dem Erdboden gleichgemacht“ (laut Flugblatt), sollte sie nicht innerhalb 48 Stunden kapitulieren. Zudem wurden die Einwohner aufgefordert, beim bevorstehenden Einmarsch der amerikanischen Truppen als Zeichen der Kapitulation weiße Fahnen aus den Fenstern ihrer Häuser zu hängen.

Von diesem Zeitpunkt an bis zur endgültigen Besetzung beschossen die Amerikaner mit ihrer Panzerartillerie das Stadtgebiet, wobei auch das bisher verschonte historische Renaissance-Theater in Schutt und Asche fiel.

Die Drohung mit erneuter Bombardierung löste bei mir Todesängste aus. Ich sammelte hektisch die überall herumliegenden Flugblätter und verteilte sie an Passanten, die mir in den umliegenden Straßen begegneten, mit der flehentlichen Aufforderung, ja doch weiße Fahnen aus den Fenstern zu hängen! In der Furcht vor einer tatsächlich erneuten Bombardierung verschwand ich von zu Hause und flüchtete mich in das dem Westen der Stadt vorgelagerte hügelige Gelände (Krahnberg?), das ich vom Splittergrabenausheben durch Volkssturm und HJ kannte und das eigentlich als äußerer Verteidigungsring der Stadt fungieren sollte.

Hier, in völliger Einsamkeit und Sicherheit vor eventueller Bombardierung, hatte ich eine ungehinderte Sicht auf den in einigen Kilometern Entfernung halbkreisförmigen Aufmarsch der amerikanischen Panzer bzw. Panzerartillerie. Deren Abschüsse, das Heulen in der Luft über meinem Standort sowie die krachenden Einschläge irgendwo hinter mir in der Stadt konnte ich sehen und hören.

Am Fuß des hügeligen Geländes machte ich Gruppen deutscher Wehrmachtssoldaten zusammen mit Männern des „Volkssturms“ aus, die dort bewegungslos den Amerikanern gegenüberlagen. Diese Situation blieb über zwei Tage bestehen, ohne dass Entscheidendes geschah. Am Abend kehrte ich nach Hause zurück, dort ohne Nachfrage oder Reklamation meines Verbleibs. Jeder war wohl genug mit sich selbst beschäftigt und dem, was da auf alle zukommen mochte! Ich glaube, meine Mutter war froh, dass ich gegen Abend überhaupt wieder auftauchte. Die Welt und die „gewohnte Ordnung" war aus den Fugen.

Innerhalb des „Verteidigungsrats" der Stadt war der österreichische Wehrmachtsoffizier von Gadolla – anders als die SS – immer mehr von der Sinnlosigkeit einer militärischen Verteidigung und den schrecklichen Folgen für Stadt und Bewohner überzeugt. Aus eigenem Entschluss und entgegen Befehl von höchster Stelle machte er sich am 3. April mit Fahrer in einem Kübelwagen auf den Weg zu den feindlichen Linien, um die Kapitulation persönlich zu erklären, wurde aber, kurz bevor er eine vorderste amerikanische (feindliche) Einheit erreichen konnte, von (angetrunkenen?) Wehrmachtssoldaten festgenommen und – durch einen Unfall am Kopf erheblich verwundet – in das nahe Weimar verbracht.

Dort, am Ettersberg, nahe dem KZ Buchenwald, wurde der aufrechte, mutige Mann und Offizier nach einem sogenannten „ordentlichen Kriegsgerichtsverfahren" wegen Nichtbefolgen eines Führerbefehls am 5. April 1945, einen Tag nach Einnahme Gothas durch die Amerikaner, „standrechtlich" erschossen! Erst 1997, 52 Jahre nach seinem Tod, wurde das Urteil aufgehoben und Gadolla voll rehabilitiert.

Das Opfer eines mutigen, verantwortungsbewussten Einzelnen fand noch lange Zeit nach dem Krieg (DDR-Jargon: „faschistischer Offizier der Junker-Kaste.") nicht die gebührende Anerkennung. Ein Gedenkstein an diesen Mann konnte erst nach der „Wende" von 1989 errichtet werden.

Diesem Gedenkstein des österreichischen Wehrmachtsoffiziers, der durch Einsatz seines Lebens möglicherweise auch mein und meiner Familie Leben gerettet hat, haben Dörthe und ich 2010 einen Besuch abgestattet.

In der Stadtverwaltung und auf dem Schloss kam es zu heftigen Auseinandersetzungen zwischen zivilen Behörden und der SS, in deren Verlauf mehrmals die Kriegsflagge – auf dem Schlossturm weithin sichtbar – gegen die weiße Flagge der Kapitulation ausgetauscht wurde. Dieser Umstand bewog die amerikanische Militärführung erneut, der Stadt ultimativ mit einem Flächenbombardement zu drohen, sollte sie nicht ihre Bereitschaft zur Kapitulation unverzüglich und nun definitiv zu erkennen geben. Die Katastrophe für Gotha wurde – insbesondere durch das Insistieren von Mitarbeitern der Stadtverwaltung – nach erneutem, sofortigen Hissen der weißen Flagge auf dem Schlossturm quasi in letzter Minute verhindert. Die SS hat die Stadt fluchtartig Richtung Osten verlassen.

Statt Gotha traf es nun aber die unweit gelegene thüringische Stadt Nordhausen. In einem großräumigen Flächen-Bombardement wurde diese Stadt noch am 3. April 1945 fast vollständig zerstört mit Tausenden von Opfern! Der Gothaer Kurt Döbler, Angestellter der Stadtverwaltung, schrieb später: „Die Gothaer sollten nie vergessen, dass sie dem Mut und der Opferbereitschaft des österreichischem Wehrmachtsoffiziers die Erhaltung ihrer physischen und materiellen Existenz zu danken haben, lautete doch die traurige Bilanz für das zerstörte Nordhausen: 8.800 ums Leben gekommene Bürger (überwiegend ältere Männer, Frauen und Kinder!) sowie die Zerstörung von 13.000 Wohnungen und Gebäuden, 6 Schulen und 4 Kirchen. Gadolla gab sein Leben, um Gotha dies Schicksal zu ersparen!“ All das erfuhr ich natürlich erst viel später.

Eine weitere Erinnerung aus diesen „apokalyptischen“ Tagen betrifft das am Stadtrand gelegene Lebensmitteldepot der Wehrmacht oder SS, ein mehrstöckiges, massives Gebäude. Auch wir Jungens hatten uns dort getroffen, um mit auf Raubzug zu gehen. Scharen von Gothaer Bürgern strömten über eine breite Rampe durch ein großes Tor in das Gebäude hinein und danach heraus mit gefüllten Koffern, Kartons, Taschen und Säcken. Drinnen im Depot gab es alles, was das Herz begehrte, von Reis, Mehl, Zucker, Schokolade über Feinkost bis zu Spirituosen, Weinen und sogar Champagner! Für viele der Landsleute unbekannte, seit langem unerreichbare Köstlichkeiten.

Ich sehe noch einen Offizier mitten in der Menge auf der Rampe stehend, mit seiner Pistole in der Luft fuchteln. Er versuchte vergeblich, die Plünderung dieses riesigen Lebensmitteldepots zu verhindern. Wir Jungens gehörten mit unseren unten zugeschnürten „Überfallhosen“ (HJ-Winterkleidung) als „Stau-Raum“ auch zu den „Dieben“. Was wir da nun im Einzelnen erbeutet haben, weiß ich heute nicht mehr.

Von meinem „vorgeschobenen Beobachtungsposten“ im hügeligen westlichen Gelände der Stadt, wohin ich mich immer wieder „verzogen“ hatte, sah ich, wie plötzlich Dutzende amerikanische Panzer begannen, gegen die Stadt vorzurücken, nachdem ein kurzes „Scharmützel“ mit deutschen Verteidigern abgeklungen war. Nun strömten auf einmal Gruppen von Wehrmachtssoldaten, Männer des Volkssturms und HJler, aber auch SS-Kämpfer das Gelände herauf – meist die Splittergräben als Deckung benutzend –, um sich dort ihrer Uniform (woher kam die Zivilkleidung?), vor allem aber ihrer Waffen zu entledigen. Erstaunt rieten sie mir, mich schnellstens zu verdrücken, da der ungehinderte Einmarsch der „Amis“ nun nicht mehr lange auf sich warten ließe.

Mit Herzklopfen bestaunte ich die herumliegenden Handfeuerwaffen: echte! Panzerfäuste, Handgranaten sowie Gurte mit MG-Munition. Stahlhelme. Meine Neugier überwand die natürlichen Ängste vor dem verteufelten Feind, und ich bewegte mich vorsichtig aus dem Buschwerk heraus zur Stadt hinunter, immer näher zum Ort des aktuellen Geschehens, wobei ich nur dem lauten und mir unbekannten Brummen und Dröhnen der in die Stadt einrückenden amerikanischen Panzer zu folgen brauchte.

Dann schließlich bestaunte ich von einem Bürgersteig aus die mit riesigem Motorenlärm an mir vorbeirasselnden amerikanischen „Sherman-Panzer“ mit ihren aufgesessenen, zumeist farbigen GIs – „Negern“. Zwar mit der Waffe in der Hand, aber mir mit der anderen Kaugummi und Schokolade zuwerfend unter freundlichen Zurufen wie: „Hey Blondie!“. Die nachfolgenden Infanteriesoldaten im Gänsemarsch rechts und links auf dem Bürgersteig, lässige junge GIs mit hohen Marschstiefeln auf dicken Gummisohlen, das Gewehr locker im Arm, verhielten sich nicht anders. So schlugen Ängste und Befürchtungen in Erleichterung, ja Begeisterung um über diese fast freundschaftliche Begegnung mit dem bösen Feind von eben und bald schon war ich „ideologisch“ – man kann auch sagen mit „fliegenden Fahnen“ – zu ihnen „übergelaufen“!

Ich sehe noch die erstaunten Gesichter zu Hause, als ich stolz und voll Freude die mir von den „Amis“ zugeworfenen „süßen Schätze“ – und das waren sie für uns – aus meinen Hosen- und Jackentaschen ausbreitete. Der Krieg, die existenzielle, körperliche Bedrohung schien für mich damit vorüber zu sein. Abgelöst von einem mehr unbewussten neuen Empfinden in meinem jungen Leben: Zum ersten Mal seit Monaten verspürte ich, dass die bisherige ständige Angst sich in Erleichterung, ja in ein ungeahntes „Glücksgefühl“ verwandelte.

Am Abend des Ostermontags 1945, nachdem die Amerikaner Gotha kampflos eingenommen hatten, fand im großen Altbau der ehemaligen NS-Kreisleitung in der Schönen Allee (später amerikanisches Offizierskasino) eine Art „Bankett der Sieger“ statt, an dem der „Oberbefehlshaber der alliierten Streitkräfte in Europa“, General D. Eisenhower, General Patton und andere hohe Militärs teilnahmen. Die Tischdekoration für das Bankett stammte aus deutschen Privatbeständen. Auch das Herrichten der Tafel übernahmen Damen der „besseren Gesellschaft“ aus unserer direkten Nachbarschaft. Das Blatt hatte sich vollkommen gewendet.

Die beiden hohen Militärs hatten nur Tage vor der Einnahme Gothas die Reste des KZ Ohrdruf (ca. 20 km südlich von Gotha) besichtigt, das die Amerikaner unmittelbar vor der Einnahme Gothas „befreit“ hatten. Es war das erste KZ, das ihnen bei ihrem Vormarsch in Deutschland in die Hände fiel. Die SS hatte Tausende der überlebenden Häftlinge auf einen Marsch zum KZ Buchenwald auf den Ettersberg oberhalb Weimar gezwungen. Die meisten der kranken, nicht gehfähigen Insassen im KZ Ohrdruf wurden dort erschossen und auf Scheiterhaufen verbrannt. Auf Fotos sieht man die beiden Generäle, wie sie erschüttert vor diesem Zeugnis brutaler deutscher Verbrechen stehen.

Die Erleichterung und Freude war groß, als es keinen Verdunklungszwang mehr gab! Das war wie Erlösung und Befreiung von der panischen Angst, in einem Luftschutzraum sitzend bombardiert zu werden. Was nicht bedeutete, dass nicht nach wie vor amerikanische Bomberverbände mit ihren langen weißen Kondensstreifen in großer Höhe über uns hinweg Richtung Osten (Berlin) und zurück flogen, wo der Krieg in seiner Endphase noch unvermindert tobte, mit Tausenden von Toten auf beiden Seiten. Und auch hin und wieder sich am Himmel Luftkämpfe zwischen deutschen und amerikanischen Jagdflugzeugen („Jägern“) abspielten, die immer zu Gunsten der „Amis“

ausgingen, was die GIs und wir ehemaligen Pimpfe mit den jeweiligen lauten Anfeuerungen begleiteten. Wenn es dann schlecht ausging für den Deutschen und der schneidige Jagdflieger mit einer langen schwarzen Rauchfahne irgendwo abstürzte, war ich traurig, was einen „Ami“ veranlasste, mir tröstend seinen Arm um die Schultern zu legen.

Alle Privathäuser – zumeist Villen – in unserer Allee wurden für amerikanische Offiziere „requiriert“ und mit Sack und Pack von den amerikanischen Besatzern bezogen. Nur die Klinik blieb davon verschont, bekam ein großes Schild mit „off limits“. Somit war unser Refugium – die HNO-Klinik – eine zivile Insel mitten im Wohnbereich amerikanischer Offiziere, mit ihren Jeeps für jeden Weg, ihren weggeworfenen langen Zigarettenkippen (die wir emsig in Blechdosen sammelten) und ihrem großen Offizierskasino mit einer Küche wie im Schlaraffenland.

Mit dem Koch, einem Farbigen, hatte ich mich rasch angefreundet. Bei gutem Wetter fand die Essensausgabe an die Offiziere gleich neben der Küche im Park statt. Wobei ich helfen durfte, was zu manch erstaunter Heiterkeit Anlass gab. Der Koch war „hin und weg“ von meinem blonden Lockenschopf; Friseure hatten noch geschlossen. Seine Zuneigung übertrug sich auch auf Ado, der sich einen Bauch anfraß von allem, was die „Amis“ in den Restekübel warfen. Ich bekam nach Belieben das, was mir am besten schmeckte, z. B. öltriefende Omeletts mit süßer Konfitüre, deren Geschmack ich ein Leben lang erinnerte. Ich war bei den Amis „persona grata“ und verbrachte am und im Kasino und seinem Park mit Ado oft den ganzen Tag, nur ausnahmsweise mit Kameraden aus dem ehemaligen Fähnlein, die sich zuvor bei mir – „großzügigerweise“ – das coole „O.K.“ einholen mussten, im Ohr bis heute aus den Armee-Lautsprechern amerikanische Rhythmen wie etwa Louis Armstrongs „What a wonderful world“.

In diesem interessanten und spannenden Umfeld – einer uns bis dahin unbekannten Welt – „ereignete“ sich in den folgenden Wochen der Alltag von uns Jungens, die wir nach dem „Untergang“ des Jungvolks und des ganzen NS-Spuks in einer verschworenen Clique zusammengeblieben waren. Wir älteren Kinder und Halbwüchsigen bekamen nun eine sehr praktische und konkrete Ahnung davon, was Freiheit – in unserem Fall als Abwesenheit jeglicher Ordnung und Autorität – bedeuten konnte und wie sich das anfühlte. Allerdings unter Beachtung der strikten Verordnungen der amerikanischen Militärbehörden.

Ein Relikt aus einer ganz anderen Welt war ein Ende März 45 in höchster Eile geräumtes provisorisches Wehrmachtslazarett, das im historischen „Herzöglichen Prinzen-Palais“ am Eingang zur Schönen Allee untergebracht gewesen war, die öden, verlassenen Räumlichkeiten voller chaotischer Unordnung, Unrat und Müll aus einer Welt in Auflösung. Auch sie waren Ziel und Gegenstand unserer grenzenlosen Neugier, die wir täglich aufs Neue mit einem Highlight zu befriedigen suchten. Hier nun, in den Souterrainräumen des zum Lazarett umfunktionierten Palais, fanden wir in einem Schrank Kartons voll mit verpackten Kondomen! Die etwa 14-, 15-Jährigen unter uns demonstrierten zur Heiterkeit der ganzen „Clique“, was man damit alles anfangen konnte: aufblasbare „Luftballons“ oder erstaunlich große „Wasserbälle“, die man unter Gejohle gegen Wände schleudern und zum lauten Platzen bringen konnte. Von den „Parisern“, wie sie von den Großen uns Jüngere „aufklärend“ genannt wurden, stopfte ich mir – wie auch andere – die Hosentaschen voll, um auch daheim unbeobachtet „Luftballons“ aufblasen zu können, was meine, mich überraschende und entsetzte Mutter sofort unterband. Sie war sprachlos, als ich ihr erklärte, sie, die „Pariser“, seien noch nicht „benutzt“ gewesen.

Schule gab es (noch) nicht und so hatten wir den ganzen Tag Zeit für die sich aller Orten bietenden Abenteuer, wie auch das Durchstromern des ehemaligen Fliegerhorstgeländes außerhalb der Stadt. Dort standen mehrere teilzerstörte deutsche Jagdflugzeuge, in denen man herumklettern und -hantieren konnte, was eines jeden Jungen Herz höher schlagen ließ.

Ein regelrechter sportlicher Kick war – für eine gewisse Zeit – das Erbeuten amerikanischer Frontverpflegung. Die befand sich in den typischen wasserdichten, olivgrünen, kleinen rechteckigen Kartons, mit Blechbändern verschlossen, auf der Kettenabdeckung der Panzer seitlich neben dem Geschützturm. Etwa zehn dieser Panzer waren im Park des „Prinzen-Palais" abgestellt, von einer mannshohen Backsteinmauer umgeben, die man leicht überwinden konnte. GI's mit geschultertem Gewehr bewachten und patrouillierten in regelmäßigen Abständen außen an der Mauer entlang das „militärische Sperrgebiet". Wir, drei ehemalige Pimpfe unseres „Fähnleins", wussten bereits von anderen, welche Köstlichkeiten sich in den Verpflegungskartons befanden. Zielbewusst – wie wir es gelernt hatten – überwanden wir die Mauer, just dann, wenn der Posten unser Versteck passiert hatte. Wir erklommen den Panzer und schnitten mit einer „Mikrobauzange" die Blechstreifen der Kartons durch. Den Inhalt, olivgrüne Päckchen mit Schokolade, Zigaretten, Kaugummi, Dosen mit Cornedbeef und Käse sowie einer Art Pumpernickel, verstauten wir in unseren am Knöchel zugeschnürten „Überfallhosen" (Jungvolk-Winterkleidung), schlichen nach gleichem Muster unbemerkt aus dem Gelände und luden zu Hause die „reiche Beute" voll freudigem Stolz auf den Tisch! Die Erwachsenen freuten sich ebenfalls, es gab keinerlei Einwände wegen „Diebstahls fremden Eigentums".

Mit ähnlicher Taktik „besuchten" wir die Villen, in denen Offiziere einquartiert waren und erbeuteten auch dort – falls die Haustüre nicht verschlossen und offensichtlich niemand im Haus war – manch Schmackhaftes. Auch für uns interessante Gebrauchsgegenstände, wie z. B. Taschenmesser. Ein Unrechtsbewusstsein hatten wir nicht bei ausbleibendem Einspruch der Erwachsenen. Außerdem handelte es sich bei den Bestohlenen ja um den „Feind von gestern". Die Raubzüge hörten in dem Augenblick auf, als die Amerikaner bemerkten, dass sie bestohlen wurden und sie uns zu Freunden geworden waren, woraufhin sich unser Gewissen mächtig zu rühren begann. Eine weitere „Betätigung" war das Einsammeln von Zigarettenkippen. Die Amerikaner rauchten gewöhnlich ihre Zigaretten bis zur Hälfte, dann landeten diese – jedenfalls im gut besuchten Kasino – im Aschenbecher und deren Inhalt letztlich auf dem Boden der großen Kellerräume. Eine Müllabfuhr gab es noch nicht. Aus riesigen Haufen von Papierkorb- und Aschenbecherinhalt haben wir die begehrten Kippen herausgefischt und verstauten sie zunächst – wofür oder wen auch immer – in Konservendosen und Eimern.

Einer der Höhepunkte dieses aufregenden Sommers 1945, so ganz nach den Wünschen eines neugierigen, abenteuerlustigen Jungen dieser Zeit und diesen Alters, war das Angebot eines farbigen Jeepfahrers – nach dem „o.k. of your mother" –, ihn für 1 ½ Tage auf seiner dienstlichen Kurierfahrt in den Thüringer Wald zu begleiten. Ob vom Vorgesetzten gewusst oder genehmigt, wurde von mir nicht hinterfragt.

War das ein „Juchhe", nachdem auch meine „beglückte" Mutter – als Bedingung für ihre Einwilligung – mitfahren durfte, um bei dieser Gelegenheit ihren in Hildburghausen (Südseite des Thüringer Walds) „evakuierten" Vater, meinen Opa, erstmals seit langem besuchen zu können. Hildburghausen war Zielort der Kurierfahrt.

So machten wir an einem herrlichem Junitag mit einem lautfröhlichen, „schokofarbenen Sarotti-Mohr" in amerikanischer

Diese Büste von mir fertigte 1944 der Berliner Bildhauer Prof. Gerhard Schreiter in Gotha an.

Armeeuniform am Steuer eines tollen Jeeps (Traum eines jeden Jungen) eine vergnügte Landpartie: Über ach so holpriges Kopfstein-Pflaster, die vielen Kurven des Thüringer Walds mit seinen langgezogenen Tälern, ging es entlang grüner Felder und blühender Wiesen durch einsame Dörfer und Weiler. Hin und wieder makabre Relikte des Krieges, mit meiner radebrechenden Mutter (sie hatte meinen Vater mehrmals auf dessen USA-Reisen begleitet) neben dem Fahrer und mir mit stolzgeschwellter Brust auf dem erhöhten Rücksitz neben dem MG-Stand. Was gab das für ein „Hallo" und große Augen bei der in einzelnen Dörfern herbeigeeilten Dorfjugend, wenn wir dort kurz anhielten.

Nach dem völlig überraschenden Besuch und Übernachten beim Vater und Großvater holte unser dunkelhäutiger Amerikaner uns am nächsten Morgen laut hupend wieder ab. Aber erst, nachdem er die Familie und den Opa strahlend begrüßt und in die Arme genommen hatte. Wir verließen nach Stunden der Nähe das alte Fachwerkhaus sowie die vom Krieg verschonte schöne Stadt. Auf einer anderen Route als am Vortag ging es über den Thüringer Wald zurück gen Gotha. Unterwegs „tischte" unser amerikanischer Freund auf der grünen Wiese ein Picknick ... auf, wie es auch meine Mutter bislang noch nicht erlebt und genossen hatte. Was da auf einer Plane an Köstlichkeiten ausgebreitet war, weiß ich im Einzelnen nicht mehr. Aber ich sehe noch das schmale Wiesental mit dem springenden Bach. In Erinnerung auch ist mir die Unbeschwertheit dieser Stunden geblieben so kurz nach dem Inferno des Kriegsendes, und das sogar noch in Begleitung meiner Mutter.

Viel später habe ich mir über die Motivation des Amerikaners Gedanken gemacht, der uns dieses Glück ermöglichte. Sicher wusste er, was sich in Buchenwald und Ohrdruf ereignet hatte! Meine Mutter war zum guten Schluss voller Anerkennung darüber, dass letztlich durch meine „Beziehungen" das

Wiedersehen mit ihrem Vater, meinem Großvater, möglich geworden war!

In diese für mich unbeschwerten Sommerwochen in Gotha fiel dann im persönlichen Umfeld doch noch ein Wermutstropfen. In den letzten Kriegstagen oder Wochen hielt sich in unserem Refugium in der Schönen Allee ein jüngerer deutscher Wehrmachtsarzt vor den SS-Streifen, den „Kettenhunden" (erkennbar an dem silbrigen Schild über der Brust) versteckt, der wegen einer schweren Lungenentzündung mit einem Lazarettzug aus dem noch hart umkämpften Polen in den Westen gelangt war und den Transport in Gotha eigenmächtig verlassen hatte. So etwas wurde von den unbarmherzigen SS-Schergen als „unerlaubtes Verlassen der Truppe" bzw. „Fahnenflucht" in den letzten Monaten des Kriegs mit unverzüglicher Erschießung oder Erhängen (an Bäumen, Laternen) geahndet! Dazu waren diese „mobilen Standrechtkommandos" von höchster Stelle ausdrücklich autorisiert.

Der Arzt stammte aus Mülheim an der Ruhr und war meiner Mutter bekannt. Das war wohl der Grund für seinen illegalen und riskanten Ausstieg aus dem Lazarettzug. Bei ihm bzw. in seinem Elternhaus in Mülheim lebten wir später etwa ab 1947. Er wurde mein nächster „Vize-Papa".

Von seiner Anwesenheit, seinem „Unterschlupf" in der Schönen Allee hatte ich nichts mitbekommen bis zu dem Tag, als unverhofft mehrere GIs, MP im Arm, das Haus betraten und mit dem Wehrmachtsangehörigen, „Hände über dem Kopf", das Haus wieder verließen. Ein ebenfalls unvergesslicher Anblick und Eindruck! Sie verfrachteten den Gefangenen auf einen mit deutschen Landsern besetztes offenes Armeefahrzeug.

Aus war es für ihn mit der erhofften Freiheit, ab ging's für Monate in das berüchtigte, vielen Insassen bei „Wind und Wetter" unter freiem Himmel den Tod bringende, riesige amerikanische Kriegsgefangenenlager bei Bad Kreuznach (nahe Bingen am Rhein), das der junge Arzt trotz seiner Lungenerkrankung nur Dank seiner guten Konstitution überlebte.

Was aber war für uns in Gotha das schier Unglaubliche an der tragischen Geschichte kurz vor Ende des Krieges? Die Tatsache, dass die bei jeder Mahlzeit mit am Tisch sitzende Köchin, die „dicke Mieze", von dem illegalen Aufenthalt und Versteck des deutschen Wehrmachtsangehörigen wusste und den ihr persönlich Unbekannten bei den amerikanischen Militärbehörden denunziert hatte. Der sinnlose Verrat hätte Tage zuvor den Tod bedeuten können.

Kurz darauf – im Spätsommer 1945 – wurden die Amerikaner von den Sowjetrussen im Tausch gegen Westberlin abgelöst und Thüringen zum hellen Entsetzen der gesamten Bevölkerung und zum großen Schmerz von uns Jungen von sowjetischen (Front)-Truppen besetzt. Nun waren die gehorteten „Kippen" bei den neuen Besatzern ein beliebtes und begehrtes Tauschmittel. Die „Russen", wie wir gleich sahen und verstanden, waren „arme Schweine", sie hatten wenig zu „beißen", wenn sie auch nicht so darben mussten wie die besiegten Deutschen, die so lange der Krieg dauerte – auf Kosten der besetzten und ausgeplünderten europäischen Nachbarstaaten – zumindest ausreichend ernährt gewesen waren.

Ein unvergesslicher Anblick, als die amerikanischen Offiziere und Mannschaften in ihren schicken Uniformen mit gelben Springerstiefeln, ihren flotten Jeeps nach und nach die von ihnen besetzten Villen verließen und in einer langen Schlange die Schöne Allee hinauffuhren. Fast unmittelbar gefolgt vom armselig wirkenden Einzug der Russen, die plötzlich am unteren Ende der Allee auftauchten.

Die überwiegend kleinen Soldaten mit jungen, asiatischen Gesichtern („Muschiks") kamen, im krassen Gegensatz zu den abrückenden Amerikanern, in „Marschformation" die Allee herauf hinter ihren klapprigen Panjewägelchen mit zottigen, dürren Pferdchen davor. Auch mit einer alten Gulaschkanone, aus der eine braune Brühe herausrann, die fleißig aufgefangen und oben in den Blechkübel wieder hineingeschüttet wurde. Sieger sahen anders aus! Bei der „Allee" hatte es sich übrigens um die selbe gehandelt, in der Wochen zuvor das Verbrechen des „Todesmarsches" der Zwangsarbeiter und KZ-Häftlinge stattgefunden hatte, von mir vom Bürgersteig aus mit ungläubigem Entsetzen wie angewurzelt beobachtet.

Ein Filmteam der Amerikaner nahm diese historische Szene auf, bevor unsere Befreier und Freunde die Allee, uns, Gotha und Thüringen verließen.

Das Erste, was passierte: Die Schultore öffneten sich. Ein Lichtblick, den die von den „Sowjets" eingesetzte, überwiegend kommunistische Stadtverwaltung als ihr Verdienst verbuchen konnte.

Mich befand eine Schulkommission nach Anhören meiner „Vorgeschichte" und einer Aufnahmeprüfung für „Gymnasiums-tauglich". Bei der Prüfung musste man einen Aufsatz schreiben, was mir seitenlang Vergnügen bereitete. Dann ein Test im Rechnen, im Umgang mit Zahlen. Dabei fiel ich durch, da ich nicht in der Lage war, eine fünfstellige Zahl auf dem Papier in korrekter Reihenfolge zu wiederholen. Man nennt das heute „Dyskalkulie". Bei der „Urteils-Verkündung" in der Aula entschied der „Herr Direktor" des Gymnasiums, dass ich trotz meiner erheblichen Mängel im Rechnen wegen meines besonders „guten Aufsatzes" in die Sexta, die 5. Klasse, aufzunehmen sei. Ein Beispiel dafür, wie sinnvoll es sein kann, bei jungen Menschen Stärken zu fördern, statt nur Schwächen anzuprangern. Es war Oktober 1945, ich war 11 ½ Jahre alt.

„Sie tanzte nur einen Sommer" (schwedischer Film Anfang der 50er mit Ulla Jocobsens Nacktbade-Szene), die kurze, unbeschwerte Zeit, in der wir während der amerikanischen Besetzung ohne Angst und Schrecken unseren Alltag erleben konnten. Mit viel Sympathie – zumindest von uns Jüngeren – für die neuen so „lässigen“ Freunde. Diese hatten viel „frischen Wind“ gebracht, unbekannte Freiheiten und einen anderen Ton und Umgang miteinander und auch uns, den Besiegten gegenüber. Von einzelnen Ausnahmen abgesehen.

„Freiheit“, ein Begriff, dessen Bedeutung wir Jüngeren natürlich noch nicht verstehen, nur vage erahnen konnten. Auch, dass diese neue Freiheit immer auch Freiheit der Anderen bedeutet. Wir – die Älteren unter uns –, Monate zuvor noch die „Hoffnung des Vaterlands“, waren mit fliegenden Fahnen zum Feind von gestern übergelaufen, der mit seiner modernen Technik und seiner Lebensart, mit Swing und Jazz aus dem AFN (American Forces Network) so viel unbekannte Lebensfreude ausstrahlte und vermittelte.

So jedenfalls habe ich diese Monate der amerikanischen Besatzung in Gotha und Thüringen gesehen und empfunden.

Nun war die Welt wieder grau und ziemlich trostlos. Ab sofort gab es Stromabschaltungen, die Ernährungslage wurde noch kritischer, die Angst kehrte zurück: vor Soldaten und Menschen, denen wir und die uns mit Fremdheit und Misstrauen begegneten! Zumal es fast täglich kleinere oder größere Übergriffe der „Soldateska“ gab. So schossen betrunkene russische Soldaten in einem Wohnhaus, in dem über ihnen Deutsche zusammengepfercht lebten, mit der Maschinenpistole durch die Decke, wobei mehrere dort „hüpfende“ Frauen und Kinder verletzt wurden. Oder sie nahmen den Menschen auf der Straße mit brutalem Auftreten das Fahrrad weg unter Androhung oder auch Gebrauch roher Gewalt.

Jahre später hörte oder las ich in diesem Kontext zum ersten Mal das von mir zunächst in seiner Bedeutung nicht verstandene Bibelwort: „Wer Wind sät, wird Sturm ernten"! Wie viel Wahrheit in diesen wenigen Worten steckt, wurde mir und uns erst im Verlauf des weiteren Lebens klar. Meine persönlichen Erfahrungen mit ihnen, den „Russen", seien hier an Hand einiger Geschehnisse und persönlicher Erlebnisse geschildert. Wenngleich ich das nicht als Pauschalurteil über das Verhalten der sowjetischen Besatzungssoldaten 1945 schlechthin verstanden wissen möchte.

Mein täglicher Begleiter bei allem was ich tat, der Airedaleterrier Ado, von den Amis geliebt und verwöhnt, wurde eines Tages durch Soldaten brutal von meiner Seite weg eingefangen, in einen Wagen geworfen und entführt. Sein lautes Bellen und Heulen führte mich – ein einziges Bündel des Entsetzens – zu einem von den Sowjets besetztes Wohnhaus in einer der Straßen unseres Viertels. Dort hatte man Ado im Keller eingesperrt, dort heulte und bellte er unaufhörlich, während mein Heulen und Betteln vor dem wachhabenden „Iwan" nichts fruchtete: Mein Hund, den ich doch so liebte und für den ich die Verantwortung hatte, blieb eingesperrt!

Mehrere Tage ging das so weiter, ich harrte vor dem „Gefängnis" meines Freundes aus, meine „Petitionen" hatte ich aufgegeben, sie rührten niemanden, ich aß nichts mehr, ich schlief kaum: Ich war krank.

Da war auf einmal das Bellen verstummt. Auf meine entsetzte Frage, was los sei mit meinem Hund, machte der „Russki" vor dem Haus unter Grinsen eine schneidende Handbewegung über seiner Kehle: Sie hatten ihn, meinen Hund (den ersten von vielen folgenden) geschlachtet und verzehrt! Auch dieses die Seele eines Kindes verletzende Verlusterlebnis ist bis heute unvergessen, und eigentlich habe ich es nie wirklich verarbeitet.

Eine weitere Entsetzlichkeit dieser Zeit, die ich zusammen mit drei Jungens aus dem ehemaligen Jungvolk und ein 14-jähriges ehemaliges BDM-Mädchen erleiden bzw. mit ansehen mussten, war die brutale Vergewaltigung ebendieses Mädchens aus unserer Clique durch drei sowjetische Soldaten.

Wir vier 11- bis 14-Jährigen hatten leichtsinnigerweise versucht, die auf einem verbotenen Gelände befindlichen russischen T4-Panzer auf die gleiche Art und Weise um mögliche Lebensmittelreserven zu erleichtern, wie wir das schon bei den Amis mit Erfolg getan hatten, wobei sich dann vor Ort herausstellte, dass es die erwarteten Köstlichkeiten bei den Russen gar nicht gab. Beim getarnten Versuch, das Gelände unverrichteter Dinge zu verlassen, wurden wir plötzlich sehr barsch von drei uns offenbar erwartenden, asiatisch aussehenden, jungen Soldaten („Muschiks") mit „stoi" angerufen und quasi festgenommen. Sie zwangen uns mit vorgehaltener Kalaschnikow in ein nahes kleines Wäldchen.

Dort mussten wir Jungen – der Not und Bedrohung gehorchend – mit Entsetzen und „zitternder Seele" mit ansehen, wie die drei Soldaten nacheinander das Mädchen auf der Frontplatte eines Schützenpanzers roh vergewaltigten.

Wohl zu ihrer eigenen Sicherheit hatten die Vergewaltiger uns Jungens nicht fortlaufen lassen, wir hatten uns in Sichtweite auf den Boden zu hocken. Unser ängstliches, gleichzeitig zaghaft empörtes Aufbegehren wurde mit gestikulierenden Drohungen beantwortet, uns würde Ähnliches passieren, wenn wir nicht Ruhe hielten, wobei die auf uns gerichtete Waffe eines der „Wartenden" ihre beabsichtigte Wirkung nicht verfehlte.

Bei dem Unaussprechlichen, was sich da vor uns abspielte, hatte ich urplötzlich Assoziationen an den Innenhof von Sorna (1941 – 43), wo mit brachialer Gewalt der Dorfbulle die sich sträubende Kuh zu besamen hatte! Das, was ich in der schieren „Unendlichkeit" der Zeit mit ansehen, anhören und indirekt miterleben musste, war wie ein entsetzlich schmerzender Schlag in die Unschuld meiner kindlichen Seele.

Ich empfand neben der Angst ohnmächtige Wut und Abscheu sowie das lähmende Gefühl eigener Hilflosigkeit bzw. Unfähigkeit zu helfen. Das alles beherrschende Empfinden, physisch wie psychisch schmerzend, war das Mitleiden mit dem, was da dem Mädchen vor unseren Augen angetan wurde. Was es an körperlichen und seelischen Qualen erlitt. In Kopf und Bauch spielte sich in diesem Höllenszenario ein Chaos ab von sich überschlagenden Gedanken, Emotionen und Affekten!

„Bestimmte Bilder der Erinnerung können im wahrsten Sinn des Worts wie eine offene Wunde sein für ein ganzes Leben." Das „Unaussprechliche", was ich mit angesehen hatte, mit den eigenen Augen, ist eine „offene Wunde" geblieben, ein Leben lang! Das Geschehen in seiner ganzen Brutalität und Schrecklichkeit, mit den optischen, akustischen, nicht zuletzt seelischen Verletzungen hatte mit Sicherheit eine verstörende, blockierende Wirkung auf die Ausbildung meiner sich eben bildenden persönlichen Sichtweise des Mann-Frau-Verhältnisses. Eine unbefangene, natürliche oder gar reizvolle Vorstellung von Sexualität konnte sich nach dieser „hautnah" miterlebten brutalen, schmerzhaften Vergewaltigung mit Erniedrigung und Demütigung des unschuldigen Opfers für lange Zeit nicht oder nur bedingt entwickeln!

Heute bin ich sicher, dass das die Seele eines Kindes krank machende „Miterleben-Müssen" einer Vergewaltigung sowie die Konfrontation mit den durch Bombenterror getöteten Schulkindern eine besondere Verhaltensweise in meinem weiteren Leben bewirkte: eine übersteigerte Angst, einem Menschen einen Schmerz zuzufügen oder ihm von einem körperlichen, auch seelischen Leiden nicht abhelfen zu können („Helfer-Syndrom"). Es mögen damit auch meine Hemmungen zusammenhängen, mich gegenüber anderen Menschen körperlich, evtl. mit rücksichtsloser Gewalt, zur Wehr zu setzen. Im sexuellen Bereich konnte das urplötzliche Erinnern an die verstörenden Bildern wie eine Blockade wirken.

Ich sehe noch immer, wie wir uns nach diesem sehr realen „Albtraum“ aus dem Staub machten, nachdem die Täter uns Jungens mit harscher Geste regelrecht verscheuchten. Fassungslos und gleichzeitig beschämt ob des Geschehenen, das wir nicht hatten verhindern können, schlichen wir uns davon, nicht wissend, was mit dem Opfer weiter geschah.

Ich habe mit niemanden darüber reden wollen oder können, meine Kehle war wie zugeschnürt. Unbewusst, vielleicht auch aus Angst, mit der „Entsetzlichkeit“ an ein „Tabu“ zu rühren! Das weitere Schicksal des Mädchens war und ist mir nicht bekannt, vielleicht auch deshalb, weil kurz darauf meine Mutter sich mit meinem Bruder und mir bei Nacht und Nebel „in den Westen machte“.

Ich habe auch später mit niemanden über dieses so verstörende, auch zerstörende Geschehen gesprochen, vielleicht auch deshalb, weil ich mich zeitlebens geschämt und mit verantwortlich gefühlt habe, dass wir uns nicht – mit unserem Körper – für unsere Kameradin eingesetzt haben, wie wir es zuvor bei den Pimpfen gelernt und trainiert hatten! Von diesem Tag an hatte für viel zu lange Zeit alles Körperliche, erst recht alles Sexuelle, mit Bedrohung, Aggression, hässlichen Bildern und großer Verunsicherung zu tun. Die daraus resultierenden ungünstigen Auswirkungen auf die eigene Persönlichkeitsentwicklung, besonders in der labilen Entwicklungsphase der Vorpubertät, waren vorgezeichnet.

Nach diesem erneuten traumatisierenden Erlebnis – in der Erinnerung ein Leben lang präsent – war ich tagelang nicht zu bewegen, das Haus zu verlassen. Ich weinte viel und heimlich, aß kaum, weil mir ständig übel war. In lebendiger Erinnerung geblieben sind mir diese trostlosen Tage wohl auch deshalb, weil es dauernd mit mir umging, mich drängte, sprechen zu wollen, aber nicht zu können, da es mir das Tabu verbat, darüber zu sprechen oder zu fragen.

Von den ahnungslosen Erwachsenen bekam ich aufmunternde Klapse und die Aufforderung, mich zusammenzureißen, nicht so empfindlich zu sein und an die Soldaten in russischer Gefangenschaft zu denken. Da war ich noch keine 12 Jahre alt!

Im November 1945 ging mit dem Abschied von Gotha beziehungsweise dem „Rübermachen“ in den Westen ein Lebensabschnitt meiner Kindheit zu Ende, der in seiner Dramatik mit dem Tod meines Vaters 1940 begonnen hatte. Die Wunden der so früh erlittenen seelischen Traumen sind im Verlauf des Lebens vernarbt, geheilt sind sie nie! Eigentlich war nach all dem ein weiteres „Kindsein-Können“ in des Wortes Bedeutung nicht mehr möglich, doch hatte die geschützte Zeit auf Sorna dafür gesorgt, dass ich mein kindliches Gemüt und meine spezifische kindliche Art zu denken, zu fühlen und danach zu handeln, mir noch sehr lange erhalten konnte, in Ansätzen ein Leben lang! – Wieder einmal in meinem jungen Leben galt es Abschied zu nehmen aus einer trotz allem vertraut und lieb gewordenen Umgebung ...

„Des Lebens Ruf an uns wird niemals enden.
Wohlan denn, Herz, nimm Abschied und gesunde.“

HERMANN HESSE

Musst nur den Gedanken wagen
und ans andre Ufer sehn,
tausend Brücken sind zu schlagen
tausend Tore offen stehn.

Dieser Spruch des Autors Friedrich Hünenburg (1902–1987) von der alemannischen Seite des Oberrheins stand seit eh und je auf dem Schreibsekretär meiner Mutter, Jahrzehnte von mir unbeachtet. – Später, bei der öfters an mich gestellten Frage: „Wie kann einem nach all dem und bei aller noch bevorstehenden Trost- und Hoffnungslosigkeit ein einigermaßen normales Erwachsenwerden (und Erwachsensein) ein normales Leben gelingen?“, fand und finde ich die Antwort am ehesten in der Aussage dieses Sinnspruchs.

Kapitel IV

Die ersten elf Lebensjahre haben mein weiteres Leben in vielen Bereichen so geprägt, wie es sich „nach allem“ fast zwangsläufig ergeben musste. Nun, nach Beendigung des „schlimmsten aller Kriege“ wieder in der alten Heimat, kam meine Kindheit zurück und suchte das Kind. „Draußen vor der Tür“ (W. Borchert) wartete der Eintritt in einen unbekannten Lebensabschnitt mit all seinen Veränderungen, neuen Erkenntnissen, und einer veränderten Gefühlswelt: Die Pubertät.

Unsere Mutter organisierte im November 1945 in einer „Nacht- und Nebel-Aktion“ die Rückkehr ins total zerstörte Ruhrgebiet. Die Verbringung von materiellen Gütern wie Hausrat aus der Ost- in eine der Westzonen war von der sowjetischen Besatzungsmacht verboten und damit illegal. So „kaufte“ unsere Mutter mit „Schätzen“ aus dem in Gotha eingelagerten Hausinventar einen kundigen Fuhrmann, der uns und das Nötigste zum Leben mit einem Pferdefuhrwerk – also mit 2 PS – unter Umgehung der noch spärlichen Grenzbewachung nächtens über die „grüne Grenze“ zwischen Thüringen und Hessen brachte.

Von diesem abenteuerlichen Unternehmen ist mir ein Geruch in Erinnerung geblieben: von der Ungezieferbekämpfungsaktion mittels einer Ganzkörperbesprühung im Aufnahmelager auf der westlichen Seite des späteren „Eisernen Vorhangs“.

Und die nicht-enden-wollende Bahnfahrt ins Ruhrgebiet in einem der alten III.-Klasse-Waggons der Reichsbahn, in dem ich mich gegen den heftigen Einspruch meiner Mutter aus Erschöpfung vom langen Stehen zwischen den sich gegenüber sitzenden Mitreisenden der Länge nach auf den Boden legte. Ich erinnere außerdem das entsetzte, ungläubige Schweigen der fast ausschließlich aus den östlichen Gebieten oder Mitteldeutschland heimkehrenden Menschen beim trost- und hoffnungslosen Anblick der Ruhrgebietsstädte, die mit ihren bizarren Ruinenlandschaften, in denen man nur selten Menschen sah, wie ausgestorben wirkten. Durch diese fuhr der Zug langsam von Ost nach West, bis er schließlich in Mülheim ankam – in dem, was von der Stadt übrig geblieben war.

Tief bedrückt, ja deprimiert beim ersehnten Betreten heimatlichen Bodens hat mich an diesem Novembertag der trostlose Anblick des dem Bahnhof direkt gegenüberliegenden total zerstörten Industriekomplexes der „Friedrich Wilhelms-Hütte", der ehemaligen Wirkungsstätte unseres Vaters.

In Gotha hatte es oft geheißen: „Wenn wir erst wieder in Mülheim sind!" Bei dem, was man da zu sehen bekam in dem Land, das ich vor viereinhalb Jahren verlassen hatte, kam keine Freude auf. Dafür tiefe Niedergeschlagenheit, die auch mich knapp 12-Jährigen ergriff. Erst recht, als wir erfuhren, dass unser vom Krieg verschontes Haus auf unabsehbare Zeit von einer britischen Offiziersfamilie requiriert (besetzt) war, so dass wir getrennt bei uns fremden Menschen einquartiert wurden.

Mein Bruder und ich konnten noch Ende 1945 wieder in die Schule gehen, in eine Oberrealschule, schichtweise vor- oder nachmittags. Ein Segen, denn hier gab es zumindest eine warme Mahlzeit, die „Schul- oder Quäkerspeisung" (aus den USA, Schweden und der Schweiz), sodass der blecherne „Henkelmann", der am Tornister baumelte, wichtiger war als alles Übrige. Das „Übrige" bestand aus losem Schreibpapier und einem Schreibutensil. Hefte, Bücher oder dergleichen gab es noch nicht. Der Winter 1945/46 war extrem kalt und lang. Brennmaterial gab es nur mit besonderer Begründung auf Bezugschein oder durch Beziehungen oder durch „Kohlenklau".

Später – schon in gemeinsamer Bleibe – sehe ich uns alle um den Küchentisch stehen, wenn mit Herzklopfen machender Vorfreude eines der heiß ersehnten „Care-Pakete" – in unserem Fall von Freunden aus Mexiko – vor aller Augen ausgepackt und der Inhalt bestaunt wurde. Für uns Kinder unbekannte Schätze. Welche (auch psychologisch) wichtige Hilfe, welche Glücksgefühle haben uns die Absender aus der Ferne damit bereitet! So viele Familien, die sich im „Hungerjahr 1946" von einem (monatlichen) Care-Paket zum nächsten durchgehangelt, ja durchgehungert haben.

Der von den britischen Besatzungsbehörden über Lebensmittelkarten (Marken) zugestandene Kalorienbedarf pro Tag betrug 1947 für den erwachsenen Normalbürger 1.000 Kalorien. Zu viel zum Sterben, zu wenig zum Leben. Ein Bergarbeiter, der auch für die Siegermächte die Kohle aus dem „Pütt" holte, erhielt 2.400 Kalorien.

Care-Pakete haben über Jahre unzählige Menschen vor dem Verhungern und vor Erkrankungen bewahrt. Sie waren ein Beispiel praktischer, existenzieller Hilfe und Nächstenliebe über alle Grenzen und Vorbehalte hinweg gegenüber Deutschland und den Deutschen.

Die kleinen Öfen in den Schulklassen, deren Rauch über lange Rohre durch Fenster abgeleitet wurde, konnten nur brennen und wärmen, wenn die Schüler Holz oder Briketts mitbrachten, zumeist geklaut von den Reparationstransporten Richtung Westen. Dieses „Schulmaterial" war in jenem Winter wichtiger als ein Schulbuch. So zogen sie dann zur Schule, die Schüler (es gab noch „Jungen- und Mädchenschulen") in möglichst dicken Mänteln und Schals und mit Brennholz oder Briketts unterm Arm. Dafür gab es dann in der großen Pause auf dem Schulhof nach langem Anstehen eine Portion heißen Mais- oder Reisbrei aus der Gulaschkanone. Ab und zu auch ein ganzes Maisbrot, an dem ich mich zumeist schon auf dem Heimweg von der Schule gütlich tat.

Zunächst war in meiner Klasse ein wilder Haufen von etwa 30 bis 40 Jungen aus den verschiedensten Teilen Deutschlands im Alter von 10 bis etwa 14 Jahren zusammengewürfelt. Viele davon waren älter wirkende Kinder, fast jedes auf seine Art durch den Krieg und seine Folgen traumatisiert. Manche deutlich und sichtbar gezeichnet. Heute würde man bei einem Großteil von ihnen von „Strandgut des Krieges" sprechen.

Im Gegensatz zu früher schickten jetzt viele Arbeiterfamilien ihre Kinder auf die „Höhere Schule". In der berechtigten Hoffnung, damit den Grundstein zu legen für eine bessere als die eigene Lebensperspektive. Die spätere Entwicklung in der jungen Bundesrepublik – begünstigt durch die Segnungen des Marshall-Plans – hat ihnen Recht gegeben.

An so vieles, was Schule betrifft, habe ich eine sehr wache und deutliche Erinnerung. Wohl deshalb, weil ich wegen meines katastrophalen „Mathe-Ausfalls" immer „am Rande des Abgrunds" stand und mir jeden schulischen Überlebenserfolg hart erkämpfen musste.

In dieser meiner ersten Schulklasse nach dem Krieg, in einer völlig inhomogen zusammengewürfelten Ansammlung ausschließlich von „Kriegskindern", ging es zu wie in einer Art „Ganoven-Nest", was auf die wenigen „normalen" Kinder negativ ausstrahlte und abfärbte.

Gegenseitiges Bestehlen war an der Tagesordnung, Prahlen von erfolgreichen Raubzügen, wo und bei wem auch immer, oft bei den englischen Besatzern. Wüste Prügeleien in der Klasse und auf dem Schulhof waren an der Tagesordnung. Schwadronieren über alle möglichen, auch (angeblich) sexuellen Eskapaden waren besonders beliebt. Und vor allem die Erlebnisse der abenteuerlichen Streifzüge durch die geheimnisvolle und oft unheimliche Welt der Ruinenlandschaften. Auch in unmittelbarer Nachbarschaft der unversehrt gebliebenen Schule außerhalb oder manchmal auch an Stelle der normalen Unterrichtszeit. All das waren Gesprächsthemen unter den Schülern, die dem „üblichen" Erwachsenen mitzuteilen nicht möglich, nicht opportun erschien.

Unter anderem betraf das auch eine fast brutal zu nennende, absolut unromantische und unsensible Art und Weise der „Aufklärung" von älteren Jugendlichen gegenüber noch unerfahrenen jüngeren Kindern. Das Brechen eines solchen „Tabus", das eigentlich „unberührt" zu bleiben hatte, löste allzu oft Unsicherheiten, Komplexe und Gewissensnöte aus. Dabei hat sich so mancher „Mini-Missbrauch" ereignet, der (vermeintliche) Freundschaften in Frage stellen bzw. zerstören konnte, da diese lediglich auf Ausnutzen oder Missbrauch des zumeist unerfahreneren Jüngeren angelegt waren.

Gleichzeitig gab es das feste solidarische Zusammenstehen, wenn es darum ging, einen Einzelnen oder das Kollektiv vor einer Bedrohung – durch wen oder was auch immer – zu beschützen. Andererseits war und ist Solidarität nie eine „Einbahnstraße", sie verpflichtet auch dem gegenüber, der sie gewährt. Oft mit entsprechenden Konsequenzen.

Bei einer amtlichen Erhebung 1946, die familiäre Situation betreffend, ergab sich, dass die wenigsten (der ca. 30–40 Kinder der Klasse) in tradierten Familienverhältnissen mit Vater, Mutter und Geschwistern und/oder anderen Verwandten zusammen lebten. Bei vielen war der Vater gefallen, vermisst oder in Gefangenschaft. Es gab mehrere Vollwaisen, viele Halbwaisen, meist als Folge des Bombenterrors. Geschwister waren wegen räumlicher Beengtheit ausquartiert oder seit der Kinderlandverschickung in den Osten oder wohin auch immer verschollen.

Als ich vor der Klasse erzählen sollte und meine „Odyssee" zur Sprache kam, berichtete ich auch (erstmals vor anderen) vom Bombentod meiner Schulkameraden in Gotha, mit allem, was sich dabei abgespielt hatte. Alle anderen erlebten Gräuel kamen mir nicht über die Lippen. Ich „höre" heute noch die bedrückte Stille, die danach in der Klasse herrschte. Das war nicht mehr zu toppen und hat selbst abgebrühte Mini-Ganoven dieser Sonderklasse betroffen gemacht.

Geprägt durch Krieg und Gefangenschaft, Not und Hunger war auch ein Teil des 1946 zur Verfügung stehenden Lehrpersonals. Gott sei Dank gab es noch einige der sog. „alten Pauker", die all das Schreckliche relativ unbeschadet überstanden hatten und jetzt wieder – falls nicht durch ihre Nazi-Vergangenheit belastet – auf Grund ihrer Persönlichkeit Autorität gebietend vor der Klasse standen. Wie diese „Ausnahmepersönlichkeiten" es geschafft haben, sich vor dem rüden Haufen, dem auch ich zunächst angehörte, Respekt zu verschaffen und darüber hinaus auch noch Wissen zu vermitteln, ist mir heute noch ein Rätsel! Wenngleich mir gerade einige dieser Lehrer – oft waren es „Käuze" – noch namentlich und in ihrer äußeren Erscheinung in Erinnerung geblieben sind.

Die Exoten waren die, die der Krieg und was sie in ihm erlebt hatten, aus dem Gleis geworfen hatte und die nun eine Art Genugtuung, Befriedigung darin fanden, sich darüber vor uns in aller Breite auszulassen. Natürlich haben wir sie, nachdem wir ihre Schwäche durchschaut hatten, sensationslüstern dazu herausgefordert. Wir hingen förmlich an ihren Lippen, wenn von Panzergefechten, Nahkämpfen, Luftschlachten, Gefangenschaft, Tod und Verderben, aber auch von wunderbarer Kameradschaft die Rede war (anstatt wie laut Lehrplan z. B. Mathematik zu machen). An eben einen solchen noch recht jungen Mathelehrer habe ich eine wache Erinnerung, da er sich mitten im Unterricht von dem Zwischenruf „Herr Studienrat, wie war das mit der Panzerschlacht im Kursker Bogen?" sofort ablenken ließ und mit Wonne (!) über seine Fronterlebnisse als Richtschütze in einem „Tiger"-Panzer ausführlich erzählte. Wir hörten gebannt zu mit offenen Mündern und heißen Ohren.

Über Kriegsverbrechen, Gräueltaten der eigenen Seite – der Wehrmacht oder SS –, gar Miterleben von Massenerschießungen, von KZs, Schicksal der Juden und anderer Verfolgter kein Wort! Einer von ihnen, der uns Latein beibringen sollte, war durch die Folgen einer sowjetischen KZ-Haft nach 1945 in Buchenwald rein äußerlich so entstellt, dass uns schon deshalb vor ihm grauste. Er geriet beim unkontrollierten Wiedergeben des Erlebten regelmäßig in einen psychischen Erregungszustand (eine Art Psychose), in dem er auf uns einschrie, dass „der Russe, wenn er kommt, uns mit dem Kopf zuerst in die Sch... stecken" würde, wenn wir nicht „parierten".

Und trotzdem habe ich grade bei diesem bedauernswerten Opfer von Krieg und Nachkrieg, von Faschismus und Kommunismus die Grundlagen meines Lateins gelernt wie bei keinem anderen – und das auch noch mit Freude. Vielleicht, weil ich solches Mitleid mit ihm hatte? Ich vergesse nie sein von der Folter entstelltes, erbarmungswürdiges Gesicht.

Natürlich gab es in dieser nach heutigen Maßstäben extrem außergewöhnlichen Schulzeit auch lichte Momente und die Seele Bereicherndes. Mir vergönnt am Ende meines „ersten Durchgangs" der Quarta (7. Klasse) im Rahmen des Musikunterrichts. Unser Musiklehrer, Herr Schneewind, war ein schon betagter, gutmütiger, typischer Pauker vom alten Schlag. Wenn er des (heute: „ätzenden") Übens des Tonleitersingens mit uns überdrüssig war, weil wir zumeist nicht nur total unmusikalisch, sondern auch im beginnenden Stimmbruch und dazu noch

„ungezogen" und „renitent" waren, legte er zu seiner (und unserer) Entlastung eine der alten Schellackschallplatten auf, die sich in seinem Schrank stapelten. Es störte ihn nun nicht mehr, was wir trieben, bis das Klingelzeichen ertönte und ihn von uns erlöste!

Ich hatte wie alle anderen zu dieser Art Musik bisher keinen wirklichen Zugang, bis auf eine „vage Erinnerung" – mehr im Unterbewussten – an die „Gothaer Hausmusik". Wir hörten und sangen ausschließlich amerikanische Songs und Rhythmen des BBC und AFN.

Bis eines Tages aus dem alten Grammophon auf dem Flügel urplötzlich die einleitenden Paukenschläge der 5. Symphonie von Ludwig van Beethoven mich wie elektrisiert aufhorchen und bis zum Ende der Stunde gebannt zuhören ließen. Ich vergaß alles um mich herum, war wie in einer anderen Welt, berauscht und besetzt von dieser Musik, diesen Klängen! Als sie – bzw. die Stunde – zu Ende war, kam ich langsam in die Realität zurück. Die Musik aber, mit dem eindrucksvollen Thema, hatte sich als ein erstes musikalisches „Erweckungs- und Resonanzerlebnis" auf Dauer in mir eingebrannt.

In der letzten Musikstunde vor Schuljahrsende fragte der Lehrer gleich zu Anfang in die Klasse hinein, welchen Plattenwunsch wir hätten, womit er meinte, uns – und sich! – eine Freude machen zu können. Niemand meldete sich, bis dann schließlich ich zaghaft meinen Finger erhob und um das Auflegen der 5. Symphonie von Beethoven bat. Ein Buhen und Protestieren ging durch die Reihen, und ich war mit meinem Extrawurst-Sonderwunsch total isoliert und angefeindet. Herr Schneewind aber ließ sich davon nicht beeindrucken und legte – mir beglückt zulächelnd – die Platte auf. Ich geriet trotz aller äußeren Störungen und Angiftungen in einen ähnlichen – mir bis dahin unbekannten – Gefühlszustand wie Wochen zuvor. Dass man mich danach massiv hänselte und auch tätlich anging, nahm ich in Kauf, konnte man mir doch das so wegweisende musikalische Erlebnis (wie ein weiteres Mal beim Weihnachtsoratorium von Johann Sebastian Bach, 1948) nicht nehmen. Einem, der ja sowieso zu den künftigen „Sitzenbleibern" zählte.

Ich lebte im Frühjahr 1946, seit der Rückkehr nach Mülheim, mit meiner Mutter zusammen als „Einquartierung" in zwei Mansardenzimmern eines Einfamilienhauses einer älteren Dame, während mein Bruder bei einer befreundeten, gut situierten Familie untergebracht war. Wenn meine Mutter und ich es warm haben wollten in der engen Behausung, musste ich im nahen Wäldchen im Rucksack oder in einem kleinen Leiterwägelchen Feuerholz gesammelt haben. Zu essen hatten wir das, was man „auf Marken" bekam (oder auch nicht) und von meiner Mutter auf einer provisorischen Kochstelle zubereitet wurde. Meine Mutter, mein Bruder und ich hatten die Vergünstigung, öfters von eben jenen sehr freigiebigen und „betuchten" Freunden der Familie (Geschäftsleuten aus Vorkriegszeiten) zu regelrechten Festessen eingeladen zu werden, die diese aus welchen unergründlichen Quellen auch immer kredenzen konnten. Ich sehe noch den runden Tisch und die Anrichte vor mir, voll mit mir zum großen Teil unbekannten Köstlichkeiten.

Ich habe in diesen Monaten die Nähe zu meiner Mutter sehr genossen! Ich erinnere mich jedoch nicht, dass wir über Vergangenes oder problematische Erlebnisse gesprochen (oder gefragt) hätten. Andererseits hat sie in dieser trostlosen Zeit alles getan, um es mir, uns in unseren „eigenen vier Wänden" so schön zu machen, wie es die äußeren Umstände irgend erlaubten. Wäre es nach mir gegangen, hätte es so bleiben können. Aber wieder einmal blieb es nicht so!

In der chaotischen Zeit der Jahre 1946, auch noch 1947, in der das öffentliche Leben in vielen Bereichen noch weitgehend ungeordnet ablief und wir Kinder hin und wieder – warum auch immer – nicht zur Schule gingen, gehörte ich einer losen Gruppe von Jugendlichen an, die sich Bande oder Clique nannte. In einer solchen Bande suchten und fanden Jungen – etwa im Alter zwischen 12 und 18 Jahren nach Verschwinden der Strukturen von Jungvolk und HJ – miteinander Abenteuer, Erfolg und Anerkennung. Auch das Gefühl des Angenommenseins, der Empathie, woran es im „Zuhause" oft mangelte. Sie erfuhren und fühlten untereinander das, was die moderne Soziologie Resonanz (Re-sonanz) nennt.

Die Bande traf sich fast täglich in einer verlassenen Garage um zu planen, gemeinsam etwas zu unternehmen. Auch hier gab es wie in Sorna und im Jungvolk eine natürliche Hierarchie, in die man sich (auch ich) ohne Schwierigkeiten ein- und unterordnete. Schon im Alter von 11, 12 Jahren bewunderte und respektierte man das oft nicht viel ältere „Alpha-Tier", den Anführer, wie das viele von uns etwa 15 Jungen zuvor im Jungvolk und in der HJ kennen und akzeptieren gelernt hatten. Möglich, dass ich dabei das Vorbild meines großen Rottenführers Frieder aus Sorna im Kopf hatte sowie meines Zugführers im Gothaer Jungvolk.

Die eben vergangene NS-Zeit mit ihren besonders für uns Kinder und Heranwachsende prägenden Eindrücken und Erlebnissen war natürlich noch in den Köpfen. So sagten oder sangen wir in der Garage besonders grausliche Strophen uns eingetrichterter NS-Lieder, bei denen sich heute die Haare sträuben würden. Eine einjährige faschistische Indoktrination hatte gereicht, um einen „allzeit bereiten" Pimpfen heranzuziehen – einen 10-Jährigen, der gleichzeitig in der bürgerlichen Geborgenheit seines „Zuhause" in Gotha andächtig der Hausmusik eines Herrenquartetts lauschen konnte, still in einer Ecke des Musikzimmers auf dem Boden hockend.

An der moralisch-ethischen Wertigkeit der NS-Indoktrination hatte ich erstmals vage Zweifel empfunden im Angesicht des menschenverachtenden „Todesmarschs“ durch Gotha im März 1945. Damals empfand ich bewusst so etwas wie Scham für das, was da vor meinen Augen von Deutschen anderen Menschen angetan wurde!

So war auch der „Tommy“ (britischer Armeeangehöriger) im Gebiet des späteren Nordrhein-Westfalen – ganz anders als der „Ami“ in Thüringen – in unseren Augen noch der „Feind von gestern“, den wir, weil er unsere Wohnungen und Häuser besetzt hatte, von Herzen verwünschten, nachdem er kurz zuvor unsere Heimat „kurz und klein“ gebombt hatte. Ein kausaler Zusammenhang mit der ungleich größeren Schuld des eigenen Vaterlands, des eigenen Volks war mir zu dieser Zeit höchstens gerüchteweise bekannt. Deren Dimensionen sprengten zudem unser Vorstellungsvermögen. Daher hatten wir auch kein Unrechtsbewusstsein, dem „Tommy“ Schaden zuzufügen, wo das Risiko kalkulierbar erschien. Also bestahlen Mitglieder der Bande ohne jeden Skrupel die Besatzer, durchstachen Fahrzeugreifen, klauten Heizmaterial und insbesondere alles Essbare. Und veränderten, oft mit brachialer Gewalt, auf Straßen und Kreuzungen britische Militärverkehrszeichen. Mit dann ernsten Konsequenzen für die Täter.

Das alles geschah bei den Älteren unter uns in der fixen Idee, einer „Widerstandsgruppe“ gegen (feindliche) Besatzungstruppen in der Heimat anzugehören. Hierbei handelte es sich gegen Kriegsende und der direkten Nachkriegszeit um fanatisierte Gruppen älterer HJ-Angehöriger (sog. „Edelweißpiraten“), die in den besetzten deutschen Gebieten – besonders im Westteil – eine Zeit lang Unsicherheit und Angst vor Anschlägen verbreiteten.

Nach der die Verkehrssicherheit und -logistik gefährdenden „Schilder-Verwechsel-Aktion“ ging die britische Militärpolizei

(MP) rigoros gegen die Verdächtigen vor und nahm die Haupträdelsführer fest, auch aus unserer Bande, etwa 16 und 17 Jahre alt. In Essen gab es 1946 vor einem britischen Militärtribunal einen Prozess, in dem mehrere, auch minderjährige Mitglieder dieser sog. „Widerstandsgruppen" zu einer Haftstrafe in der JVA Werl in Westfalen verurteilt wurden.

Das heute so Erstaunliche: Das kriminelle Treiben der Halbwüchsigen konnte stattfinden neben dem sich – außer der Mangelernährung – langsam wieder normalisierenden Alltag; zumeist unbemerkt von der Welt der Erziehungsbeauftragten. Und das, obwohl doch die meisten von uns jeden Tag ihre Füße unter einen oft gemeinsamen, bürgerlichen Esstisch stellten. All das Geschilderte stellte den sittlichen Hintergrund dar, den Nährboden für ein sich Bewegen auf fragwürdigem ethischen und moralischen Boden. Und auch – wie es uns bei der HJ vermittelt worden war – sich bewusst in Gefahr zu begeben, sogar „volles Risiko" einzugehen. Eben auch schon mit 12 Jahren!

In diese Zeit nun fällt ein weiteres Geschehen, das als ein weiteres Schlüsselerlebnis mein damaliges „Ich-Sein" sowie meine seelische und psychische Entwicklung massiv beeinflussen und prägen sollte.

Es fällt mir nicht leicht, darüber zu sprechen, eher zu schreiben, weil „es" an mehrere tief verwurzelte Tabus rührt und so ganz aus dem Rahmen dessen fällt, was ich bis dahin „am eigenen Leib erlebt" hatte. Mit dem noch zu schildernden Übergriff auf meine persönliche Integrität ging es bei mir, wie man so sagt, ans Eingemachte. Es hat mir auch nie in meinem späteren Leben Trost geben können, dass so viele Jüngere beiderlei Geschlechts in dieser Zeit das gleiche oder ein ähnliches Schicksal erlitten hatten. Missbrauch mit ansehen müssen – wie in Thüringen nur Monate zuvor (schlimm genug!) oder am eigenen Leib erleiden, sind eben zweierlei Dinge.

Das „Alphatier“ in unserer Bande hatte mir eines Tages den Tipp gegeben – den zu befolgen „Imperativ-Charakter“ hatte –, dass in der Soundso-Straße ein britischer Offizier in einem Haus wohne, dessen Tür meist offen oder angelehnt sei. „Ob ich mich nicht mal darum kümmern wolle, was es da zu holen gäbe.“

Ich schlich also in den nächsten Tagen dort herum, sah den „Tommy“ ein- und ausgehen, aber der sah auch mich – mit meinem blonden Lockenkopf – und ließ die Tür weit offen. Es war wie eine Falle, und es kam, wie es kommen musste: Kaum war ich in der requirierten Unterkunft die Treppen hinauf gesprungen, um mich in seinem Privatquartier „umzuschauen“, stand er plötzlich in der Tür. Just, als ich einen Gegenstand aus seinem Gepäck in der Hand hielt. Es erfolgte ein aggressives Verhör (in gebrochenem Deutsch hinter verschlossener Tür), das mich in maßlose Angst und Schrecken versetzte. Und bei dem er aus mir herausgefragt hatte, dass jenes besetzte Haus da drüben, jenseits „of the garden“, meinen Eltern bzw. meiner Mutter gehöre.

Völlig abrupt und zu meinem hellen Entsetzen nötigte er mich, befahl er mir, mich auszuziehen. Sodann vollzog der etwa 25- bis 30-jährige kräftige Mann gegen meinen anfänglichen Versuch eines Widerstands an meinem Körper eine rücksichtslose, schmerzhafte Vergewaltigung!

Zuvor hatte der Vergewaltiger bei meinem anfänglichen Versuch mich zu verweigern mir massiv gedroht, wegen Einbruchs und Diebstahls bei einem britischen Armeeangehörigen die „MP“ (Military-Police) zu rufen.

In dem Augenblick, als mir blitzartig klar wurde, worauf „es“ hinauslief – über „es“ hatte ich schon mehrfach „aufklärend“ von Kameraden gehört –, war ich wie erstarrt und zu keiner wirklichen Gegenwehr fähig. Jedenfalls ahnte ich, was auf mich zukam, nachdem „er“ nicht nur einmal äußerte: „German

Hitler-Boys must be fucked!" (Dabei wirkte ich nach meiner Erinnerung und Einschätzung äußerlich nicht wie ein solcher.)

Mir geschah nun das, was ich Monate zuvor in Gotha – zusammen mit meinen Kameraden – mit habe ansehen und indirekt miterleben müssen.

In der mir unendlich vorkommenden Zeit ging er mit mir um wie mit einem Gebrauchsgegenstand. Der Vergewaltiger setzte sich rücksichtslos sowie mit einer Portion Sadismus über meinen körperlichen Schmerz hinweg, von den seelischen Verletzungen ganz zu schweigen.

Juristisch bezeichnet man das, was mir widerfahren war, als „Nötigung und schweren sexuellen Missbrauch eines Minderjährigen". Nachdem der Peiniger sich an und in mir abreagiert hatte, hinterließ er mich körperlich und seelisch grob und nachhaltig verletzt, und ich hatte wohl eine jener Erfahrungen gemacht, die das Leben verändern und das eigene „Ich" in Frage stellen können.

Mir war im wahrsten Sinne des Wortes die „Unschuld" geraubt worden; nicht nur körperlich: Ich empfand mich, abgesehen vom körperlichen Schmerz, als unsagbar gedemütigt, benutzt und beschmutzt – eine nie verloschene Erinnerung! Mein „heulendes Elend" rührte den Vergewaltiger nicht, als er mir danach ein Handtuch zuwarf, „mir das Blut vom Hintern abzuwischen". Das, was er meinem Körper, meiner Seele, meinem Selbstgefühl angetan hatte, ließ sich nicht einfach mit einem Tuch abwischen. Heute noch präsent ist das Gefühl unmittelbar „danach": Übelkeit, sich übergeben, „auskotzen" zu müssen, das Bedürfnis, unsichtbar, nicht mehr am Leben sein zu wollen!

Als er das Zimmer verließ, es hinter sich verschließend, wich meine Schockstarre. Mich vor mir selbst ekelnd, war ich zittrig um meine Kleidung bemüht. Da kam der Peiniger auch schon zurück mit einer großen Tüte voll Essbarem, die er mir in den Arm drückte. Als ich mich gegen die Annahme dieser „Liebesgabe“ sträuben wollte – soweit das „mein Zustand“ zuließ –, drohte er erneut mit der Militärpolizei wegen versuchten Diebstahls ... und meiner angeblichen „Prostitution“! Was in dieser Zeit gar nicht so selten vorkam, mir bekannt war und er in gebrochenem Deutsch an mich hin redete. Das wollte ich nicht auch noch! Ich nahm daher die Tüte tatsächlich mit, ging wortlos und stolperte flennend die Treppe hinunter.

Möglicher Hintergrund der „Prostitution“ auf der einen und der Übergriffe auf unschuldige und unerfahrene Jungen auf der anderen Seite war das strikte „Fraternisationsverbot“ für englische Soldaten: ausdrücklich deutsche Frauen und Mädchen betreffend. Von Deutschen männlichen Geschlechts, d. h. konkret von männlichen, auch minderjährigen Jugendlichen, war in diesem Verbot nicht die Rede!

Bevor ich, noch unter Schock, das Zimmer verließ, verlangte der Engländer von mir, dass ich wieder zu ihm zu kommen habe – natürlich gegen „Entgelt“ (d. h. Lebensmittel). Anderenfalls er dafür Sorge tragen würde, dass wir in absehbarer Zeit nicht wieder in unser Haus kämen, worauf er wesentlichen Einfluss habe. Er ließ mich verstehen, dass er mich nicht mehr „anfassen“ werde. Vielleicht deshalb, weil ich mich so passiv, erstarrt und seinen Handlungen gegenüber ablehnend und rigide verhalten hatte. Jedenfalls nicht so, wie er es erwünscht hatte (und wohl auch gewohnt war). Zudem hatte er meinen offensichtlichen Ekel an seinem gesamten Auftritt und auch an seiner Körperlichkeit registriert.

Gefühle, Gedanken, affektive Versuchungen auf dem Weg zur Mutter in die enge Behausung, mit einer Fresstüte vom Vergewaltiger im Arm – und Blut in der Unterhose ...

Der Heimweg entlang einem Steinbruch mit hoch abfallender, steiler Felswand: Die Panik- und Schamgefühle, die Todesgedanken, -sehnsucht, die mich bei deren Anblick bedrängten, sind ein Leben lang in meiner Erinnerung wach geblieben. Dazu hatte sich das unfassbare und peinigende Geschehen mit seinen hässlichen Bildern zu tief und zu schmerzlich in Körper und Seele eingebrannt. Bis in die Tiefen, in denen unser Unterbewusstsein angesiedelt ist, aus dem heraus nicht nur Träume und Alpträume entstehen, sondern auch Bilder unbewältigter Eindrücke.

Ich bin von der Steilwand des Steinbruchs wieder zurückgetreten, nachdem mir vom Grund unter mir das helle Lachen und Johlen einer Horde von Kindern entgegenschlug, die auf den alten, mir gut bekannten Eisenloren eine leicht abschüssige Schienenbahn „herunterkarriolten"! Vielleicht war es das so lebendige Bild, das mich von einer Kurzschlussreaktion abhielt?

Im diesem Kontext gehört erwähnt, dass in der Endphase des Krieges „allein in Ostdeutschland ca. zwei Millionen deutsche Frauen und Mädchen vergewaltigt worden sind. Es kam davor und danach zu mehreren Tausend Selbstmorden." (aus Florian Huber: Kind versprich mir, dass Du Dich erschießt!) Aber auch hier gilt: „Wer Wind sät ..."

Die ganz intime, „hautnahe" Erinnerung (der Details) an den erzwungenen sexuellen Missbrauch – und das dazu gehörende „Kopfkino" – ist mein persönliches Eigentum, über das ich mit keinem Menschen gesprochen habe, es auch zukünftig nicht beabsichtige. Um „es", was nun mal passiert ist, nicht zu zerreden, bagatellisieren oder gar konterkarierend in seiner ganzen Ungeheuerlichkeit in Frage stellen zu lassen.

Mein ganzes Leben lang habe ich diese besonders problematische Traumatisierung mit mir herumgetragen und die bild- und schmerzhaften Erinnerungen ertragen. Sie lagen immer wie Blei, wie eine Zentnerlast auf meiner Seele! Zeitlebens habe ich reflektierend die möglichen Auswirkungen und Folgen auf meine spätere Persönlichkeitsentwicklung hinterfragt. Was wäre aus mir geworden, wie hätte mein Leben ausgesehen, sich ereignet, ohne das extreme und die Existenz in Frage stellende, mich so verletzende Geschehen? Ein Leben lang erhielt ich auf diese Frage keine schlüssige Antwort.

Was war nun, um es mit zeitlichen Abstand auf den Punkt zu bringen – unter psycho-analytischen Gesichtspunkten – mit mir geschehen, was war nun anders als zuvor?

Ich hatte die kindlich-naive Unbekümmertheit, die dieses Alter gewöhnlich auszeichnet, verloren. Die Unbefangenheit, mit der man als Kind mit dem Leben und den Menschen, die darin vorkommen, umgeht. Das war nun anders: Ich kam mir von Stund an minderwertig vor. Als „Objekt gebraucht" und zutiefst erniedrigt. Neben Wut, Schmerz und Empörung als unmittelbare Empfindung – wobei die körperliche von der seelischen Verletzung kaum zu trennen war – kam eine tiefe Verunsicherung dazu durch das Gefühl der Scham. Aber vor wem? Auch vor mir selbst wegen möglicher eigener „Schuld"?

Und ich stellte von nun an die bis dahin selbstverständliche Autorität der Erwachsenen in Frage, nachdem ich von einem Erwachsenen körperlich und seelisch brutal missbraucht worden war. Zudem führt das Erleben und Erleiden sexueller Gewalt oft – so auch bei mir – zu Selbstisolation.

Ich fühlte mich stigmatisiert, dass dieser Mann gerade mich „erwählt" hatte. Hatte ich ihn durch mein „Verhalten" (?) auf mich „aufmerksam" gemacht, wie und wenn ja, durch was?

Ich hatte in Gotha, „vom Land", von Sorna kommend, immer wieder mal ein „Wohlgefallen" an meiner Person (Körper, Gestalt) registriert (Schwestern der Kinderklinik, mich modellierender Bildhauer, ältere Jungen aus dem Jungvolk). Und ich hatte – wohl mehr unbewusst und naiv – hin und wieder mit diesem „Kapital“ zu kokettieren versucht, ohne mir über mögliche „Folgerungen“ Gedanken zu machen.

Jahrzehnte später hat eine unmittelbare Zeugin aus Gotha, damals Kunststudentin besagtem Bildhauers – noch immer darüber amüsiert – in diesem Sinne Andeutungen gemacht und meine vagen Vermutungen im Nachhinein bestätigt. Nun aber war ich (auch dadurch?) auf die Masche eines aggressiven Päderasten hereingefallen, der sein Opfer mit kalkulierter Erpressung gefügig gemacht und missbraucht hatte.

In diesem Frühjahr 1946 lebte ich in der provisorischen, engen Behausung unterm Dach fremder Leute zum ersten Mal seit vielen Jahren mit meiner Mutter nicht nur äußerlich nah zusammen. Sie hatte keine Ahnung davon, welchen Einflüssen und Begegnungen ihr „12-jähriges braves Hänschen“ in der Schule und bei seinen Streifzügen auch und insbesondere in der Ruinenwelt ausgesetzt war.

Zu dem kriminellen Tatbestand des Missbrauchs war mir ihr (und auch anderen) gegenüber aus Scham und Angst, ein Tabu zu verletzen, kein Wort über die Lippen gekommen. Neben der Tragik, dass meine unwissende und gutgläubige Mutter lediglich ihre Verwunderung darüber äußerte, dass (wegen des Bluts in der Unterwäsche) „auch schon Kinder Hämorrhoiden haben können“ – ist auch der weitere Verlauf des gesamten Vorfalls aus heutiger Sicht kaum nachvollziehbar.

Ich war nach einer Karenzzeit sowie Abklingen der Empörung (und der Schmerzen!) durch die Vorstellung lockender Gaumen-Genüsse dazu bereit, mich von dem Engländer (bekleidet!) fotografieren zu lassen – allerdings nicht in den von ihm gewünschten Posen. Und meine Mutter – den fatalen Hintergrund nicht kennend – wusch dem Vergewaltiger ihres Sohns, auf dessen Wunsch hin, einige Male mit der Hand dessen Leibwäsche. Das alles gegen die Zusage, uns mit Lebensmitteln zu versorgen und sich für ein baldiges Freiwerden unseres Hauses zu verwenden. (Was dann erst 1955 der Fall war, 10 Jahre nach Kriegsende!)

Aus heutiger Sicht mutet das alles unglaublich an. Aber alles war tatsächlich so geschehen und wirft ein bezeichnendes Bild auf die damaligen chaotischen Lebensverhältnisse und Moralvorstellungen einer gottlob begrenzten Zeit, in der zivilisierte Menschen zu Tätern wurden und andere, eben auch schon Kinder, Heranwachsende, in die unglaublichsten Situationen hineingezogen wurden und sich korrumpieren ließen.

Diejenigen aber, die damals wie heute die so realen Geschehnisse einer Ausnahme-Zeit bezweifeln oder verdrängen: „darüber spricht man nicht!" oder „selber schuld", beleidigen die Opfer, die das alles haben erleben und erleiden müssen, wovon sie glücklicherweise verschont blieben. Ich habe die Erfahrung gemacht, dass gerade in diesem Kontext allzu gerne bagatellisiert wurde und wird, was nicht zum gewohnten Selbstverständnis passt und einem selbst einfach unangenehm ist. Nach dem Motto: „Es kann nicht sein, was nicht sein darf". Anstatt sich mit der brisanten, aber doch realen Problematik unvoreingenommen auseinanderzusetzen. Tabus und antiquierte Denkmuster jedoch haben eine große Macht über die Köpfe der Menschen.

Um die Beziehung, die ich „eingegangen worden war", auch hier auf dem Papier, zu Ende zu bringen: Eines Tages, nach etwa drei oder vier Wochen, war „mein Tommy" nicht mehr da. Ein anderer Offizier kam mir aus dem Haus entgegen und verscheuchte mich mit harscher Geste. Aus der Bande, der ich nichts Näheres von mir erzählt hatte, erfuhr ich, dass er wegen Missbrauchs mehrerer Jugendlicher angezeigt worden war. Was letztlich zur Versetzung und Degradierung des Offiziers führte.

Um die Opfer aber kümmerte sich keine Menschenseele! Nachdem der schwere sexuelle Missbrauch schon ein Verbrechen war, war die Gleichgültigkeit, die Missachtung den Opfern gegenüber unmittelbar nach den Geschehnissen (aber auch später) ein weiteres Verbrechen.

Ich hatte schon mit zwölf Jahren die Erfahrung gemacht, dass die Erwachsenen, die sogenannten Autoritätspersonen (Familie, Bekannte, Lehrer) kühl bis abweisend auf Vorkommnisse dieser Art reagierten und sie am liebsten ignorierten. Ein Tabu „berührt" man nicht, auch nicht verbal! Zumindest fehlten den meisten Erwachsenen Verständnis und Empathie für das, was den jugendlichen, oft minderjährigen Opfern widerfahren war und welche Konsequenzen sich daraus für deren Persönlichkeitsentwicklung ergeben konnten. Manche der Bezugspersonen reagierten mit unverhohlener Ablehnung, bis hin zu persönlicher Schuldzuweisung! Verständnisvolle, empathische Zuwendung waren die Ausnahme, als die Opfer genau diese gebraucht hätten.
Als es in der Schule ganz spontan zu Äußerungen und Fragen bezüglich des sexuellen Missbrauchs durch englische Besatzungsangehörige kam, schnitt der Lehrer (noch aus der NS-Zeit) das Thema lapidar ab mit der Bemerkung: „Einem deutschen Jungen passiert eben sowas nicht!" Das verschlug mir die Sprache, ließ mich nur stumm und ratlos zurück.

Viele von ihnen litten später vor dem Hintergrund der Geschehnisse an Beziehungsstörungen und Partnerschaftsproblemen. Weil Natürlichkeit und Unbefangenheit im Miteinander, auf der Ebene zwischenmenschlichen Kontakts, Schaden genommen hatten. Wer es nicht selbst erlebt hat, kann keine Vorstellung haben von der Problematik, mit den bedrängenden Schatten der Vergangenheit in seine Zukunft hinein leben zu müssen!

An das Missbrauchsgeschehen selbst, das ich als 12-Jähriger aus völliger Ahnungslosigkeit heraus erlitten habe, hatte ich jahrzehntelang eine seltene, aber nie wirklich verloschene Erinnerung. Erst im Älterwerden kam es zu einer deutlichen und belastenden Häufung und Intensivierung des Wiedererinnerns, wofür neurobiologische Umbauprozesse im zentralen Nervensystem des alternden Gehirns verantwortlich sind. „Traumareaktivierung“ oder auch „Flashback“ nennen Neurologen das Phänomen des plötzlichen Wiedererinnerns.

Wie ich später aus der Fachliteratur erfuhr, haben viele Betroffene eine ebenso gläserne Erinnerung an solche oder ähnlich einschneidende Erlebnisse in ihrem Leben, die zunächst gnädig schliefen, aber in der Tiefe der Seele, im Unterbewusstsein ein Leben lang präsent und traumatisierend blieben. Da ich über das, was mir, was mit mir passiert war, mit keiner Menschenseele sprechen wollte, nicht konnte, musste ich mich damit alleine auseinandersetzen, so, wie das mit 12 Jahren möglich ist oder eben auch nicht.

Die Konfrontationen mit dem Phänomen sexueller Gewalt bei mir im Alter von 11 und 12 Jahren einmal unter Gewaltandrohung passiv miterlebend, und dann als direkt Betroffener, hatte bei mir für lange Zeit einen „Null-Toleranz“-Standpunkt gegenüber jedwedem sexuellen Übergriff zur Folge. Eben diese Toleranz konnte ich Jahre später (1954 als Oberstufler) dem von mir hoch geschätzten und als intellektuelles Vorbild angesehenen Latein- und Klassenlehrer in meinem Internat in Bad Godesberg nicht entgegenbringen. Nachdem dieser begabte und charismatische Pädagoge und Internatserzieher versucht hatte, sich einen minderjährigen Schüler sexuell gefügig zu machen, zeigte ich ihn bei der Internats- und Schulleitung an, was seine fristlose Kündigung zur Folge hatte, nachdem ich diese nach Ablauf einer Woche habe anmahnen müssen. Als unmittelbare Reaktion auf den erfolgten Missbrauch distanzierte ich mich von der Bande, da ich auch den Verdacht nicht los wurde, dass man mich gezielt und mit Absicht (warum?) in die Falle hatte stolpern lassen. Diese Vorstellung war für mich unerträglich, da ein solches Verhalten einen eklatanten Vertrauensbruch unter Freunden darstellte, wie ich ihn mir nicht hatte vorstellen können.

Meine Erfahrungen von Loyalität und Solidarität aus der begrenzten und unvollkommenen Sichtweise eines Kindes waren noch geprägt von den Erinnerungen an die Zeit in Sorna, wo ich zwei Jahre in einem menschlichen Umfeld gelebt hatte, in dem Solidarität sowie das Wohl des anderen ein selbstverständliches und ungeschriebenes Gesetz mit absoluter Priorität war.

Einzig die Erinnerung an vergangenes Glück in Sorna konnte nach all den mich bedrängenden und verändernden Einschnitten in mein junges Leben die dunklen Schatten der oft „unerträglichen Gegenwart“ erträglicher machen: „Nicht der Tage erinnert man sich, sondern der Augenblicke“.

Über alles, was sich in der Bande abspielte an kleineren und größeren Abenteuern, habe ich in meinem familiären Umfeld kein Wort verloren. Wohl, weil mir dazu das Vertrauen, die nicht vorhandene, nicht vermittelte emotionale Nähe und auch ganz einfach der „Schneid“ fehlten. Deshalb und wegen der Angst vor einem Tabubruch habe ich den erlittenen Missbrauch als ein brennendes Geheimnis, als ein Stigma tief in mir verschlossen. Zu meinem dreieinhalb Jahre älteren Bruder bestand ebenfalls kein wirklich belastbares Vertrauensverhältnis, dass ich mich ihm hätte anvertrauen und dadurch vielleicht erleichtern können.

Der Grund für dieses brüderliche „Nichtverhältnis“ lag meines Erachtens vor allem in unserem zweijährigen Getrenntsein zwischen 1941 und 1943, also in einem Alter, in dem das Miteinander und das Vertrautsein unter Geschwistern eine wichtige Rolle spielt sowie die Grundlage für ein dauerhaftes, mehr oder weniger gutes Verhältnis gelegt wird. Mein Bruder hatte in Gotha seine eigene Welt, zu der ich natürlicherweise wenig Zugang hatte. Ich erinnere nicht, was uns gemeinsam interessierte, wir gemeinsam unternommen, worüber wir uns ausgetauscht hätten. Stoff dazu hatte es gegeben in dieser Zeit, in Hülle und Fülle.

Nach der Katastrophe in der „Gothaer Feuerversicherung“ mit dem Tod der Mitschüler sowie all den anderen Ungeheuerlichkeiten am Ende des Kriegs war auch er – in einem Zimmer mit mir schlafend – nicht in der Lage, mich in meiner häufigen abendlichen/nächtlichen seelischen Verzweiflung und motorischen Unruhe mit Worten oder anderweitiger Zuwendung zu trösten. So wie überhaupt niemand machte auch er erst gar nicht den Versuch dazu. Er konnte es wohl nicht.

Jahrzehnte später habe ich mit Erstaunen und Befremden zur Kenntnis genommen, dass mein Bruder vergessen oder es wohl nie recht zur Kenntnis genommen hatte, dass ich, sein jüngerer Bruder, in Gotha von März 1944 bis zum Kriegsende selbstverständlich stramm „Dienst“ machender, uniformierter Pimpf im Jungvolk gewesen war, mit allem, was das damals bedeutete.

Auch auf mein späteres Nachfragen: Weder an meine Erlebnisse im Bombeninferno im Februar 1945 mit den traurigen Folgen noch an den Häftlingsdurchtrieb durch unsere Wohnstraße hatte er eine Erinnerung! Ich muss einschränkend hinzufügen, dass auch ich in meinem ganzen Leben nicht gewusst oder erfragt habe, was ihm, meinem Bruder, in Kriegs- und Nachkriegszeit möglicherweise an Widrigkeiten begegnet ist und womit er sich hat auseinandersetzen müssen. Wir haben nie darüber gesprochen.

Nach Monaten habe ich mich, auf einem seelischen Tiefpunkt, einer meinem Vater aus seiner Studentenzeit sehr nahe stehenden Freundin anvertraut. Sie und ihr Mann lebten schon seit Vorkriegszeiten im Ruhrgebiet, ich mochte sie sehr. Sie war es, die meine innere Not erkannte und es mir auf Grund ihres empathischen, so natürlichen menschlichen Einfühlungsvermögens ermöglichte, mich zu öffnen: Zu ihr als einzigem Menschen konnte ich über viele der erlittenen und mir zugefügten Verletzungen – auch im aktuellen familiär-häuslichen Umfeld – sprechen. Das hatte eine befreiende und gleichzeitig aufrichtende Ventilwirkung. Die ins Vertrauen Gezogene hat mich deshalb nicht weniger gemocht. Im Gegenteil, sie hat mich zukünftig in Problemsituationen rückhaltlos unterstützt und mich darin bestärkt, mir nicht nur meiner Schwächen bewusst zu sein, sondern auch meiner Fähigkeiten und Stärken und diese auszubauen, und mich an ihnen zu erfreuen. Das hatte mir bis dahin so noch niemand vermittelt. Sie hat damit meinem in dieser Zeit kränkelnden Selbstbewusstsein einen entscheidenden positiven Schub verliehen. Manchmal im Leben bedarf es solcher wegweisenden menschlichen Begegnungen und Interaktionen.

Später entwickelte sich daraus ein auch meine eigene Familie einbeziehendes Vertrauensverhältnis, wie meine Frau und ich es so zu niemanden aus dieser Generation hatten. Sie und ihr Mann waren es auch, die mir erstmals meinen Vater vor dem Hintergrund vieler Unternehmungen und Erlebnisse in und nach der gemeinsamen Studienzeit in Karlsruhe von einer ganz persönlichen Seite nahe brachten. Berufliche oder gar politisch relevante Fragen oder gar Zweifel wurden in der kleinen Runde nicht angesprochen und von mir auch nicht thematisiert, was ich später sehr bedauert habe. Bis dahin hatte ich das Bild meines Vater ausschließlich mit Begriffen wie Fleiß, Pflichtbewusstsein, Disziplin, also „Größe“, wahrzunehmen gelernt; Begriffen, denen man nachzueifern habe. Das aber erschien mir bei meiner damaligen gesamten Verfassung, meiner objektiven Leistungsfähigkeit und subjektiven Leistungsbereitschaft unerreichbar.

Zu meiner Beglückung haben die unlängst wieder aufgetauchten Briefe aus der Kindheit meines Vaters an seine Familie und die Korrespondenz meiner Großeltern in wesentlichen Bereichen eine andere, emotionale, „innigere“ und auch realistischere Sichtweise seiner Person in mir bewirkt!

Der strenge Winter 45/46, auch noch das ganze Jahr 1946 hatten apokalyptische Züge! Die unmittelbaren Folgen des grauenvollsten Krieges in der Geschichte der Menschheit waren täglich präsent und physisch wie psychisch spürbar. Das gilt auch und insbesondere für die Kinder und Jugendlichen, die in diese Zeit hineingewachsen waren und in den „Trümmerjahren“ eben in die Pubertät eintraten. Sie wurden konfrontiert mit schlimmsten Ereignissen und ihr Auffassungsvermögen und Verständnis übersteigenden Erlebnissen verschiedenster Art, die sie kognitiv, aber auch emotional überforderten und in ihnen tiefe, unauslöschliche Spuren und Verletzungen hinterließen.

Die Kinder und Heranwachsenden der direkten Nachkriegsjahre haben aber auch diese außergewöhnliche Zeit – eine Zeit ihres Lebens! – vielfach wacher und intensiver erlebt und empfunden als es die meisten Erwachsenen seinerzeit für möglich hielten. Verständlich, wenn man sich vergegenwärtigt, dass Kinder die oft nicht ungefährlichen Abenteuer rational nicht reflektieren oder gar bewusst verdrängen konnten, sie erlebten und verinnerlichten alles aus ihrer kindlichen Subjektivität und oft noch naiven Unbefangenheit heraus. Andererseits stellte ihr Kindsein einen Schutz dar durch die Möglichkeit des

Rückzugs in eine heile Welt, auch die des Spiels. Ihre Welt hatte noch viel mehr die Funktion eines Kokons als das den Erwachsenen möglich war.

Was mich betrifft, so war ich durch meine „einschlägige Vorgeschichte" bis zu einem gewissen Grad abgehärtet oder auch immunisiert gegenüber den zum Teil unbeschreiblichen, zumeist passiven Erlebnissen und Konfrontationen in der morbiden Trümmer- und Ruinenwelt der Jahre 1945 bis 1947.

Je mehr wir heute davon wissen, was einerseits materielle, vor allem emotional-seelische Entbehrungen bedeutet und angerichtet haben, und wie stark sich andererseits die im Namen Deutschlands begangenen ungeheuerlichen Menschheits- und Kriegsverbrechen in die Seele gerade von Heranwachsenden eingebrannt haben, um so unverständlicher erscheint es, dass eine ganze Generation Erwachsener – die schweigende Generation – nach all dem zur „Tagesordnung" übergehen konnte. Um dann – daran besteht kein Zweifel – kraft ihrer Leistung den Grundstein für das deutsche „Wirtschaftswunder" zu legen, zumindest im Westteil des geteilten Vaterlands!

Zu erklären ist dieses Phänomen nicht zuletzt mit der preußischen Tugend, Herr über seine Gefühlsregungen zu sein.

Wieder also eine heile Welt mit Fleiß, Ordnung und Disziplin?

Doch Kinder sind wie Seismographen. Sie spüren oft die Gemütsbewegungen der Erwachsenen, besonders ihrer Eltern, ohne dass ein Wort gesprochen, eine Frage gestellt wird: Viele fühlten sich damals innerlich verpflichtet, die Eltern nach all dem Geschehenen und Erlebten, all der Schuld und der sich daraus ergebenden Demütigungen nicht auch noch mit heiklen Fragen und Problemen ihrer eigenen jüngsten Vergangenheit (auch in der eigenen Familie?) zu belasten, sondern sie zu schonen. Wie kann man aber bei so viel übersteigerter Rücksichtnahme und nach all dem, was geschehen und beileibe nicht verarbeitet war, unbefangen erwachsen werden?

Meine persönlichen, aber auch die äußeren Lebensumstände waren um diese Zeit – 1946/47 – mal wieder im Wandel. Ein der Familie befreundeter jüngerer Arzt aus Mülheim, zurück aus der Kriegsgefangenschaft, konnte wieder in das frei gewordene Haus seiner verstorbenen Eltern in der Nähe der Ruhr ziehen, in welchem dann auch meine Mutter mit uns beiden Brüdern ein neues Zuhause fanden. Dort begann er dann mit Hilfe unserer Mutter unter einfachsten Bedingungen seine Tätigkeit als niedergelassener Arzt. Da dieser „prakt. Arzt" vor allem auch die angrenzenden Bereiche des hier ländlichen Ruhrtals mit versorgte und dafür von den Landleuten oft mit Naturalien „bezahlt" wurde, waren die Grundlagen einer bescheidenen, aber einigermaßen ausreichenden Ernährung gewährleistet.

In dem dreistöckigen Altbau war für die folgenden Jahre in der obersten Etage (wie in dieser Zeit allgemein üblich) eine Flüchtlingsfamilie aus dem heute polnischen Schlesien einquartiert. Mein Verhältnis zu der mir fremden Frau – der Mann war gefallen oder vermisst – entwickelte sich in der Folgezeit zu einem für mich ganz wichtigen „Hort des Vertrauens". Mit dieser guten, einfachen Frau konnte ich über fast alle Alltagssorgen reden, sie hatte das, was man einen gesunden Menschenverstand und ein weites Herz nennt und – vor allem – ließ sie mich fühlen, dass sie mich mochte. Das ging praktisch so weit, dass ich mit besonders schlechten Schulnoten, z. B. nach Mathearbeiten, zunächst mal nach oben schlich, um mir vorab moralische Rückenstärkung zu holen, womit diese gütige Frau mich immer versorgte.

In der „Beletage" wohnten und lebten in der Folgezeit bis 1955 wir, also der Arzt, unsere Mutter, die für die „Familie", den großen Haushalt und zusammen mit einer jungen Arzthelferin in geringerem Umfang auch für die Praxis zuständig war. Für unsere Mutter – zu dieser Zeit 45 Jahre alt und seit ihrem 39. Lebensjahr verwitwet – war das alles eine kaum zu bewältigende Herkulesaufgabe, an der sie einige Male körperlich und seelisch zu zerbrechen drohte.

Das direkte Gegenüber im neuen Zuhause nahe der Ruhr war ein dreistöckiges Mietshaus aus rotem Backstein. Daran schloss sich seitlich ein großes Ruinengelände an, in dem bizarre, hohe Mauerreste und kantige Kamine über einer mit Grünzeug und jungen Birken bedeckten Schuttwüste vage daran erinnerten, dass hier einmal Menschen gelebt hatten und in einer großen Eckkneipe fröhlich und friedlich beieinander gewesen waren.

Bei einem der einsamen Streifzüge durch die zumeist erhaltenen halbdunklen Kellerräume, in denen man umfangen war von einem Geruch nach Schutt und Moder, stieß ich unterm Licht meiner Taschenlampe auch auf Einweckgläser mit Eingemachtem, zumeist Obst. Das verzehrte ich an Ort und Stelle, bevor ich daheim wieder Ärger bekommen hätte, war doch das Betreten von Ruinengrundstücken (aus guten Gründen) streng verboten.

Die Ruinenlandschaften der Städte am Rhein und an der Ruhr waren makabrerweise bevorzugte Abenteuerspielplätze, überwiegend der männlichen Jugend, aber auch zwielichtiger Erwachsener. Manche Straßenzüge waren wie ausgestorben, menschenleer. Von ehemaligen mehrstöckigen Wohnhäusern standen nur Fassaden, oft ragten aus einem trostlosen Schuttberg, von jungem, frischem Grün freundlich belebt, einzig der zentrale Kamin oder bizarre Mauerreste in den Himmel. Was einmal Straße war, schlängelte sich als Trampelpfad um und zwischen dem Schutt zerbombter, ausgebrannter Häuser, bis der Schutt zumindest in den Straßen in einer unglaublich effektiven – zumeist unfreiwilligen – Gemeinschaftsaktion (erstaunlich rasch) beseitigt war, in Mülheim etwa Mitte 1946.

In der gespenstischen Atmosphäre der sich aneinanderreihenden Grundstücke mit brüchigen Resten hoher Mauern, steilen Treppenhäusern, die jäh abbrachen, Räumen, denen Wände fehlten, vereinzelt noch mit ramponiertem Mobiliar sowie tödlichen Löchern, die in Böden gähnten, konnte man Halbwüchsige treffen, die cool Zigarette rauchend als Zeichen des Lebens in toten Fensterhöhlen saßen.

In dieser namenlosen, morbiden Umgebung, auf die nur noch die Abrissbirne wartete, war man sicher vor Kontrolle und Gängelung. Hier hatten Phantasie und Abenteuerlust unbegrenzte Möglichkeiten, ein freies Revier, wobei das Gefahrenrisiko wie ein Kitzel wirkte und das Gefühl, aus des Alltags engen und strengen Normen ausbrechen zu können, noch potenzierte.

Hier – bevorzugt in von Kerzen schummrig beleuchteten Kellern mit dem typischen Geruch des deutschen Luftschutzraums („LSR" noch immer auf einigen wenigen Außenmauern weiß aufgepinselt), den ich heute noch in alten Häusern assoziiere – trafen sich auch Jugendliche zum Tauschen, Handeln und Feilschen wie auf dem Schwarzmarkt der Erwachsenen. Hier war auch der sichere (unromantische) Ort zu „heimlicher Zweisamkeit". Auch das Erklimmen hoher Mauerreste war Teil jugendlichen Imponiergehabes und noch immer obligater Mutproben – Jungvolk und HJ ließen grüßen.

Aber allzu oft vermeldete die Zeitung Verschüttungen und tödliche Unfälle in Ruinen sowie Fälle roher Gewalt und sexueller Übergriffe, wobei traumatisierte, auch tote junge Menschen zurückblieben.

„Meine Leute" ahnten nicht, dass auch ich mit meinen 12, 13 Jahren zusammen mit meinen „Kumpanen" oft klammheimlich, mit Herzklopfen und schlechtem Gewissen, in den Ruinen des schrecklichen Bombenterrors herumstromerte und so manches Abenteuer (mit)erlebte. Viel später hörte ich in diesem Zusammenhang den Satz: „No risk, no fun!". Etwas davon hat lange Zeit ins Leben fortgewirkt.

Niemals aber hätte ich, hätten wir zu Hause von all dem erzählt. Woher kam diese Scheu, dieses fehlende Vertrauen, über Dinge, die zwar streng verboten, aber uns doch so heiß unter den Nägeln brannten, mit den „eigenen Leuten" zu reden? Stattdessen sich vor der Erwachsenenwelt abzuschotten bis hin zu totaler Unwahrhaftigkeit und oft auch grober Täuschung. Die Welt der älteren Kinder und Jugendlichen – der Kriegskinder eben – hatte mit der Erwachsenenwelt kaum etwas gemein, sie lebten, dachten, werteten und fühlten in verschiedenen Welten bzw. Kategorien. Genau so waren sie erzogen worden.

Aus meiner heutigen Sicht und Kenntnis der Zusammenhänge erscheinen mir mehrere Ursachen für dieses Phänomen verantwortlich. Zum einen dachte und „funktionierte" die Kriegs- und vor allem die Vorkriegsgeneration noch ganz nach den rigiden Gesetzen des absoluten Befehls-, Gehorsams- und Bestrafungsprinzips bzw. dem „hehren" Gesetz von „Pflicht und Pflichterfüllung", was keinerlei Diskussion, Widerspruch oder abweichende Meinung duldete. So ist es uns zu Hause, in der Schule, vor allem beim „Jungvolk" vorgelebt und eingebläut worden. Und so war es auch noch nach 1945 für längere Zeit in Familie und Gesellschaft.

Die Zusammenhänge und fatalen Folgen der tradierten, aber eben gestrigen Erziehungsgrundsätze einer gottlob vergangenen „Gehorsamskultur" habe ich erst viel später erkannt und durchschaut. In der Zeit selbst habe auch ich mich zumeist einfach gefügt (oder eben auch nicht).

Erst im beginnenden Alter wurde mir bewusst, dass die damals von mir mehr gefühlte, denn bewusste innere Einsamkeit mit den so früh erlebten und erlittenen Verlusten und Verletzungen ursächlich zusammenhing. Aber andererseits auch meine spezifische Wesensart – wie ich war und wurde – in meinem Leben begründete.

Viel später, deutlich nach der Pubertät, zu Zeiten des blühenden westdeutschen Wirtschaftswunders, das auch ich als solches erkannte und bestaunte, kamen Zweifel auf an der traditionellen und richtungweisenden Rolle der Erwachsenengeneration. Diese trug doch – wer denn sonst? – nach meinem sich bildenden Verständnis nicht nur pauschal, sondern im Einzelfall auch individuell die Verantwortung für den von den Nazis angezettelten „Weltbrand" mit seinen über 50 Millionen Toten. Verantwortung aber auch für den ungeheuerlichen und in seinen monströsen Auswüchsen (Shoa) nicht fassbaren Antisemitismus und Rassenwahn: erdacht, geplant und bis zum bitteren Ende im Gas, vor Erschießungskommandos, an Galgen, in Folterkellern, oder einfach nur durch Verhungernlassen durchgeführt von der „aufgeklärten Kultur-Nation" der westlichen Welt. In der einzelne Zeitgenossen sich allzu oft auch noch nach 1945 (bis in die Gegenwart hinein) in ihrer Borniertheit, Arroganz und Dummheit als Elite vorkamen und sich auch entsprechend aufführten (und aufführen). „Nicht Hans, wir gehören doch zu den Herrenmenschen?!", wurde ich tatsächlich noch vor einigen Jahren von einem unverbesserlichen Chauvinisten dieser Generation gefragt!

Nachdem all die im Namen des deutschen Volks begangenen abstrusen und im eigentlichen unvorstellbaren Verbrechen nur sehr zögerlich ans Licht und in das Bewusstsein der Öffentlichkeit gelangt waren, erinnere ich mich noch sehr gut der Zweifel und vielen Fragezeichen, die auch ich an mein direktes familiäres Umfeld und dessen Freundeskreis hatte. Da war ich 17, 18 Jahre alt.

Kritische Fragen an die Adresse meines ja schon 1940 verstorbenen Vaters in diesem Gesamtzusammenhang kamen erst viel später, da seine Person zu jeder Zeit durch Idealisierung im familiären Umfeld, aber auch im Freundeskreis über jeden Zweifel und Kritik erhaben war. Zudem waren Recherchen in diesem Kontext im Zentral-Archiv des Nachfolgekonzerns der „Vereinigte Stahlwerke AG“ ohne erhellende Ergebnisse geblieben.

Ich erinnere mich noch genau mancher weinseliger Runden in den 1950ern zu Hause oder bei Freunden der Familie – man konnte ja wieder feiern und hatte Grund dazu! Die Optimismus ausstrahlenden überwiegend männlichen Teilnehmer hatten neben den aktuellen beruflichen Erfolgsstorys oft auch den untergegangenen Nazi-Faschismus und den Krieg zumeist relativierend und verharmlosend zum Thema. Dabei Ton angebend war ein lange Zeit untergetaucht gewesener, humanistisch gebildeter, ehemaliger höherer SS-Offizier. Der (leicht alkoholisiert) laut tönend und arrogant jegliche Schuldzuweisung, gar Schuldanerkenntnis an den Verbrechen pauschal und individuell verhöhnte und brüskiert ablehnte. Dieser wirkliche Zeitzeuge – und Täter? – bestimmte und prägte den Tenor der Gespräche, worauf die übrige Runde einschließlich einer jüdisch-stämmigen Teilnehmerin widerspruchslos, zumeist sogar zustimmend reagierte. Als zumeist stiller Zuhörer solcher Runden „wurde mir immer bewusster, in welchem Ausmaß die Nazi-Zeit von Männlichkeitswahn und Herrenrassentum besessen war“ (M. Mitscherlich). Von Scham, Trauer, gar Mitgefühl für das von Deutschland zu verantwortende millionenfache Leid keine Spur. Es herrschte ein emotionales Vakuum. Dafür aber selbstbemitleidendes Lamentieren in der Rolle als Opfer – und das sehr ausgeprägt – wegen der im und nach dem Krieg den Deutschen zugefügten Not und Ungemach!

Als ich, der bei weitem Jüngste, darüber völlig konsterniert, vorsichtig meine Zweifel und kritischen Bemerkungen zu den

Äußerungen und Ansichten vorbrachte – ich probte die neue Meinungsfreiheit –, gab man mir deutlich zu verstehen, mich bezüglich dieser Problematik mit meiner Meinung oder gar Bewertung besser zurückzuhalten. Dazu sei ich viel zu jung und unerfahren, habe das alles ja nicht miterlebt. Meine schüchternen Versuche, von meinen eigenen Erlebnissen und Erfahrungen in der fraglichen Zeit zu erzählen, wurden zumeist als Übertreibungen kindlicher Phantasie abgetan und nicht so recht ernst genommen. Was ich erlebt hatte, wollte niemand wirklich wissen. Ich erinnere mich in diesem Kontext nicht an empathisches Zuhören, Nachdenklichkeit oder gar Anteilnahme und Betroffenheit. Wohl auch immer noch nach dem Motto: „Nur keine Schwäche zeigen“! Mit der Konsequenz, dass ich eine viel zu lange Zeit zu der Thematik schwieg um des lieben Friedens (und meiner selbst) willen.

Das Schicksal, das Aber-Millionen Menschen – auch deutsche als die eigentlichen Verursacher all des Elends – durch den NS-Terror zu erdulden, zu erleiden hatten, war sicher vom Einzelnen nur in Ausnahmefällen beeinflussbar gewesen. Sehr wohl aber hätte man, jedenfalls aus heutiger Sicht nach dem Krieg, sich selbst und der nachwachsenden Generation gegenüber anders mit der „Schuldfrage“ (A. Mitscherlich) umgehen können und müssen, als es dann geschehen ist. „Der einzige Ort, in dem die Vergangenheit leben kann, ist die Gegenwart.“ (Giorgio Agamben) Wenn aber die Gegenwart die Vergangenheit nicht mehr als authentisch und lebendig empfindet, wird die „Nabelschnur“ zerstört, die uns mit der Vergangenheit verbindet.

Im großen Mietshaus gegenüber wohnte 1946 eine Hannelore mit ihren Eltern. Der Vater war kriegsversehrt, hatte aber deshalb einen Job „auf Hütte“. Der Sommer 46 war heiß, wie der Winter zuvor eisig. In den Sommermonaten hatten wir Brüder unser Zimmer noch unterm Dach, direkt gegenüber Hannelores „Gemach". Wir waren uns öfters draußen begegnet, sie war schlank, wie alle damals, hatte lange, dunkle Haare und dunkle Augen, und wir mochten uns einfach. Ich werde nie vergessen, wie ich auf der Fensterbrüstung unseres Zimmers unterm Dach sitzend meine Beine in die Dachrinne hereinbaumeln ließ, den sinnenbetörenden Duft der das Haus umhüllenden blühenden Glyzinien in der Nase. Unter Herzklopfen versuchte ich, ihr Papierschwalben über die Straße hinweg zuzuwerfen, während sie fröhlich lachend in ihrem offenen Fenster stand – und mein Bruder irgendwo die Schallplatte: „Ich tanze mit Dir in den Himmel hinein ..." abspielte. Ohne zu wissen, was „der kleine Bruder" da trieb. Man sah es in der Familie nicht gern, dass ich nun öfters mit Hannelore „auf Straße" war, mit dem Kommentar meiner Mutter, das sei wohl nicht der rechte Umgang für mich – vom „Vize-Papa" mit dem mir zum Halse heraushängenden Ausspruch: „Du solltest besser deine Schulaufgaben machen." Das war eine berechtigte und begründete Aufforderung, die jedoch wegen ihrer impertinenten Wiederholung immer mehr an Wirkung einbüßte.

Nachdem die abendlichen, so harmlosen, aber herzklopfenden Kontakte über die Straße von Fenster zu Fenster wegen meines und meines Bruders Umzugs ins Erdgeschoss ihr natürliches Ende fanden, schlief diese „Beziehung" ein. Möglicherweise ist die gut erinnerte Beklemmung, die das Herzklopfen (heute: Schmetterlingen im Bauch) bei Hannelores Anblick in mir auslöste, Ausdruck einer tief verwurzelten Unsicherheit dem anderen Geschlecht gegenüber vor dem Hintergrund Jahre zuvor erlebter sexueller Gewalt. Ihren äußeren Ausdruck fand diese Unsicherheit im ängstlichen Vermeiden allzu großer körperlicher Nähe.

Die tradierten und jeden lustbetonten Körperkontakt verteufelnden, tabuierenden Erziehungsmethoden mussten bei

Kindern und pubertierenden Heranwachsenden zwangsläufig ein schlechtes Gewissen mit Strafangst hervorrufen, wenn sie wohltuende zärtliche Körperkontakte suchten, gar lebten. Die althergebrachte Vorstellung und Praxis von Erziehung mit ihrem „Dressatgehorsam“ führte zu distanz- und angsterfüllter Abschottung.

Die Erwachsenen, die Autoritätspersonen konnten mit Körperlichkeit und einer zum gesunden Leben gehörenden Sexualität zumeist ebenfalls nicht unbefangen umgehen, weil sie diese selbst in einer entscheidenden Phase ihrer Entwicklung nicht als etwas Natürliches vermittelt bekommen oder nur verklemmt erlebt hatten.

Die in der Familie gängigen Erziehungsvorstellungen und -methoden, bedingt auch durch die NS-Ideologie, standen noch lange nach 1945 einer natürlichen, unverkrampften Vorstellung und dem Umgang mit Körperlichkeit unter Heranwachsenden (Pubertierenden) entgegen. „So etwas macht man nicht“, habe ich in diesem Zusammenhang nicht nur ein Mal zu hören bekommen. Es sollte noch etwas dauern, bis ich mit der Nähe „Herzklopfen machender“ Mädchen leidlich unbefangen umgehen konnte und ich sie, die Nähe, als einfach nur wohltuend empfand.

Es traf sich gut, dass ich weitere, ach so harmlose, aber das Herz „streichelnde Techtelmechtel“ mit Mädchen hatte, die rein geographisch weit außerhalb des autoritären Blickfelds zu Hause waren. Diese „Techtelmechtel“ mit dem „anfallartigen Herzflimmern“ waren mein streng gehütetes Geheimnis. Niemand in meinem familiären Umfeld ahnte etwas davon.

Nach den einschlägigen Erlebnissen und Erfahrungen, die ich seit der Heimkehr ins Ruhrgebiet gemacht hatte, mit Angehörigen der britischen Besatzungsmacht, hielt ich mich nun von der Clique fern und mied auch in der neuen Umgebung zunächst den Anschluss an verbündelte Jungensgruppen, wie

13-jährig mit Ado II im ländlichen Ruhrgebiet.

es diese natürlich (nach dem Einzug der kleinen Familie in den Arzthaushalt) auch in der neuen Umgebung gab.

Ab Frühjahr 1946 begann sich ganz zögerlich in all die Entbehrungen und äußere Not so etwas wie Ordnung und Struktur zu etablieren, wenngleich für die Mehrheit der Bevölkerung die allgemeine Versorgungslage vor allem mit Nahrungsmitteln und Heizmaterial noch für lange Zeit katastrophal blieb.

Sommer/Herbst 1946 verbrachte ich den größten Teil meiner Freizeit alleine, d. h. zusammen mit dem Schnauzer-Rüden Ado II., vor allem an den Gestaden der ländlichen Ruhr. Am südöstlichen Rand des Ruhrgebiets gab es noch ursprüngliche Natur in einer ländlich-bäuerlichen Idylle mit vielen Auen- und Wiesenlandschaften, die von der vielfach gewundenen Ruhr in einem breiten Flusstal geprägt war.

Anfang 1946 war es im Ruhrtal zu einem „Naturspektakel" besonderer Art gekommen, als das Flussbett wegen Ausbesserungsarbeiten an der 1943 zerstörten Möhnetalsperre (Wasserversorgung des Ruhrgebiets) leerlief und für einige Wochen ein schmales Rinnsal inmitten des breiten Flussbetts floss. Das war nicht nur ein ungewöhnlicher Anblick, den man von der umgebenden hügeligen Landschaft oder direkt vom Ufer aus mit Staunen erleben konnte. Es gab noch einen anderen, makabren Aspekt, denn der nun ausgetrocknete und begehbare Grund des Flusses war streckenweise bedeckt mit Altlasten des Krieges, in den Waffen und Munition aller Art kurz vor Kriegsende bzw. anlässlich letzter Gefechte entsorgt worden waren. Da gab es alles, was das Herz eines Waffennarr höher schlagen ließ: von Pistolen und Karabinern, sogar Maschinengewehren, bis zu Panzerfäusten sowie Munition aller Art, einzeln oder in Gurten und – besonders Verderben bringend – auch Minen!

Auch da kam es so, wie es kommen musste: Mehrere männliche Jugendliche – unter ihnen natürlich ehemalige Jungvolk-

und HJ-Angehörige – kamen beim Versuch, sich Waffen und Munition anzueignen, ums Leben oder wurden schwer verletzt. Erst daraufhin veranlassten die Besatzungsbehörden Absperrungen und zügige fachgerechte Entsorgung der brisanten Hinterlassenschaften des Krieges.

Ich war an diesen „Ausflügen" hinein ins Flussbett der „leeren" Ruhr nicht beteiligt gewesen.

Anfang 1946 wurde ein junger Hund, ein Mittelschnauzer („Rattenfänger") „Ado" II. vom „Vize-Papa" von einem Bauernhof mitgebracht und – psycho-pädagogisch wohl überlegt – in meine Obhut gegeben. Ein von mir heiß geliebter, lustiger Freund und ständiger Begleiter eingedenk des Airedaleterriers Ado (I) in Gotha, der von den Russen im Herbst 45 gekidnappt und verzehrt worden war, und natürlich meines unvergessenen Tell in Sorna.
Es ist schon fast eine Ironie des Schicksals: Auch dieses Glück währte nur einen Sommer! Auch dieses Tier, für das ich so freudig die Verantwortung übernommen hatte und das mir in meiner Gesamtsituation so viel Glück bedeutet haben muss, wurde Opfer der Besatzungsmacht.

Es war im Sommer 1947: Zu zweit in großen Sprüngen eine vom Militär stark frequentierte, breite Straße überquerend, wurde mein Ado knapp hinter mir, indem der englische „Raser" einen raschen Bogen machte, überfahren! Die Zeit blieb stehen, die Welt schien unterzugehen, während ich als heulendes Bündel Kind auf dem Randstein des Trottoirs hockte mit dem sterbenden Hund auf dem Schoß.

Der britische Militärfahrer hielt an, kam, streichelte meinen und den Kopf meines Hundes und sagte in etwa Folgendes: „Sorry, but otherwise I had hit you", was ich durch die häufigen Kontakte mit britischen Armeeangehörigen sinngemäß verstand.

Was der Hund mir bedeutet haben muss, erhellt sich auch aus meinem erfolgreichen Insistieren, ihn klammheimlich am äußersten Ende des Waldfriedhofs, in der Nähe der väterlichen Grabstätte, begraben zu können. Dort habe ich auch für lange Zeit das Grab dieses mir viel zu früh genommenen wichtigen Freundes in einer unfreundlichen Zeit anlässlich der häufigen Besuche meines Vaters Grab aufgesucht.

Gegen Ende der „Schlacht ums (eingekesselte) Ruhrgebiet", etwa im März 1945, war es Einheiten der SS gelungen, die meisten Brücken über die Ruhr zu sprengen, so auch die sog. „Hermann-Göring-Brücke" als Verkehrsverbindung unter anderem zum Vorort Saarn. Dieser liegt jenseits der Ruhr, schon im ländlichen Bereich, bekannt durch seine Klosterkirche aus dem 11. Jahrhundert, der seit 1945 infolge Bombenschäden das komplette Dach über dem Kirchenschiff fehlte.

Um Menschen – Berufstätigen, aber auch Wandersleut' – den Weg auf die andere Ruhrseite mit seinen weiten Auen und bewaldeten Hügeln zu ermöglichen, hatte sich ab Frühsommer 1947 außerhalb des Stadtgebiets eine einfache, private Fährverbindung etabliert. Ein etwas größerer Ruderkahn, in den vier bis sechs Personen passten, wurde von einem älteren, berenteten Fährmann bei jedem Wetter hin- und herüber gerudert, nahe einer Wehranlage, wo die aufgestaute Ruhr etwa 300 Meter breit ist.

Aus einem anfänglich neugierigen Zuschauer beim nicht ganz unproblematischen An- und Ablegen des Kahns – ich hockte mit meinem jungen Schnauzer-Rüden in der kleinen Anlegebucht – wurde mit einem Mal ein begeisterter Bootsjunge, nachdem der Fährmann gefragt hatte, ob ich Lust habe, ihm nachmittags – nach der Schule – bei seiner Maloche zu helfen.

So kam es dann bis in den Herbst hinein zu meinen ersten bescheidenen Kontakten mit dem nassen Element bzw. der „Schifffahrt", die dann im späteren Leben noch öfters eine besondere Bedeutung für mich haben sollte.

Meine Aufgabe war es, beim Ablegen die Leine vom Poller zu lösen, das Boot in Richtung Fahrwasser schieben und im letzten Moment aufs Heck des Kahns aufzuspringen, wo Ado schon auf mich wartete.

Beim Anlegen auf der anderen Seite der umgekehrte Vorgang. Während der je nach Strömung und Windverhältnissen fünf- bis zehnminütigen Überfahrt durch den kräftig rudernden Fährmann ergab sich oft ein fröhliches, freimütiges Plaudern mit den Passagieren. Und ... beim Bezahlen des „Fährgroschens" – wenn ich mich recht erinnere 50 Reichspfennige – fiel meist auch für mich etwas „Klimpergeld" ab, mein erstes wirklich „Selbstverdientes". Letzteres fiel an Sonntagen (samstags wurde gearbeitet), an denen mehr Ausflügler diesen Ruhrübergang nutzten, deutlich höher aus. Manchmal machten wir eine „Leerfahrt", wenn es diesseits keine Kunden gab, auf der anderen Seite aber solche schon warteten und auch schon mal „Hol über" riefen. „Meine Leute" zu Hause hatten erstaunlicherweise nichts gegen diesen meinen ersten von vielen folgenden Ferienjobs, „wenn nicht die Schulleistungen darunter litten" – was sie natürlich taten. Aber da war auch schon Herbst und die Fährsaison zu Ende.

Bei einer solchen Tour ohne Kundschaft forderte der Fährmann meinen sportlichen Ehrgeiz und Mut heraus, indem er mich aufforderte, den Fluss doch mal schwimmend zu überqueren, durch ihn und sein Boot schützend begleitet, so dass mir nichts passieren könne. So kam es mit 13 Jahren zu einer ersten schwimmenden Ruhrüberquerung (in Unterhose!), bei der meine einzige Sorge dem jungen „jaulenden" Hund galt, der nur mit Mühe vom Fährmann daran gehindert werden konnte, mir ins Wasser nachzuspringen.

Die unbeschwerten Stunden in diesem Sommer bescherten mir nur Heiteres: kleinere Abenteuer und nicht zuletzt Anerkennung und Lob der Passagiere und manchmal auch des Fährmanns, was mir einfach gut tat: Ich war zu was nütze.

Es gab auch hübsche Mädchen, sonntags mit den Eltern „auf Ausflug", die mir mit stummer Bewunderung (und manchmal „Äugelchen") zuschauten, auch Knaben meines Alters mit stillem Neid im Blick. Da war ich nun mal der „King", was meinem beschädigten Selbstwertgefühl nur gut tat.

Insbesondere wegen einer Begegnung besonderer Art, hat sich eine Episode dieses Sommers in meinem Gedächtnis festgesetzt, als ob sie sich gestern ereignet hätte: Auf einer der Überfahrten schipperten wir nur eine Familie – ein Ehepaar mit zwei Kindern – über den Fluss. Der freundliche Familienvater, der glücklich war über die Möglichkeit des Übersetzens, schaute mir bei meinen Handgriffen interessiert zu. Als ich nach dem Ablegen wie immer auf dem Heck des Bootes im Schneidersitz saß, mit Ado neben mir, fragte er mich plötzlich, wie ich heiße und wo ich wohne. Ich sagte es ihm und auch, dass wir eigentlich auf dem Kahlenberg ein eigenes Haus hätten, was aber von den „Tommys" besetzt sei. Da schwieg der Frager, mich weiter anschauend und auf einmal bemerkte ich Tränen in seinen Augen. Nach Anlegen und Vertäuen auf der anderen Seite überraschte er mich mit einem hohen Trinkgeld, was mich ihn staunend und dankbar anschauen ließ.

Er nahm mich beiseite, seine Familie ging voraus, legte mir den Arm um die Schultern und erklärte mir, dass er früher auf der „Friedrich Wilhelms-Hütte" Schichtleiter am Hochofen gewesen sei. Von daher habe er meinen Vater als den „Herrn Direktor" gut gekannt, da dieser oft mit ihm im Hochofenbereich zu tun gehabt habe. „Er habe ihn wegen seiner menschlichen und immer hilfsbereiten Art so besonders geschätzt, wie übrigens alle anderen Hochofenarbeiter auch". So seine Worte. Mich habe er an meinem Blondschopf wiedererkannt, wenn ich als Fünf- oder Sechsjähriger hin und wieder meinen Vater auf der „Hütte" begleiten durfte, auch zusammen mit dem größeren Bruder.

Für immer ist mir der Ausspruch dieses Mannes in Ohr und Gedächtnis geblieben bevor er weiter ging: „Dein Vater war ein ganz besonderer Mensch, wie ich seitdem keinen mehr kennengelernt habe. Ich und viele meiner Arbeitskollegen haben damals bei der Nachricht vom plötzlichen Tod unseres obersten Chefs einfach nur weinen müssen, vielleicht weil wir ahnten, wie sehr er uns fehlen wird".

Er ließ mich stumm, traurig, aber auch mit einem Gefühl von Stolz zurück. Als ich es mir am gemeinsamen Abendbrottisch nicht verkneifen konnte, davon zu erzählen, schwieg meine Mutter mit betroffenem Gesichtsausdruck, während mein „Vize-Papa" mit einem knappen „So" reagierte.

Jahre später habe ich an die Begegnung mit diesem Hüttenmann und seinen Gefühlsausbruch an der Ruhr denken müssen, als ich mir in den Schulferien „auf Hütte" – in Sichtweite der Hochöfen, in denen jetzt wieder der „Abstich" stattfand – ein Zubrot zu meinem Sommerurlaub verdienen konnte.

Marita! Sie war eines Nachmittags da, an der Ruhr, auf dem Poller sitzend, uns – dem Fährmann und mir – bei unserem Treiben still zuschauend. Wobei sie gleich Kontakt zu Ado hatte, was dieser geschehen ließ, für Schnauzer ungewöhnlich, und von mir mit Sympathie registriert wurde.

Nachdem sie unser „Geschäft" geduldig mit ihren Augen verfolgt hatte, sprach der Fährmann sie schließlich an, ob sie denn mal mitfahren wolle, woraufhin sie mit Freude zu uns ins Boot sprang.

Sie war mir gleichaltrig, von schlanker, eher jungenhafter Figur, mit einem kurzen, rotblonden, „strubbeligen“ Haarschopf und Sommersprossen im Gesicht. Später erinnerte sie mich stark an die Figur Pipi Langstrumpf. Sie wohnte nur fünf Minuten entfernt, direkt am Anfang des Ruhr-Seiten-Kanals.

Marita wurde mir in diesem Sommer 1947 zur unentbehrlichen Begleiterin, ja zu einer ersten wirklichen und vertrauten Freundin. Ihre sympathische, natürliche äußere Erscheinung sowie ihre Unkompliziertheit und Unbefangenheit im Umgang miteinander machten sie mir so liebenswert.

Auch außerhalb meines „Fährdienstes“ verbrachten wir jede mögliche Zeit miteinander. Ziel und Bühne unserer gemeinsamen Unternehmungen war eine total einsame, von der Natur ganz in Besitz genommene verwunschene „Halbinsel“ in der Ruhr. Dieser mit hohem Riedgras und Strauchwerk bedeckte, noch total ursprüngliche, etwa 300 Meter breite Inselstreifen erstreckte sich über einige Kilometer zwischen dem Ruhrkanal auf der einen und der eigentlichen Ruhr auf der anderen Seite, am oberen Ende begrenzt durch das hoch aufragende Mülheimer Flussstauwehr, über dessen Turbinen das Wasser der Ruhr mal schwächer, mal stärker in das eigentliche Flussbett herunterplätscherte bzw. -brauste.

In dem vom Hochwasser verfilztem Buschwerk der Halbinsel, im Uferstreifen mit Sand- und Kieselbänken und im mannshohen gelb-bräunlichen Riedgras konnten fantasiebegabte, „abenteuernde“ Halbwüchsige völlig im Spiel in und mit der Natur aufgehen und die oft unromantische Realität ihres Alltags vergessen. Angesagt waren Fantasie, Neugier und kindliche Kreativität: einfache „Behausungen“ errichten aus Ast- und Flechtwerk mit Grassoden bedeckt, und in kleinen Sandbuchten Unterhalten von Feuerstellen zwischen Uferkieseln sowie

Schwimmen und Herumtollen im Fluss in Unterhose, am Körper getrocknet, mit respektvollem Abstand zu den schäumenden Wassern und Strudeln der Wehranlage. All das füllte Nachmittage aus. Höhepunkte waren es, wenn wir Kartoffeln oder dann im Herbst Äpfel in der weißen Glut unseres Feuerchens schmoren und gemeinsam verzehren konnten. Es gab nichts, was wir uns nicht zutrauten; mit Marita konnte man „Pferde stehlen"!

Dritte oder gar mehr waren nie dabei. Wir hüteten unser Eldorado wie einen heimlichen Fluchtpunkt vor Neugier und möglicher Missgunst Gleichaltriger und vor Unverständnis und striktem Verbot der Erwachsenen unserer Beziehung und unserem Tun gegenüber. Im jeweiligen Zuhause wusste man nichts von unserer Freundschaft, unseren Abenteuern auf der nahen Halbinsel. Konnten doch die sozialen und gesellschaftlichen Unterschiede nicht größer sein. Marita lebte zusammen mit ihrer Mutter in einer Zwei-Zimmer-Behelfswohnung unterm Dach eines Altbaus (wie ich mit meiner Mutter nur eineinhalb Jahre zuvor) direkt an der Ruhr. Die Mutter war Küchenhilfe in einer Kneipe, der Vater war vermisst oder gefallen.

Der Freund der Mutter, zugleich Maritas „Vize-Papa", ein kriegsversehrter Frühheimkehrer, machte ihr in der Enge der Wohnung den Raum und die Zuwendung der Mutter streitig. Manchmal, wenn wir nicht allzu sehr in unser spielerisches Tun vertieft waren, kam es spontan und mehr beiläufig – oft am kleinen Feuerchen aus trockenem Astwerk – zum Austausch bedrängender Nöte und persönlicher Probleme. So wie ich Marita über mein ewiges Schul-Desaster und die von mir so empfundenen rigiden (heute: „ätzenden") und überholten Erziehungsmethoden in meinem Zuhause das Herz ausschüttete, öffnete sie sich urplötzlich eines Nachmittags. Mit Aggressivität in der Stimme und Wut im Bauch erzählte sie, dass der Freund ihrer Mutter – wenn die beiden getrunken hatten – sie schlagen würde. Dann nämlich, wenn er sie bedrängte, um sie anzufassen, was sie bisher immer vehement habe abwehren können. Wegen der ständigen Reibereien und Auseinandersetzungen mit den beiden Erwachsenen sei ihr schon mit dem Erziehungsheim gedroht worden. Sie halte es zu Hause nicht mehr aus, hasse diesen Mann und wisse nicht, ob sie ihre Mutter verachte oder bemitleide. Indem sie von den versuchten „Übergriffen" sprach, hatte ich urplötzlich das Vergewaltigungsszenario in Thüringen Jahre zuvor vor Augen. Im Angesicht des Mädchens ließ mich die hautnahe Erinnerung schaudern.

Es kam zwischen uns nie zu absichtlichen körperlichen Kontakten, in erster Linie, weil wir beide noch nicht reif waren für echte erotische Empfindungen und ich wohl genetisch (?) ein „Spätentwickler" war. Junge oder Mädchen war nicht ausschlaggebend zwischen uns, sondern die natürliche Empathie, die wir füreinander empfanden. Dass ich sie auch als Mädchen mochte, zeigte sich sehr deutlich daran, dass ich bei ihrem Anblick oft Herzklopfen bekam und mich nach ihr sehnte, wenn wir uns einmal nicht treffen oder sehen konnten.

Als sie einmal im Geäst eines Uferbaums in Bredouille geriet, da der Ast abzubrechen drohte, rief sie mit angsterfüllter Stimme nach mir und ich konnte sie im Fallen grad noch mit meinen zupackenden Armen auffangen. Einen Moment verharrten wir, stumm uns umfangend und den anderen spürend. Nach der Dauer eines Augenblicks ließen wir uns abrupt los, eine Weile danach sprachlos bleibend.

Es ist schon ein besonderes Phänomen, wenn einem nach über 70 Jahren die damaligen Gefühle und Empfindungen einem Mädchen gegenüber wieder präsent werden!

Hobby und Augapfel des Freundes von Maritas Mutter war dessen von ihm oft genutztes Paddelboot, das unschwer aus dem Garten des Hauses über den Leinpfad zu Wasser zu bringen

1952 als Tennislehrer für Gästekinder des Hotel „Adler“ in Hinterzarten im Schwarzwald

war. Im Spätherbst dieses Jahres, das mir neben meinen gewohnten Problemen die Unbeschwertheit und die Wärme einer wohltuenden, unkomplizierten Freundschaft beschert hatte, endete die Beziehung – deren Tiefe ich erst im Nachhinein erkannte – so plötzlich wie sie begonnen hatte: in einem Desaster.

Es begann damit, dass ich Marita damit beeindrucken wollte, ihr in einem von vornherein riskanten Unternehmen den heißen Wunsch zu erfüllen, entgegen striktem Verbot mit des „Vize-Papas" Paddelboot eine Spritztour auf der Ruhr zu machen. Risiko einzugehen hatte ich beim Jungvolk spielend gelernt.

Gesagt, getan! Als Marita zu Hause alleine war, entwendeten wir mit Herzklopfen und schlechtem Gewissen das Boot aus seinem Unterstand, brachten es zu Wasser und machten uns ruhraufwärts davon, zunächst auf dem Kanal, um dann in den offenen Fluss zu gelangen. Das alles mit vielen Schwierigkeiten, Verheddern und Verpaddeln, da wir beide erstmals in einem solch schmalen Gefährt unterwegs waren, ohne jede Erfahrung, wie man mit Boot und Paddel umzugehen hat.

Irgendwann aber fanden wir den richtigen Gleichklang und Rhythmus in unseren Bewegungen, um das Boot ruhig und möglichst dicht unter Land gegen die hier nur leichte Strömung voranzubringen. Das waren für mich Momente des Glücks und des Stolzes, und es ging mir „durch Mark und Pfennig", als sich Marita mehrmals mit strahlenden Augen und Bewunderung im Blick zu mir umwandte. Tat das dem Herzen gut!

Später wendeten wir das Boot für die Rückfahrt, gerieten aber zu unserem Entsetzen zu sehr in die Mitte des Stroms bzw. in den Sog der Strömung. Es waren Augenblicke der Angst, dann der Panik, als wir merkten, dass wir trotz allen Bemühens nicht gegen den Sog ankamen und immer rascher auf die Turbinen der Wehranlage zutrieben, hinter dem das Wasser etwa drei Meter tief in eine brodelnde Gischt voller Strudel stürzte.

Als intime Kenner des Ufergeländes „unserer Halbinsel" unterhalb des Wehrs wussten wir, was da „abging"!

Mir wurde urplötzlich klar, dass wir im Boot keine Chance haben würden, dem lebensbedrohenden Absturz über die Turbinen zu entkommen. Also habe ich – wissend um unsere Stärke im Schwimmen – Marita blitzschnell davon überzeugt, dass wir uns – wenn überhaupt – nur durch Schwimmen ans Ufer retten könnten. Im Nu waren wir unter Kentern des Bootes im Wasser und begannen mit aller Kraft schwimmend, dem Ufer zuzustreben.

War es eine „Fügung", dass an diesem Tag Männer der Wehranlage mit Arbeiten im Inneren des Wehrs beschäftigt waren und mehr zufällig das Boot, uns Schwimmende und die drohende Katastrophe kommen sahen? Jedenfalls sprangen zwei von ihnen zu unserer riesigen Erleichterung in einen Kahn mit Außenbordmotor, der auch zum Glück sofort ansprang. Rasch erreichte uns das Boot, die wir trotz heftigem und verzweifeltem Schwimmen immer mehr auf den Überlauf der Wehranlage zutrieben. Die Männer zogen uns im letzten Moment total erschöpft und in Todesangst aus dem Wasser. Vor Kälte, mehr noch vor Angst schlotternd, blieben wir stumm, mit Entsetzen zuschauend, wie das von uns entwendete Paddelboot des „Vize-Papas" letztendlich kieloben über das Wehr gespült wurde und im Rauschen des Wassers darunter verschwand; es ward nie mehr gesehen! Die Sprachlosigkeit im Boot der Retter wurde am Ufer abgelöst von einer deftigen „Gardinen-Predigt".

Was sich danach in Maritas Zuhause abgespielt hat, habe ich nie erfahren. Ich habe sie nach unserem schweigsamen und betretenen Auseinandergehen vor dem häuslichen Tatort nicht mehr wiedergesehen, nichts mehr von ihr gehört!

Nach einigen Tagen drängte mich die Ungewissheit so sehr, dass ich meine Hemmungen sowie mein schlechtes Gewissen überwand und ich läutete an Maritas Wohnungstür. Marita war nicht zu Hause, „er“ auch nicht. Die Beschimpfung durch die völlig unbeherrschte Mutter war abstoßend und ließ mich nur schweigen. Natürlich hatte sie Recht. Der zaghafte Versuch einer Entschuldigung, vor allem der Inschutznahme meiner Freundin, wurde nur mit Hohn und Spott bedacht. Die bissige und mich tief verletzende Bemerkung: „Ein ‚von‘ hat bei uns sowieso nichts verloren“, traf mich wie ein Blitz und hat mich in seiner eigentlichen Aussage und Bedeutung noch lange beschäftigt. Von da an war ich meinem Namen mit den drei Buchstaben gegenüber nicht mehr innerlich unbefangen, sondern machte mir immer öfter Gedanken darüber, was das „von“ in der Umgebung, in der wir lebten, eigentlich bedeutete und wie damit umzugehen sei.

Mein „Besuch“ in der unfreundlichen Behausung endete nach Minuten quasi mit einem Rausschmiss und der nachgerufenen Drohung einer Schadensersatzforderung.

Über den Verbleib und das Schicksal von Marita – weshalb ich ja eigentlich gekommen war – erhielt ich außer spöttisch-ordinären Bemerkungen keine Auskunft. Jedenfalls lebte sie ganz offensichtlich nicht mehr zu Hause und es bereitete mir in der Folgezeit Albträume, wenn ich mir vorstellte, dass man sie – wie damals öfter üblich als gemeinhin bekannt – als „schwer erziehbar“ in eines der oben erwähnten Erziehungsheime verbracht hatte (um sich ihrer zu entledigen!). Und das auch noch durch meine Mitschuld!

Marita hat mich nicht nur wegen des schlechten Gewissens bzw. meiner Sorgen um ihr weiteres Schicksal und wohl auch der Sehnsucht nach ihr insgeheim sehr lange begleitet. Sie ist mir vor allem deshalb in lebendiger Erinnerung geblieben, weil sie die erste, wirklich wohltuende Beziehung mit einem Mädchen darstellte, die ich ganz allein aus mir heraus eingegangen war. Eine Freundschaft, ja doch schon eine Art schüchterner Liebe von der kein Mensch etwas wusste, in die niemand hineinreden oder hineinagieren konnte und die positiv zu gestalten, ich alleine in der Lage gewesen war.

Und nun zu einem Thema, das den Alltag – wie den vieler Alters- und „Leidensgenossen" – nachhaltig geprägt hat: Die Schule! Meine schulische „Karriere" auf dem humanistisch-neusprachlichen Gymnasium gestaltete sich zu einem kontinuierlichen Desaster. Spätestens in der Quarta (7. Klasse) – also 1948 als 14-Jähriger – konnte mein Totalausfall in Mathematik (Dyskalkulie, d. h. pathologisch einzustufende Lernschwäche im Bereich des Zahlenverständnisses) bei gleichzeitig mangelhaften Leistungen in sogenannten Fleißfächern nicht mehr durch besondere Leistungen in Deutsch und den Fremdprachen kompensiert werden.

Zudem lag ich mit mehreren Lehrern (wie auch im familiären Umfeld) wegen meiner „Verhaltensauffälligkeiten" in ständiger Fehde – was Wunder! Das war einer der Gründe, weshalb ich zusammen mit drei „Kumpels" aus der Klasse „abhauen" wollte, nach Italien, besser noch nach Nordafrika, wo es die Fremdenlegion gab. Aber das wurde in letzter Minute in der Schule von einem Klassenkameraden verraten und führte dazu, dass uns der Pedell auf Geheiß des Direktors „in Gewahrsam" nahm.

Mit dem Abhauen von zu Hause Probleme zu bewältigen, gehörte damals zum Schatz der Fantasien Pubertierender.

Mit hämischen Bemerkungen übergab uns der „Direx" wie Delinquenten an die bedröppelten Eltern, zumeist Mütter. Auf dem Heimweg blieb meine Mutter sprachlos; sie war glaubhaft überfordert.

In „trauter Runde" am Mittagstisch erfolgte vom „Hausvorstand" ohne Diskussion die quasi „militärische Abstrafung" in Form eines vierwöchigen Tennisverbots. Das traf mich bis ins Mark, war es doch für uns Deutsche erst seit kurzem wieder möglich, auf den ausschließlich von den Engländern benutzten Plätzen des örtlichen Tennisvereins diesem Sport nachzugehen. Und genau das hatte mir so viel Freude und auch Erfolgserlebnisse bereitet! Als ich dagegen protestieren wollte, schnitt mich der Herr Doktor mit der Bemerkung ab: „Seit wann reden Embryos am Tisch?" Eine in meinem Alter kaum zu überbietende Demütigung, unter der ich lange litt!

Zusätzlich fast unerträglich für mich wurde die insgesamt ungünstige „Gemengelage" in der Schule durch die häufigen ironisch-abfälligen Bemerkungen mancher Lehrer und Mitschüler nach einer „5" oder „6" bezüglich meines „von" vor meinem langen Namen, nachdem auch noch das „und Ludwigsdorff" bekannt geworden war.

Ich habe unter den gehässigen und verletzenden Sticheleien (Mobbing), die ich in ihren Ursprüngen und psychologischen Hintergründen damals nicht verstehen und einordnen konnte, sehr gelitten! Zu Hause habe ich darüber geschwiegen, was mir am angebrachtesten erschien. Erst viel später habe ich gelernt, die wirklichen Ursachen der Vorurteile und Denkweisen dieser Problematik gegenüber zu verstehen, um dann mit den persönlichen Verletzungen besser umgehen zu können und mich adäquat und erfolgreich dagegen zur Wehr zu setzen.

Ich erinnere noch gut das Schuljahrzeugnis dieser Quarta, das außer einer „1" in Deutsch (einzig in der Klasse) und einer „2" in Latein von „5ern" und „6ern" nur so strotzte und mir zu Hause sprichwörtlich um die Ohren gehauen wurde: Ich war völlig zu Recht sitzengeblieben.

Woraufhin mir – und allen anderen inklusive der mich in Schutz nehmenden jungen Arzthelferin – durch den „Herrn des Hauses" am Mittagstisch, an dem ich als verheultes Häufchen Elend saß, erklärt wurde, dass mir „der Brotkorb höher zu hängen" sei, was wohl am besten „ziehen" würde.

Dass ich mitten in der Pubertät war und eine vom Krieg massiv geprägte Vorgeschichte hatte (heute: posttraumatische Belastungsstörung, PTBS), wurde dabei von dem Arzt nicht berücksichtigt oder nicht erkannt. Seine eigene Vergangenheit mit dem Aufwachsen in einem streng konservativ-autoritären Elternhaus, das noch ganz von der „Kaiserzeit" geprägt war, sowie die Indoktrination in der NS-Zeit haben zu dieser rigiden Einstellung und dem fehlenden Verständnis für die Probleme eines Pubertierenden bzw. Adoleszenten geführt.

Zu Beginn des neuen Schuljahrs – ein zweites Mal in einer Quarta – wurden alle etwa 500 Schüler in die altehrwürdige Aula beordert zu einer Ansprache des Herrn Direktor, eines „Pädagogen" vom „alten Schrot und Korn". Er war ehemaliger Vize-Direktor einer Kadettenanstalt im Preußischen gewesen und hatte eine Beinprothese (bei den Schülern hieß er: „Das Holzbein"), die bei jedem Schritt ein weit hörbares hämmerndes Geräusch verursachte.

Das Erste, was er von sich gab mit mächtiger Stimme, als er in der Aula ans Katheder trat: „Alle Sitzenbleiber aufstehen", um sie für eine Ewigkeit von allen Seiten bestaunen lassen zu können! Ein „beglückender", besonders motivierender Start in das neue Schuljahr. Wenn gute Vorsätze bestanden haben sollten, waren diese durch das Spektakel zunächst zunichte gemacht.

Jahre später: Meine schulische Situation war im Wesentlichen unverändert. Ich hatte vor jeder Mathe-Arbeit „die Hosen voll". Da sehe ich mich (in meiner Erinnerung) einige Wochen vor Ostern mit meinem neuen jungen Schnauzer, Ado III., in heller Verzweiflung und rasendem Herzen von zu Hause Richtung Ruhr wegrennen, bis ich auf Maritas und meiner so vertrauten, einsamen Halbinsel im vorjährigen Ufergras total erschöpft und verzweifelt niedersank. Ein heulendes Bündel aus Frust,

Scham und völliger Ratlosigkeit. Was war passiert? Heimkommend von der Schule, hatte die Arzthelferin die Haustüre geöffnet und mir – mich vorbereiten wollend – mit anteilnehmendem Blick mitgeteilt, dass ein „Blauer Brief“ gekommen sei mit der Vorankündigung eines eventuell erneuten Sitzenbleibens. Damit hatte ich nicht gerechnet, meine „Kompensationstheorie“ war nicht aufgegangen!

Ich betrat erst gar nicht den Hausflur, warf meine Schultasche hinein, rannte davon, so schnell ich konnte. Zunächst nicht bemerkend, dass sich der Hund an meine Fersen heftete.

Als ich schließlich Rotz und Wasser heulend an der Ruhr im Gras lag, von Ado unentwegt abgeschleckt, war ich mir sicher, dass ich das schon einmal Durchlebte an Beschämung, Verhöhnung, an Minderwertigkeitsgefühlen, aber auch an Unkenntnis und Unverständnis meines menschlichen Umfelds gegenüber den eigentlichen Ursachen des Versagens und der Verweigerung nicht noch einmal erleiden wollte.

Ich war ohne jede Hoffnung auf einen Ausweg aus diesem Dilemma, hatte jegliches Selbstvertrauen, jeden Glauben an mich und meine Fähigkeiten verloren, als ich – mich aufraffend – zu einem nahen, verrosteten Bohrgestänge im verdorrten, hohen Wiesengras lief.

Am Eisengerüst kletterte ich hoch zu einem herabhängenden Hanfseil, eine Schlaufe daraus zu machen! Dabei wurde ich irritiert von dem sich am Fuß des Gestänges wie verrückt gebärdenden Hundes, der, an den Eisenstangen hoch springend und um sich selber drehend, völlig außer sich war und immer aggressiver kläffte und heulte. Mein junger Hund litt Qualen, er spürte wohl instinktiv die Gefahr, in die ich mich da begeben wollte; das hat mir schier das Herz gebrochen und ich kletterte wieder herab von dem Gestänge, ihn zu erlösen – und mich vor einer affektiven Kurzschlusshandlung zu bewahren. Leben aber wollte ich in dem Augenblick nur für den Hund!

Dieser Versuch einer „Lebensflucht" war ein markanter Tiefpunkt in meinem noch jungen Leben, ein wohl notwendiger und richtungweisender. Weil er mich – nachdem ich begann, wieder klarer zu denken – letztlich darin bestärkte, dass es so nicht weitergehen konnte. Nach einem heilsamen Fußmarsch von mehreren Stunden an der Ruhr, zusammen mit meinem glücklichen Hund, traf ich am frühen Abend meine Mutter auf dem Sofa liegend vor, verheult und sichtlich mitgenommen von der Ungewissheit über meinen Verbleib. Auch mein „Vize-Papa" war in der Nähe. Gesprochen wurde ausschließlich über meine schulische Situation, kein Wort, keine Frage, wie es mir Stunden zuvor an der Ruhr ergangen war! Auch ich habe damals und auch später zu niemanden, auch nicht zu oder mit meiner Mutter darüber gesprochen.

In den folgenden Osterferien habe ich, statt an einer geplanten ersten „Ski-Vereins-Freizeit" im Schwarzwald teilnehmen zu können, als „Spund" in einem Sägewerk erstmals praktische körperliche Arbeit kennengelernt.

Es wurde ein Schlüsselerlebnis! Die Erfahrung, dass ich bei Erwachsenen, Vorgesetzten, „Kollegen" gut ankam, wenn es mir durch vollen Einsatz gelang, die geforderte Leistung zu bringen, hat mich für meine weitere Entwicklung nur positiv beeinflusst und zudem mein kränkelndes Selbstbewusstsein gestärkt. Gleichzeitig erkannte ich, dass ich nicht unbedingt ein Leben lang mit Holzbrettern umgehen und „nur" Arbeiter sein und bleiben wollte.

Seitdem habe ich in der Schule mit Zähnen und Klauen um jeden Erfolg gekämpft, um nicht wieder dem „Abgrund" nahe zu kommen. Auf diesem Weg ist mir nichts geschenkt worden. Mir wurde erstmals („auf Arbeit") bewusst, dass man sich Herausforderungen stellen muss, will man im Leben weiterkommen und gleichzeitig mit sich zufrieden sein.

Im Frühjahr 1948 – ich war 14 Jahre – meldete mich meine Mutter zum Konfirmandenunterricht an. Außer zur Konfirmation meines Bruders in Gotha im April 1944 erinnere ich mich an keinen Kirchen- oder Gottesdienstbesuch.

Das Jahr bis zu meiner Konfirmation im April 1949 war eine ausschließlich positive und bereichernde Zeit, in der ich begann, Dinge des Lebens, auch meines Lebens wie etwa die penetrante Dominanz und das ständige „Besserwissen" der Erwachsenen zu hinterfragen. Es war die Zeit in der Adoleszenz, in der die Fremdbestimmtheit allmählich abgelöst wurde von einer wachsenden Fähigkeit abstrakten Denkens, kritischen Reflektierens und eigener Meinungsbildung. Und die aufkeimende Fähigkeit, eigene Entschlüsse zu fassen und selbstständig umzusetzen.

Exakt diese typisch pubertäre Lebensphase wurde bei mir ausgefüllt und erfüllt von der Begegnung mit einem praktischen, „alltäglichen" Christentum, vermittelt durch die persönliche Ausstrahlung und Authentizität eines außergewöhnlichen Menschen und Seelsorgers, der unser Pfarrer und Wegbegleiter zur Konfirmation war. Er war ein überzeugter Vertreter und Verfechter eines liberalen, reformorientierten Flügels der lutherisch-evangelischen Kirche im Westdeutschland der unmittelbaren Nachkriegszeit. Es gab viele Jugendliche in meinem Umfeld, deren Eltern seine liberale Art, Konfirmandenunterricht zu gestalten, ablehnten.

Sein Anliegen war nicht in erster Linie die Vermittlung des üblichen tradierten Unterrichtsstoffs sowie der religiösen Rituale, sondern die behutsame Sensibilisierung für christliches Gedankengut und dessen praktische Umsetzung in die Notwendigkeiten und Erfordernisse der Zeit. Davon hatte unser Pfarrer sehr klare und bestimmte Vorstellungen. Er sprach und diskutierte mit uns darüber in einer Art und Weise, dass wir von der Sinnhaftigkeit der von ihm initiierten Aktionen und

Projekte voll überzeugt waren. Bezogen auf den einjährigen Konfirmandenunterricht ging es ihm weniger um Auswendiglernen von Texten und Liedern als vielmehr darum, uns zu tätiger Nächstenhilfe und -liebe in unserem sozialen Umfeld zu sensibilisieren und motivieren.

Konkret bedeutete das die unmittelbare physische und psychische Konfrontation mit Lebenssituationen, in denen Menschen in Not lebten: in Flüchtlingslagern – sogenannten Nissenhütten –, in Unterkünften für Obdachlose, für minderjährige Waisenkinder. Auch bei einigen in materieller und seelischer Not lebenden Konfirmanden unseres Jahrgangs. Vor meinem inneren Auge habe ich noch den ganztägigen „Einsatz" in einer großen, ehemals privaten Villa (jüdischer Besitz?) im Ruhrtal, den wir vom Frühstück bis zum Abendbrot damit verbrachten, uns persönlich um etwa 40 deutsche und ausländische Waisenkinder zu kümmern.

Der Name des Pfarrers – Jahrzehnte in meinem Unterbewusstsein schlummernd – war R. ... Ich hatte ihn nach über 60 Jahren in einer frühen Morgenstunde mit seinem Namen und auch in seiner körperlichen Erscheinung wieder vor Augen!

Er war damals Mitte dreißig, hatte 1945 als Kommandeur einer Sturm-Geschütz-Einheit kurz vor Kriegsende einen Arm verloren, weshalb er relativ früh aus der Gefangenschaft entlassen wurde. Seine Eltern und eine jüngere Schwester waren bei einem Bombenangriff auf Mülheim ums Leben gekommen.

Er war auch als Mensch so völlig anders als die meisten Erwachsenen, mit denen ich damals in meinem Lebensalltag zu tun hatte. So war auch sein Konfirmandenunterricht ganz anders als es zu erwarten war: lebendig, unkonventionell und orientiert an den realen Gegebenheiten der Zeit. Das Geheimnis seiner charismatischen, Respekt einflößenden Ausstrahlung bestand unter anderem darin, dass er jeden Einzelnen von uns zumeist labilen, pubertierenden Adoleszenten ernst nahm und ihm natürliche Empathie entgegenbrachte. Man fühlte sich persönlich angesprochen und akzeptiert, so wie man war, mit allen individuellen Schwächen und Defiziten. Aber auch bestärkt durch sein Lob, wenn zum Beispiel ich in der „großen Runde“ eine konträre Meinung leidenschaftlich, aber letztlich überzeugend vertrat. Diese Art von Anerkennung und moralischem Beistand hatte ich zuvor so noch nicht erlebt.

Jener Seelsorger und Mann verkörperte während des einen Jahres ein weiteres Mal die von mir unbewusst immer ersehnte Vorbildfunktion, wie sie zuvor vielleicht des Schäfers Sohn in Sorna oder mein Jungvolk-Führer in Gotha innehatte, womit ich wohl unbewusst den so früh verlorenen Vater assoziierte.

Viel später erst ist mir klar geworden, welche Überzeugung hinter des Pfarrers Credo stand: aus der Konfirmandenzeit im Jahre 1948 mehr zu machen als lediglich einen „Bet- und Gesangsverein“. Was er da im Konkreten anders machte als andere Geistliche, erkannten und verstanden wir damals zunächst noch nicht. Entscheidend für unsere uneingeschränkte Loyalität ihm gegenüber war sein Charisma, das „Wie“ im Umgang mit uns, seinen Konfirmanden, zu denen er in einem wirklichen „Resonanz-Verhältnis“ stand.

Unsere Begegnungen mit den vielen Not leidenden Menschen, unsere Gespräche bei und neben praktischen Hilfeleistungen wurden regelmäßig in der „großen Runde“ nachbereitet und reflektiert mit dem Pfarrer als geschicktem Moderator. Aus diesen Gemeinschaftserlebnissen ging ich zumeist fröhlichen Sinns und mit dem Gefühl nach Hause, mit meinen Beiträgen und Ansichten akzeptiert und gemocht zu werden, woran ich schon seit langem meine Zweifel hatte.

Als Ausgleich für das Leid, die Not, all die Entbehrungen und Unzulänglichkeiten des Alltags, womit er uns bewusst konfrontierte, organisierte der Pfarrer an Wochenenden gemeinsame Ausflüge mit Wanderungen im ländlichen Umland. Immer mit einem spannenden, abenteuerträchtigen Höhepunkt. Eines seiner unausgesprochenen Ziele war es dabei, uns die Bedeutung der Natur durch spielerisches Umgehen damit nahe zu bringen. Sorna ließ grüßen.

Bei solchen Ausflügen kam es immer wieder zu intensiven Gesprächen über persönliche Problematiken und solcher in den Familien der Konfirmanden. Auch mir „brannte es unter den Nägeln", mich ihm anzuvertrauen, was sich aber nicht ergab.

Eine der fröhlichsten Erinnerungen dieser Zeit ist der gemeinsame Besuch der ersten Kirmes in Mülheim nach dem Krieg im Herbst 1948, zu der unser Pfarrer uns Konfirmanden aus dem „Säckel" der Gemeindekasse einlud.

War das ein „Hallo", die erste Fahrt mit einem „Bumsauto"! Oder in einer „Raupe", mit der plötzlichen Dunkelheit, wenn sich das Verdeck schloss: Was für ein Gefühl, als dabei das Mädchen gegenüber das „Fußeln" erwiderte, auch wenn man danach mit „heißen Ohren" das Gefährt und das Mädchen verließ. Welch ein prickelndes Glücksgefühl, wenn sie sich im Gewühl der Kirmesbesucher suchend nach einem umschaute; da konnte man schon mal weiche Knie und ein klopfendes Herz bekommen. Nie werde ich den Genuss und den Geschmack des Mülheimer „Flöckchens" vergessen, einer Orangenlimo, zu der uns unser Pfarrer zum Abschluss aus seinem persönlichen Portemonnaie an einer Getränkebude einlud.

Der außergewöhnlich charismatische Mensch und Seelsorger hatte die Herzen seiner Konfirmanden total eingenommen; wir wären für ihn durchs Feuer gegangen. Sinn und Bedeutung des Begriffs „Nächstenliebe" brachte er uns, in allen Glaubensfragen pragmatisch denkend und handelnd, am lebendigen Beispiel und persönlichen Vorbild nahe. Auf eine unkonventionelle und glaubhafte Weise. Wir lernten „Glauben", Glauben-Können nicht als etwas Metaphysisches, sondern als unmittelbar mit allen Sinnen Erlebbares. Vielleicht auch deshalb, weil wir noch so jung und aufgeschlossen waren.

Erst viel später hat sich mir die Erkenntnis eröffnet, dass im Leben von Armut und Entbehrungen im Deutschland der Nachkriegszeit die Sensibilität und die Bereitschaft zu sozialem Denken, Handeln und sozialem Gewissen wurzelte. Und auch, dass der Mensch – wohl evolutionsbedingt – mit Not und Mangel besser zurecht kommt und umzugehen versteht als mit Überfluss und Sorglosigkeit.

Der emotionale Höhepunkt meines Konfirmandenjahres war etwas, das mir später als das „Weihnachtswunder" von 1948 vorkam. Es war einige Tage vor „Heiligabend", als wir alle zusammen am frühen Nachmittag mit der Straßenbahn nach Saarn fuhren, um in der auf einer Anhöhe über der Ruhr gelegenen romanischen Klosterkirche aus dem 11. Jahrhundert das „Weihnachtsoratorium" von Johann Sebastian Bach zu hören und zu erleben. Für jeden von uns Jungen und Mädchen war es eine erste Begegnung mit „alter" Musik, die zudem in einem Kirchenschiff quasi unter freiem Himmel erklang, da der Klosterkirche durch Bombenschäden Teile des Gewölbes und des Dachs fehlten.

Der Kirchenraum war mit Besuchern überfüllt, man saß auf Bänken, Stühlen und Hockern oder auf dem Boden, lehnte an Wänden und Säulen. Unser Pfarrer hatte für seine Konfirmanden eine lange Bank reserviert, ganz vorne vor dem Halbrund des Chors, in dem der Bach-Chor in dicken Mänteln vor seiner ersten Aufführung nach dem Krieg stand. Da saßen wir nun dicht aneinander gedrängt, auch, um uns zu wärmen. Jeder spürte irgendwie die besondere Atmosphäre.

Es war ein mäßig kalter, sonniger Dezembernachmittag. Der frühe Sonnenuntergang ließ für kurze Zeit die in einen dunkelblauen, wolkenlosen Himmel aufragenden Mauerwände des

Kirchenschiffs aus quadratischen Feldsteinen in einem rötlich-violetten, unwirklichen Licht erleuchten. Was mich inmitten all der Menschen auf eine bis dahin nicht gekannte Weise faszinierte. In der Kirche war die übliche Geschwätzigkeit einer gespannten, erwartungsvollen Stille gewichen.

Und dann das: „Jauchzet, frohlocket"! Wie aus Posaunen kam es aus den Kehlen der etwa 50 Frauen und Männer, Knaben und Mädchen unter einem inzwischen blau-schwarzen Himmel, an dem später erste Sterne standen, in der nur von Kerzen und Taschenlampen schwach erleuchteten Basilika. Eine wirkliche „Sternstunde", wie mir viel später bewusst wurde.

Der Eindruck mit der dann folgenden „musikalischen Weihnachtsgeschichte" – einige hatten den Text auf den Knien, von Taschenlampen schwach beleuchtet – hat in mir die innere Aufgeschlossenheit, die Genussfähigkeit für Bach'sche Musik und deren spirituelle Aussage begründet. Sie rührt ganz stark an meine Identität, an etwas, was für mich im Leben wichtig ist. Ich kenne kein „Agens", das eine stärkere Bedeutung und Wirkung für Verstand und Gefühl hat!

Das mich tief berührende, nicht nur musikalische Erlebnis geriet danach zunächst wieder in Vergessenheit, verdrängt von den Nüchternheiten und Herausforderungen des Alltags.

Je mehr ich dann zu meiner eigenen Identität fand, hat Musik von Johann Sebastian Bach mein und später unser gemeinsames Leben begleitet, bereichert, inspiriert, nicht nur spirituell. Bach bescherte und beschert mir und meiner Lebenspartnerin überwältigende Momente des Musikerlebens, der Resonanzfähigkeit, wodurch ich ganz in mir selbst war, zu mir selbst finden kann.

Hartmut Rosa nennt solche Momente: „Resonanzerfahrungen". „Wir werden durch etwas Äußeres in unserem Innersten berührt und ergriffen, und zwar so, dass Innen und Außen eine räsonierende ... Verbindung eingehen."

Für mich ist heute Bach'sche Musik in ihrer universellen Aussage „überirdischen" Ursprungs. Sie hat mich ganz wesentlich in meiner (später wieder entdeckten) Glaubensfähigkeit und -bereitschaft inspiriert. Sie übt auf mich eine ähnliche Faszination aus wie die Wunder der Schöpfung in der Natur, die mich ebenso berühren können.

Ich habe noch heute eine ganz starke Wahrnehmung davon, wie mich damals als 14-Jährigen das Bach'sche Oratorium in oben beschriebener Weise beeindruckt hat wie kaum eines der vielen musikalischen „Highlights", vor allem in unserem späteren gemeinsamen Leben. Der Eindruck von diesem Dezembernachmittag in der Klosterkirche ließ sich durch nichts „toppen", auch nicht durch den Heiligen Abend Tage später im Kreis der (sog.) Familie. Wirklich wiederangeknüpft an die Bedeutung und den Stellenwert der Musik in meinem Leben habe ich erst, nachdem ich meine spätere Frau kennen und lieben lernte (1963/64) und wir von nun an zumeist gemeinsam Musik erlebten und auf uns wirken ließen. Auch eine wichtige „Resonanz-Erfahrung" in einer Gemeinsamkeit! Wir hätten uns jedenfalls unser Leben ohne Musik, ohne deren verbindenden Charakter, nicht vorstellen können.

Die eigentliche Konfirmation im April 1949 (im Sommer 48 hatte die Währungsreform jegliches Vermögen entwertet, die Bundesbürger erhielten 40 DM als Anfangskapital) gestaltete sich völlig unspektakulär und war ein eher sachlicher Vorgang, worauf uns unser Pfarrer vorbereitet hatte. Er werde vor ihm fremden Menschen (Familien der Konfirmanden) keine „großen Worte" machen. Mit dem, was er sage und tue, meine er ausschließlich uns Konfirmanden! In diesem Geist gestaltete er mit uns zusammen das „erste Abendmahl".

Jahrzehnte später kam das Erlebte während der „frühmorgendlichen Erinnerungsarbeit" des Gehirns bildhaft ins Bewusstsein zurück. Und daran, dass beim obligatorischen Kon-

Das Portrait machte unsere Tochter Dorothee Mitte der 1980er-Jahre an der französischen Atlantikküste.

firmationsfestmahl meine geliebte Tante Lu aus Bremen mit am Tisch saß. Welche Glücksgefühle durchwogten mich, als sie mit knappen, aber warmen Worten von mir auf Sorna erzählte: vom hellen und dunklen Blau meiner Augen, „je nachdem, ob er fröhlich (wie meistens) oder traurig war", damals, in meinem Kindheitsparadies. Meiner Tante Worte waren wie eine wohltuende Bestätigung unserer so vertrauten, warmherzigen Beziehung, die wir zueinander gehabt hatten.

Unvergessen auch das letzte Zusammensein der Gruppe mit unserem Pfarrer nach der Konfirmation, bei dem jeder von diesem Festtag, aber auch von seinen persönlichen Eindrücken und Empfindungen berichten konnte, wenn es ihn dazu drängte. Nicht alle wollten das, warum auch immer.

Ich erzählte mit einem Kloß im Hals vom „Desaster mit dem neuen Fahrrad". Ein solches (es sollte mein erstes sein) hatte mein Bruder mit viel Mühe aus alten Teilen zusammengebastelt. Es dominierte die Präsenteecke. Als ich das Hauptgeschenk noch am gleichen Tag beglückt und voller Stolz meinem Freund vorführen wollte, wurde es prompt vor dessen Haustüre gestohlen; ein trauriger Abschluss meines Konfirmationstags.

Pfarrer R. löste auf seine Art „den Bund" mit uns mit dem Hinweis, dass er von nun an für eine andere Konfirmandenschar verantwortlich sei, um die er sich ebenfalls intensiv zu kümmern habe. Ich hätte ihn in den vor mir liegenden problematischen Jahren noch oft als Mentor, Beschützer und Vorbild brauchen können. Mit seiner Art, sich von uns zu verabschieden, öffnete er unsere Herzen und Seelen für das, was er uns an Bleibendem für das vor uns liegende Leben mitgeben wollte. Er hoffe, dass das eine oder andere der Konfirmandenzeit in unserer Erinnerung lebendig bleibe, um irgendwann wieder präsent und wirksam zu sein in unserem Leben. Gedanken, die wegen ihrer Eindringlichkeit bis zum „Wiedererinnern" ein Leben lang in meinem Unterbewusstsein schlummerten.

Exakt das Phänomen des „Wiedererinnerns“ erlebte ich, als ich 2001, 67-jährig, während eines Vierteljahrs als Schiffsarzt auf einem kleineren, „sportlichen“ Kreuzfahrtschiff die grönländische und kanadische Arktis befuhr und die Wunder der arktischen Natur wie eine Offenbarung erlebte!

In der absoluten Stille und Klarheit der hellen Polarnächte, in denen vorbeitreibende Eisberge das einzig belebende Element waren, überkam mich wie ein innerer Drang unter anderem das Reflektieren dessen, was jener Pfarrer uns und auch mir vor Jahrzehnten hatte mit auf den Lebensweg geben wollen.

In den hellwachen Nächten auf Deck des Schiffs, in einer unwirklich anmutenden Umgebung – die ich sehr bewusst als Teil des „Mysteriums der Schöpfung“ empfand – eröffnete sich mir fast zwangsläufig die Erkenntnis, dass der Glaube an eine höhere, ordnende Kraft – „die höher ist als alle Vernunft“ – so selbstverständlich ist wie der Atem, der uns Leben gibt und leben lässt!

Etwa in der Mitte der 1980er-Jahre setzte bei mir das lebendige Erinnern ein und das nie endende Nachdenken über meine persönliche Vergangenheit. Insbesondere über die Geschehnisse in der NS-Diktatur zwischen 1933 und 1945 sowie in der direkten Nachkriegszeit.

Die möglichen Auswirkungen, insbesondere des Zivilisationsbruchs meines Vaterlands und der Schrecknisse und Traumatisierungen durch Krieg und Nachkriegszeit auf meine Entwicklung in der Adoleszenz, mein ganzes weiteres Leben sind mir bis heute ein Rätsel geblieben.

Der „Sommer meiner Kindheit“ in und auf Sorna hatte meiner Seele eine imaginäre „Tarnkappe“ verliehen, ohne die das Herz nicht hätte überleben können!

***

Nachwort

Für meine Kinder, Enkel sowie für alle späteren interessierten Nachkommen der Familie von Frankenberg und Ludwigsdorff beschließe ich die autobiographische Niederschrift meiner Kindheit und frühen Jugend mit dem Wahlspruch meines Vaters, dem diese Schrift gewidmet ist: „Mehr Sein, als Schein".

Dieser quasi Aufruf an sich selbst, sein Selbstverständnis, habe nach Aussage unserer Mutter in des Vaters vergleichsweise kurzen Lebenszeit in seinem Lebensalltag eine besondere Rolle gespielt: Jede Form von Dünkel sei ihm fremd gewesen.

Mit diesen Aufzeichnungen, mit denen ich, die mit mir, so viele Jahre einhergegangen sind, habe ich neben all den erinnerten objektiven Fakten mein Innerstes nach außen gekehrt und mich – wenn man so will – vor aller Augen und Ohren geöffnet. Nur so konnte ich dem Anspruch, den ich eingangs an mich gestellt hatte, gerecht werden: In allem, was ich zu Papier gebracht habe, in der Sache wahrhaftig zu sein! Auch wenn die oft schonungslose Offenheit von manchen Lesern als provokant, unangemessen und (immer noch!) als Tabubruch empfunden werden mag. Nur, indem ich die Dinge beim Namen nannte, erfuhr auch ich die Befriedigung, den Realitäten ans Licht der Wahrheit geholfen zu haben. Jede Abweichung von diesem Grundsatz wäre mir wie Verrat an meinem Auftrag, meiner Bestimmung vorgekommen. Als solchen(e) habe ich – je intensiver ich in die Geschehnisse der Vergangenheit eintauchte – all mein Bemühen aufgefasst.

Ich habe die autobiographische Niederschrift meiner „Kindheit und frühen Jugend in Kriegs- und Nachkriegszeit“ dem Gedenken meines Vaters gewidmet. In der so langen Zeit des Nachdenkens, sich Erinnerns und des Schreibens wurde mir immer klarer, dass ich unbewusst ein Leben lang nach ihm „gesucht“ habe.

Es ist ein zuvor nicht gekanntes Glücksgefühl sowie der Lohn für alle Mühen, dass ich dem mir so früh genommenen Vater, der mir in meinem Leben so viel hätte bedeuten können, ganz unerwarteter Weise Schritt für Schritt immer näher gekommen bin. Das empfinde ich als ausreichenden, angemessenen Lohn für die Mühen, die mir das Erstellen der Autobiographie meiner Kindheit und frühen Jugend bereitet hat.

Die eigentliche – mir zunächst nicht bewusste – Motivation zu dieser Niederschrift, mein inniger Wunsch und Mahnung an die nach mir Kommenden ist, sich mit dem, was sie dazu beitragen können, sich dafür einzusetzen, dass sich „1933“ nicht wiederhole.

Danke

Mein Dank gilt an erster Stelle meiner Frau, die das Werden der Niederschrift seit allem Anfang begleitet und ertragen hat. Sie hat mir dabei manchen guten Tipp gegeben. Ihr unkomplizierter, gesunder Menschenverstand und ihr fröhliches Wesen haben wesentlich zum Gelingen der Arbeit beigetragen. Dank auch meinem Vetter Ruthard von Frankenberg, der als Lektor ein erstes Manuskript mit unendlich viel Geduld, Mühe und Empathie in die richtige Form und Fassung gebracht hat. Nicht zuletzt Dank der von mir geschätzten Literaturwissenschaftlerin und Autorin Dr. Sigrid Damm, die mich motivierte, durch den Kontakt mit einem Verlag das von mir Aufgeschriebene einem größeren Leserkreis zugänglich zu machen. Dank auch Dr. Ernst Otto Bräunche, dem Leiter des Stadtarchivs Karlsruhe, der diesen Kontakt zu Lindemanns Bibliothek hergestellt hat.

Unterstützt von

Stadt Karlsruhe
Kulturamt | Kulturbüro

Lindemanns Bibliothek, Band 329
herausgegeben von Thomas Lindemann

Titelgestaltung:
Cotolemi unter Verwendung eines
Fotos von iStock by Getty Images

ISBN 978-3-96308-032-6
www.infoverlag.de